Heribert Lassner

Sicher im Alter
Der Ratgeber zur gesetzlichen,
betrieblichen und privaten Altersvorsorge

RECHT AKTUELL

Heribert Lassner

Sicher im Alter

Der Ratgeber zur gesetzlichen,
betrieblichen und privaten Altersvorsorge

Zweite, aktualisierte und überarbeitete Auflage

Bund-Verlag

Die Deutsche Bibliothek – CIP-Einheitsaufnahme

Lassner, Heribert:
Sicher im Alter : der Ratgeber zur gesetzlichen, betrieblichen und
privaten Altersvorsorge / Heribert Lassner. – 2., aktualisierte und erw. Aufl. –
Frankfurt am Main : Bund-Verl., 2001
    (Recht aktuell)
    ISBN 3-7663-3316-X

Zweite, aktualisierte und überarbeitete Auflage, 2001
© 2000 by Bund-Verlag GmbH, Frankfurt am Main
Herstellung: Christel Lampe, Frankfurt am Main
Umschlag: Neil McBeath, Kornwestheim
Umschlagfoto: IFA-Bilderteam, München
Satz: Medienhaus Froitzheim, Bonn, Berlin
Druck: Media Print, Paderborn
Printed in Germany 2001
ISBN 3-7663-3316-X

Alle Rechte vorbehalten,
insbesondere die des öffentlichen Vortrags,
der Rundfunksendung
und der Fernsehausstrahlung,
der fotomechanischen Wiedergabe,
auch einzelner Teile.

Inhaltsverzeichnis

Tabellenverzeichnis 12

Abkürzungsverzeichnis 13

Einleitung 15

1	Die gesetzliche Rentenversicherung	19
1.1	Grundlagen der Rentenberechnung	20
1.1.1	Die Rentenformel	20
1.1.2	Die Erhöhung der Renten	22
1.1.2.1	Systematik der Rentenanpassung	23
1.2	Das Erwerbsleben spiegelt sich in der Rente wider	25
1.2.1	Berechnung der Entgeltpunkte	25
1.2.2	Erhöhung der Entgelte in den neuen Ländern	26
1.3	Sozialer Ausgleich in der Rentenversicherung	31
1.3.1	Schulische Ausbildung (Schule, Hochschule)	31
1.3.2	Die ersten drei Berufsjahre	32
1.3.3	Niedrige Einkommen erhöht	32
1.3.3.1	Kindererziehung und Erwerbseinkommen	33
1.3.4	Mutterschutz	34
1.3.5	Kindererziehung als Beitragszeit	34
1.3.6	Zeiten der Pflege	35
1.3.7	Zeiten der Arbeitslosigkeit und Krankheit	36
1.3.8	Wehr- und Zivildienst	37
1.3.9	Altersteilzeit	37
1.3.10	Frühzeitige Erwerbsminderung (Zurechnungszeiten) ...	37
1.3.10.1	Erhöhte Zurechnungszeit	38
1.3.11	Die Gesamtleistungsbewertung	39
1.3.11.1	Grundlegendes	39
1.3.11.2	Die Berücksichtigungszeiten	40
1.4	Der Rentenbeginn	41
1.5	Die Rentenarten	41
1.5.1	Die Regelaltersrente	42
1.5.2	Die Altersrente für langjährig Versicherte	42

1.5.3	Die Altersrente für schwerbehinderte Menschen	43
1.5.4	Die Altersrente wegen Arbeitslosigkeit	43
1.5.5	Die Altersrente wegen Altersteilzeit	44
1.5.6	Die Altersrente für Frauen	45
1.5.7	Die Erwerbsunfähigkeitsrente/Erwerbsminderungsrente	46
1.5.7.1	Erwerbsminderungsrente und Rentenabschläge	47
1.5.8	Die Berufsunfähigkeitsrente	48
1.6	Versicherungstechnische Abschläge	49
1.6.1	Abschlagsregelung	50
1.6.2	Ausgleich der Abschläge	50
1.7	Hinzuverdienst und Rentenminderung	51
1.7.1	Die Regelaltersrente	51
1.7.2	Die Altersrente für langjährig Versicherte	51
1.7.3	Die Altersrente für schwerbehinderte Menschen	51
1.7.4	Die Altersrente wegen Arbeitslosigkeit und Altersteilzeit	52
1.7.5	Die Altersrente für Frauen	52
1.7.6	Die Erwerbsunfähigkeitsrente/Erwerbsminderungsrente	52
1.7.6.1	Erwerbsminderungsrente mit Rentenbeginn ab 2001	53
1.7.7	Die Berufsunfähigkeitsrente	54
1.7.7.1	Berufsunfähigkeitsrente mit Rentenbeginn ab 2001	55
1.7.8	Die Teilrente	55
2	**Die betriebliche Altersversorgung**	**58**
2.1	Die Ruhegeldverpflichtung	59
2.2	Die Gestaltung der betrieblichen Altersversorgung	60
2.2.1	Die Direktzusage	60
2.2.2	Die Unterstützungskasse	61
2.2.3	Die Pensionskasse	61
2.2.4	Die Direktversicherung	62
2.2.5	Der Pensionsfonds	62
2.2.6	Die Entgeltumwandlung	63
2.3	Änderung oder Widerruf der Versorgungszusage	63
2.3.1	Die verschlechternde Betriebsvereinbarung	64
2.3.2	Die umstrukturierende Betriebsvereinbarung	64
2.3.3	Wegfall der Geschäftsgrundlage	64
2.3.4	Die wirtschaftliche Notlage	65
2.4	Die materielle Ausgestaltung der Versorgung	66
2.4.1	Versorgungsregelungen	66
2.4.2	Modell	68
2.5	Voraussetzungen für den Anspruch	69
2.5.1	Wartezeit	69
2.5.2	Leistungskürzung bei vorzeitigem Ausscheiden	70

2.5.3	Abfindung von Ansprüchen	71
2.6	Beginn der Zahlung und versicherungsmathematische Abschläge	71
2.7	Die Anpassung der Betriebsrente	72
2.8	Der Pensions-Sicherungs-Verein	73

3	Die Beamtenversorgung		75
3.1		Einführung	75
3.2		Grundlagen der Berechnung	76
3.3		Die ruhegehaltfähige Dienstzeit	78
3.3.1		Welche Zeiten sind ruhegehaltfähig?	78
3.3.2		Der Versorgungsprozentsatz	80
3.3.3		Besitzstandsregelung	80
3.3.4		Teilzeitbeschäftigung und Beurlaubung	81
3.3.5		Zeiten der Kindererziehung	83
3.4		Die ruhegehaltfähigen Dienstbezüge	83
3.5		Die Mindestversorgung	84
3.5.1		Die amtsunabhängige Mindestversorgung	85
3.5.2		Die amtsabhängige Mindestversorgung	85
3.6		Die Anpassung der Versorgungsbezüge	85
3.7		Versicherungstechnische Abschläge	86
3.8		Anrechnung einer gesetzlichen Rente	86
3.8.1		Die Berechnung des Ruhensbetrages	87
3.9		Ruhensregelung bei Einkommen neben dem Ruhegehalt	88
3.9.1		Einkommen aus einer Verwendung im öffentlichen Dienst	88
3.9.2		Einkommen aus einer Beschäftigung in der Privatwirtschaft	89

4	Die zusätzliche Altersversorgung des öffentlichen Dienstes	90
4.1	Leistungen der Versorgungsanstalt	90
4.2	Die Versorgungsrente	91
4.2.1	Die Mindestgesamtversorgung	92
4.3	Die Versicherungsrente	92
4.3.1	Mindestrente aufgrund von Beiträgen	92
4.3.2	Mindestrente nach dem Betriebsrentengesetz	94
4.4	Leistungsbeginn	95
4.5	Die Gesamtversorgung	95
4.5.1	Das gesamtversorgungsfähige Entgelt	96
4.5.1.1	Entgelte der letzten drei Jahre	97
4.5.1.2	Aktualisierung der Entgelte	97
4.5.1.3	Entgelte der letzten 10 Jahre	98
4.5.2	Das fiktive Nettoarbeitsentgelt	99
4.5.3	Die gesamtversorgungsfähige Zeit	100

Inhaltsverzeichnis

4.6	Der Versorgungsprozentsatz	101
4.6.1	Die Ermittlung des Versorgungsprozentsatzes	102
4.6.1.1	Der lineare Versorgungsprozentsatz	102
4.6.1.2	Besitzstandsregelung	103
4.7	Gesamtversorgung bei Teilzeitbeschäftigung und Beurlaubung	104
4.8	Die Anpassung der Gesamtversorgung an die wirtschaftlichen Veränderungen (Dynamisierung)	105
4.9	Versicherungstechnische Abschläge bei »vorzeitigem« Rentenbezug	106
4.10	Ruhen und Kürzung der Gesamtversorgung	107
4.10.1	Kürzung der Gesamtversorgung bei Berufsunfähigkeit und Einkommensanrechnung	107
4.10.2	Erwerbsunfähigkeitsrente und Einkommensanrechnung	108
4.10.3	Flexible Altersrente und Einkommensanrechnung	108
4.10.4	Regelaltersrente und Einkommensanrechnung	108
4.10.5	Ruhen der Gesamtversorgung bei der Altersrente für Frauen und Einkommensanrechnung	109
4.10.6	Versorgungsähnliche Bezüge	110
5	**Die Unfallversicherung**	**111**
5.1	Versicherungsfälle	111
5.2	Der Wegeunfall	113
5.3	Die Verletztenrente	114
5.4	Der Dienstunfall	115
6	**Die private Altersversorgung**	**117**
6.1	Die Lebensversicherung	118
6.1.1	Die Risikolebensversicherung	118
6.1.2	Die Kapitallebensversicherung	119
6.1.3	Die private Rentenversicherung	121
6.1.4	Die staatlich geförderte Eigenvorsorge	122
6.1.4.1	Der staatliche Zuschuss	123
6.1.4.2	Förderfähige Anlagearten	124
6.1.5	Die Berufsunfähigkeitsversicherung	125
6.2	Die Direktversicherung	126
6.3	Sparen mit Bankprodukten und Bundespapieren	127
6.4	Die Immobilie	128
6.5	Die Aktie	132
7	**Der Versorgungsausgleich bei Scheidung**	**134**
7.1	Versorgungsausgleich in der gesetzlichen Rentenversicherung	135
7.1.1	Ermitteln des Zugewinns	135

7.2	Versorgungsausgleich in der betrieblichen Altersversorgung	137
7.3	Versorgungsausgleich in der Beamtenversorgung	141
7.3.1	Berechnen der erworbenen Anwartschaften	141
7.3.2	Kürzung der Versorgung	142
7.4	Versorgungsausgleich in der Zusatzversorgung	142
7.4.1	Ermitteln der Versicherungsrente aufgrund von (fiktiven) Beiträgen	143
7.4.2	Ermitteln der Versicherungsrente nach dem Betriebsrentengesetz	144
7.4.3	Berechnen der erworbenen Anwartschaft	144
7.4.4	Ermittlung einer dynamischen Anwartschaft	145
7.4.5	Rückrechnung in einen statischen Kürzungsbetrag	146
7.4.6	Kürzung der Versorgungsrente	147
7.4.7	Nachträgliches Quasi-Splitting	148
7.5	Versorgungsausgleich in der Unfallversicherung	148
7.6	Versorgungsausgleich in der privaten Altersversorgung	149
8	**Die Versorgung der Hinterbliebenen**	**150**
8.1	Die Hinterbliebenenversorgung in der gesetzlichen Rentenversicherung	150
8.1.1	Die Witwen-/Witwerrente	151
8.1.1.1	Das neue Recht	152
8.1.2	Anrechnung von eigenem Einkommen	153
8.1.3	Das Rentensplitting	155
8.1.4	Wiederheirat und Abfindung	155
8.1.5	Die Erziehungsrente/Geschiedenenrente	156
8.1.6	Die Waisenrente	156
8.1.6.1	Die Halbwaisenrente	157
8.1.6.2	Die Vollwaisenrente	157
8.1.6.3	Altersbegrenzung und Hinzuverdienst	158
8.2	Die Hinterbliebenenversorgung in der betrieblichen Altersversorgung	159
8.3	Die Hinterbliebenenversorgung in der Beamtenversorgung	160
8.3.1	Das Witwengeld/die Witwerversorgung	161
8.3.1.1	Die Mindestversorgung	161
8.3.2	Ruhen der Versorgung	162
8.3.2.1	Ruhen der Hinterbliebenenversorung bei Einkommen aus einer Beschäftigung im öffentlichen Dienst	162
8.3 2.2	Das eigene Ruhegehalt wird auf die Hinterbliebenenversorgung angerechnet	163
8.3.2.3	Die gesetzliche Rente wird angerechnet	164

8.3.2.4	Die Betriebsrente einer Versorgungsanstalt des öffentlichen Dienstes (VBL/ZVK) wird angerechnet	164
8.3.3	Wiederheirat und Abfindung	164
8.3.4	Das Sterbegeld	165
8.3.5	Die Waisenversorgung	165
8.4	Die Versorgung der Hinterbliebenen in der Zusatzversorgung des öffentlichen Dienstes	166
8.4.1	Die Witwen-/Witwerversorgung	167
8.4.1.1	Kein Anspruch auf Witwen-/Witwerversorgung	168
8.4.2	Anrechnung von Einkünften	169
8.4.2.1	Erwerbseinkommen wird angerechnet	169
8.4.2.2	Das eigene Ruhegehalt wird angerechnet	170
8.4.2.3	Die Gesamtversorgung aus dem öffentlichen Dienst (VBL/ZVK) wird angerechnet	171
8.4.3	Das Sterbevierteljahr	172
8.4.4	Das Sterbegeld	172
8.4.5	Wiederheirat und Abfindung	172
8.4.6	Die Versorgungsrente für Waisen	173
8.4.6.1	Anrechnung von Einkommen	173
8.4.7	Versicherungstechnische Abschläge	175
8.5	Die Hinterbliebenenversorgung in der gesetzlichen Unfallversicherung	175
8.5.1	Die Witwen-/Witwerrente	175
8.5.2	Die Waisenrente	175
8.5.3	Das Sterbegeld	176
8.6	Die Hinterbliebenenversorgung in der privaten Altersversorgung	176
9	**Steuerpflicht und Beitragspflicht**	**177**
9.1	Beiträge zur Kranken- und Pflegeversicherung	177
9.1.1	Beitragsbemessung und Beitragssatz bei einer Mitgliedschaft in der Krankenversicherung der Rentner (KVdR)	177
9.1.1.1	Die Beitragsbemessung	179
9.1.1.2	Der Beitragssatz	179
9.1.2	Beitragsbemessung und Beitragssatz für freiwillige Mitglieder in der gesetzlichen Krankenversicherung	180
9.1.2.1	Die Beitragsbemessung	180
9.1.2.1.1	Die Beitragsbemessung bei Ehegatten	181
9.1.2.2	Der Beitragssatz	181
9.1.3	Standardtarif der privaten Versicherung für 65-Jährige und Ältere	182
9.1.4	Die soziale Pflegeversicherung	182

9.1.5	Beispiel einer Beitragsberechnung	183
9.2	Gesetzliche Rentenversicherung und Steuern	185
9.2.1	Ertragsanteil bei Erwerbsminderungs- und Hinterbliebenenrenten	186
9.3	Betriebsrenten und Steuern	187
9.3.1	Die Direktzusage	187
9.3.2	Die Unterstützungskasse	188
9.3.3	Die Pensionskasse	188
9.3.4	Die Direktversicherung	188
9.3.5	Der Pensionsfonds	189
9.4	Zusatzversorgung des öffentlichen Dienstes und Steuern	189
9.5	Beamtenversorgung und Steuern	190
9.6	Private Vorsorge und Steuern	190
9.6.1	Die Direktversicherung	190
9.6.2	Die Lebensversicherung	190
9.6.3	Die private Rentenversicherung	190
9.6.4	Die staatlich geförderte private Altersrente	190
9.6.5	Einkünfte aus Kapitalvermögen	191

Stichwortverzeichnis 213

Tabellenverzeichnis

1	Arbeitnehmeranteil in % 1982 – 2001	192
2	Arbeitnehmeranteil in % Krankenversicherung (für fiktives Netto) 1986 – 2001	193
3	Krankenversicherung der Rentner 1986 – 1999	193
4	Beitragsbemessungsgrenzen 1982 – 2001 Kranken- und Pflegeversicherung	194
5	Beitragsbemessungsgrenzen 1982 – 2001 Rentenversicherung und Bundesanstalt für Arbeit	195
6	Bemessungsgrenzen zur Ermittlung von Entgeltpunkten 1949 – 2001 ..	196
7	Bezugsgröße, monatlich 1982 – 2001	197
8	Bezugsgröße, jährlich 1982 – 2001	198
9	1/7 der monatlichen Bezugsgröße 1982 – 2001	199
10	Dynamisierung der Rente 1982 – 2001	200
11	Aktueller Rentenwert 1990 – 2002	201
12	Freibetrag (Einkommensanrechnung für Witwen/Witwer) 1990 – 2002 .	201
13	Zusätzlicher Freibetrag je waisenrentenberechtigtem Kind 1990 – 2002 .	202
14	Die lineare Versorgungsstaffel	203
15	Die degressive Versorgungsstaffel	204
16	Dynamisierung der Gesamtversorgung 1968 – 2001	205
17	Finanzierung der VBL-Leistung	205
18	Tabelle »Barwert-VO«: einer nicht volldynamischen Anwartschaft auf eine lebenslange Versorgung wegen Alters und Berufs- oder Erwerbsunfähigkeit	206
19	Tabelle »Barwert-VO«: Barwert einer bereits laufenden lebenslangen, nicht volldynamischen Leistung	207
20	Durchschnittliches Bruttoarbeitsentgelt 1930 – 2001	208
21	Werte zur Umrechnung der Beitragsbemessungsgrundlage neue Länder 1945–2001	209
22	Vertrauensschutzregelung: Anhebung der Altersgrenzen auf das 65. Lebensjahr	210
23	Die normale Leibrente	211
24	Abgekürzte Leibrenten	212

Abkürzungsverzeichnis

AOK Allgemeine Ortskrankenkasse
aRW aktueller Rentenwert
AVA Altersvorsorgeanteil

BeamtVG Gesetz über die Versorgung der Beamten und Richter in Bund und Ländern
BetrAVG Gesetz zur Verbesserung der betrieblichen Altersversorgung
BetrVG Betriebsverfassungsgesetz
BfA Bundesversicherungsanstalt für Angestellte

DB Der Betrieb (Zeitschrift)
d. h. das heißt

EP Entgeltpunkte
EStDV Einkommensteuer-Durchführungsverordnung
EStG Einkommensteuergesetz
EuGH Europäischer Gerichtshof

GBQ Gesamtbeschäftigungsquotient
GLW Gesamtleistungswert
GVZ gesamtversorgungsfähige Zeiten

Hj. Halbjahr

KVdR Krankenversicherung der Rentner

Lj. Lebensjahr
LVA Landesversicherungsanstalt(en)

PSVaG Pensions-Sicherungs-Verein auf Gegenseitigkeit

Abkürzungsverzeichnis

RAF	Rentenartfaktor
RFZ	Rentenzugangsfaktor
RRG	Rentenreformgesetz
s.	siehe
SGB	Sozialgesetzbuch
u. a.	unter anderem
VBL	Versorgungsanstalt des Bundes und der Länder
VBLU	Versorgungsverband bundes- und landesgeförderter Unternehmen e. V.
v. H.	vom Hundert
ZVK	Zusatzversorgungskasse

Einleitung

Die gesetzliche Rentenversicherung ist das tragende Fundament der Altersvorsorge. Es bedarf jedoch stärker als bisher einer sinnvollen Ergänzung. Mit der staatlichen Förderung einer privaten Vorsorge soll es allen Bevölkerungsschichten ermöglicht werden, eine zusätzliche kapitalgedeckte Altersvorsorge aufzubauen. Diese staatliche Förderung beginnt ab dem Jahr 2002.

Mit den Rentenreformen 1992, 1996 und 1999 wurde das Rentenniveau erheblich gemindert: Die Altersgrenzen wurden angehoben und Abschläge bei vorzeitigem Rentenbeginn eingeführt, Leistungen des sozialen Ausgleichs wurden massiv eingeschränkt. Diese Leistungseinschränkungen machen es besonders deutlich, dass eine zusätzliche Altersvorsorge immer dringlicher wird.

Die gesetzliche Rentenversicherung ermöglicht keine Vollversorgung. Die Rente orientiert sich zwar an den versicherten Entgelten und somit an den Einkommenspositionen während des Erwerbslebens, deckt aber – selbst bei einer lückenlosen Erwerbsbiographie – nur noch etwa 60 % des bisherigen Nettoeinkommens ab.

Eine sichere Altersvorsorge benötigt deshalb Eigenverantwortung und Eigeninitiative. Betriebsrente und die private Vorsorge ergänzen die gesetzliche Rente. Doch nicht jede Betriebsrente und private Eigenvorsorge garantieren ein sorgenfreies Alter.

Bei der betrieblichen Altersvorsorge gibt es erhebliche Unterschiede in der materiellen Ausgestaltung. In der Privatwirtschaft werden häufig feste DM-/Euro-Beträge, untergliedert nach Lohngruppen, vereinbart. Zusagen, die sich auf ein rentennahes Arbeitsentgelt mit Prozentsätzen je Jahr der Betriebszugehörigkeit beziehen, sind relativ selten. Eine Gesamtversorgungszusage – wie sie im öffentlichen Dienst gilt – ist kaum noch anzutreffen.

Arbeiter und Angestellte des öffentlichen Dienstes werden im Alter so versorgt, als ob sie Beamtin/Beamter gewesen wären. Die Altersversorgung der Beamten beträgt im Idealfall 75 % der letzten Bezüge.

Einleitung

Im System der Gesamtversorgung wird auch die so genannte echte Versorgungslücke, die bei Einkommen oberhalb der versicherten Entgelte in der gesetzlichen Rentenversicherung entstehen, abgesichert. Die gesetzliche Rente wird von den Versorgungsanstalten aufgestockt auf rund 92 % eines Nettoeinkommens.

Die private Altersversorgung wird regelmäßig alleine vom Arbeitnehmer abgeschlossen und finanziert. Hierbei sind die Lebensversicherung und das Wohneigentum die ergänzende Vorsorge, die von der Masse der Bevölkerung genutzt wird.

Eine staatlich geförderte **zusätzliche Säule** wurde mit der Rentenreform 2001 eingeführt. Diese zusätzliche, vom Arbeitnehmer grundsätzlich alleine finanzierte Altersvorsorge soll zu einem weiteren Standbein für alle Arbeitnehmer führen. Die umlagefinanzierte gesetzliche Rente soll durch eine kapitalgedeckte ergänzt werden und somit die Risiken eines sich verändernden Altersaufbaus minimieren.

Der Altersaufbau der Bevölkerung verändert sich dramatisch. Im Jahr 1992 kamen auf einen Rentner etwa 2,8 Beitragszahler. Für 2030 wird erwartet, dass auf einen Rentner nur noch 1,4 Beitragszahler kommen, also mit einem doppelt so hohen Altersquotienten wie heute. Ein verdoppelter Altersquotient scheint aufgrund des Zahlenverhältnisses das System zu überfordern. Zu bedenken ist u. a.: Die langfristigen Vorhersagen kommen zum Ergebnis, dass die Arbeitslosigkeit in 20 Jahren in hohem Maße abnehmen wird. Wenn heute der Beitragssatz zur Arbeitslosenversicherung 6,3 % beträgt, ist davon auszugehen, dass sich dieser Satz langfristig zumindest halbiert. Das Prognos-Gutachten von 1995 geht davon aus, dass die Sozialversicherung wegen der langfristigen Beschäftigtenentwicklung erheblich finanziell entlastet wird. Die Beitragsbelastung bliebe als Summe stabil.

Dieser Ratgeber beschreibt ausführlich die drei traditionellen Säulen der Alterssicherung: die gesetzliche Rente, die betriebliche und die private Altersvorsorge. Er ist eine nützliche Orientierungs- und Arbeitshilfe. Nachvollziehbare Beispiele und wichtige Hinweise machen diesen Ratgeber zu einer verständlichen Information. Ein ausführliches Stichwortverzeichnis erleichtert das Auffinden der jeweils benötigten Informationen.

Die neuesten Rentenreformen, die zum 1. Januar 2001 und zum 1. Januar 2002 in Kraft getreten sind bzw. treten, beinhalten sehr gravierende Änderungen. Auch diese Neuregelungen werden in ihren Wirkungen und ihren Vertrauensschutzregelungen ausführlich beschrieben.

Das Rentenrecht muss kein Buch mit sieben Siegeln sein. Im ersten Kapitel werden die Grundsätze der gesetzlichen Rentenversicherung so ver-

Einleitung

einfacht und nachvollziehbar dargestellt, dass der Leser seinen Anspruch auf gesetzliche Rente selbst berechnen kann.

Das zweite Kapitel gibt Aufschluss über die finanzielle Absicherung, die in der betrieblichen Altersvorsorge möglich ist.

Das dritte Kapitel befasst sich mit der Versorgung der Beamtinnen und Beamten und stellt dieses »bifunktionale« System der Altersversorgung in seinen wesentlichen Grundzügen dar.

Das vierte Kapitel stellt die Altersversorgung der Arbeiterinnen und Arbeiter des öffentlichen Dienstes ausführlich dar. Die Altersversorgung des öffentlichen Dienstes ermöglicht regelmäßig einen finanziell sorgenfreien Lebensabend.

Wie die Absicherung durch die betriebliche Unfallversicherung geregelt ist, wird im fünften Kapitel beschrieben.

Die dritte Säule, die private Altersvorsorge wird im sechsten Kapitel dargestellt. Die staatlich geförderte private Altersvorsorge ist für alle Arbeitnehmerinnen und Arbeitnehmer von großer Bedeutung. Besonders Familien mit Kindern werden besonders gefördert. Fördermittel und Voraussetzungen bei der Wahl der Anlageform sind ausführlich und verständlich dargestellt.

Wie wirkt sich eine Scheidung aus? Wie sind die Hinterbliebenen versorgt? Diese Fragen werden in den Kapiteln sieben und acht beantwortet.

Für jedes Alterseinkommen sind Steuern zu bezahlen und Beiträge zu entrichten. Welche Steuerbelastung die Altersversorgung schmälert und wie hoch die Beiträge sind, die noch abzuführen sind, diese Fragen beantwortet das letzte Kapitel.

Zum 1. Januar 2002 wird der Euro als allein gültige Währung eingeführt. Soweit bei Redaktionsschluss (Juli 2001) bekannt, wurden die entsprechenden Angaben eingefügt. Bei Berechnungen wurde der besseren Lesbarkeit wegen und aufgrund des beispielhaften Charakters in den meisten Fällen der DM-Betrag beibehalten.

1 Die gesetzliche Rentenversicherung

Die gesetzliche Rentenversicherung sichert nicht nur das Alter finanziell ab, sondern gewährt – ohne Zusatzkosten – auch Schutz gegen Risiken wie Erwerbsunfähigkeit, Tod des Ehepartners oder Tod der Eltern. Die Versicherung in der gesetzlichen Rentenversicherung beruht nicht auf einem freien Entschluss, sondern ist eine Zwangsversicherung. Die Beiträge werden je zur Hälfte vom Arbeitnehmer und Arbeitgeber gezahlt. Die Beitragsleistung des Arbeitgebers wird aber eigentumsrechtlich dem versicherten Arbeitnehmer zugeordnet.

Die jeweils Arbeitstätigen sorgen dafür, dass die jeweils Alten ihr Renteneinkommen haben, und erwerben mit ihrer Beitragszahlung das Anrecht, in ihrem eigenen Alter von den dann Arbeitstätigen mitversorgt zu werden. Der Beitragszahler finanziert mit seinen Beiträgen nie die eigene Rente, sondern leistet einen Beitrag zur Finanzierung der laufenden Rente. Der jetzige Rentner leistete in der Vergangenheit für die damaligen Rentner. Er hat damit Anwartschaften erworben.

Es handelt sich um ein politisch definiertes Leistungsversprechen. Es gibt deshalb keine »wohl erworbenen Rechte« auf eine bestimmte Rentenhöhe, sondern nur einen Anspruch auf die gleiche relative Einkommensposition unter den Rentnern, die man als Beschäftigter innerhalb der versicherten Erwerbstätigen hatte. Die Rentenformel orientiert sich an den versicherten Entgelten und somit an den Einkommenspositionen während des Erwerbslebens.

Ab 2004 soll jeder Versicherte, der das 27. Lebensjahr vollendet hat, jährlich über den Stand seiner Rentenansprüche informiert werden.

Die gesetzliche Rentenversicherung versichert nur Einkommen bis zur **Beitragsbemessungsgrenze**. Einkommen, das diese Grenze überschreitet (monatlich 8700 DM bzw. 7300 DM neue Länder; jährlich 104400 DM bzw. 87600 DM neue Länder), ist nicht versichert. Einkommen oberhalb dieses Grenzwertes führen zur so genannten **echten Versorgungslücke**. Aber auch die gesetzliche Rente, die sich aus Einkommen bis zur Beitragsbemessungsgrenze errechnet, lässt eine Lücke offen. Die gesetzliche Rentenversicherung deckt nur etwa 65 % eines bisherigen Nettoeinkommens ab. Eine zusätzliche Vorsorge – ob mit betrieblicher oder privater Vorsorge – ist deshalb unerlässlich.

1.1 Grundlagen der Rentenberechnung

Die Höhe der Rente orientiert sich an der individuellen Erwerbsbiographie. Nicht die letzten Jahre vor Rentenbeginn sind entscheidend, sondern der gesamte Versicherungsverlauf. Eine Teilzeitbeschäftigung z. B. zum Ende des Berufslebens wirkt sich nur im Verhältnis zu einer ansonst gegebenen Vollzeitbeschäftigung mindernd aus. Zeiten unmittelbar vor Rentenbeginn sind ansatzweise und nur in der Beamtenversorgung und in so genannten Gesamtversorgungssystemen, wie dem des öffentlichen Dienstes, von relativer Bedeutung. Die Rentenberechnung in diesen Systemen erfolgt regelmäßig aus dem letzten und damit höchsten Einkommen.

Alle gesetzlichen Systeme, so auch die gesetzliche Rentenversicherung, kennen Leistungen des sozialen Ausgleichs. Zeiten der Kindererziehung oder Zeiten der Pflege werden ebenso berücksichtigt wie Zeiten der Krankheit, Arbeitslosigkeit oder schulischer Ausbildung.

Ein sozialer Ausgleich ist nur in einem solidarischen System wie der gesetzlichen Rentenversicherung möglich. Bei einer privaten Rentenversicherung können und dürfen nur Leistungen erbracht werden, die auf konkreter Beitragszahlung beruhen.

1.1.1 Die Rentenformel

Die monatliche Rente wird nach einer Rentenformel ermittelt, für die folgende Faktoren maßgebend sind:
- die insgesamt erreichten **Entgeltpunkte** (EP)
- ein nach Rentenarten unterschiedlicher Rentenartfaktor (RAF)
- ein nach dem Rentenzugang unterschiedlich hoher Rentenzugangsfaktor (RFZ)
- der dynamische, aktuelle Rentenwert (aRW)

Die Rentenformel lautet:

EP	mal	RAF	mal	RZF	mal	aRW	=	Monatsrente
30		1,0		1,0		48,58 DM		1457,40 DM

Grundlagen der Rentenberechnung

Erläuterung:
EP – Entgeltpunkte
RAF – Rentenartfaktor
RZF – Rentenzugangsfaktor
aRW – aktueller Rentenwert, Bewertung eines Entgeltpunktes (1. 7. 2000 – 48,58 DM bzw. 42,26 DM neue Länder)

Über den **Rentenartfaktor** geht in die Rentenberechnung ein, welches Sicherungsziel bei den verschiedenen Rentenarten, gemessen an der Altersrente (1,0), besteht.

Beispiele:

Berufsunfähigkeit	0,667 (0,5)
Erwerbsunfähigkeitsrente	1,0 oder 0,5
Altersrenten	1,0
Halbwaisenrente	0,1
Vollwaisenrente	0,2
große Witwen-/Witwerrente	0,6 (0,55)
kleine Witwen-/Witwerrente	0,25

Über den **Rentenzugangsfaktor** geht in die Rentenberechnung ein, welche Abschläge (s. Kapitel 1.6) bei vorzeitigem Rentenbeginn die erreichten Entgeltpunkte mindern. Es sind auch Zuschläge möglich, wenn die Rente nicht ab dem 65. Lebensjahr bezogen wird. Die »Klammerwerte« der Faktoren bei Erwerbsminderungsrenten und der großen Witwen-/Witwerrente beziehen sich auf zukünftige Faktoren bzw. Übergangsregelungen.

Der **aktuelle Rentenwert** ist ein Faktor, über den die allgemeine Entwicklung der Arbeitsentgelte auf die Renten übertragen wird. Es ist ein dynamischer und damit aktueller Faktor. Der aktuelle Rentenwert beträgt ab dem 1. 7. 2001 49,59 DM und vom 1. 1. 2002 an 25,31406 Euro in den alten Ländern und ab dem 1. 7. 2001 an 43,15 DM und vom 1. 1. 2002 an 22,06224 Euro in den neuen Ländern.

Mit Hilfe der Rentenformel lässt sich die zu erwartende Rente errechnen. Grundlage der Rentenformel ist die **Summe der Entgeltpunkte** (s. hierzu Kapitel 1.2), multipliziert mit dem jeweils aktuellen Rentenwert (s. Tabelle 11). Der Rentenwert ist der für einen Entgeltpunkt einzusetzende Betrag in Mark.

Beispiele:
Altersrente mit einem Rentenabschlag von 3,6 %, aktueller Rentenwert ab 1. Juli 2000, alte Länder

Entgeltpunkte	mal	RAF	mal	RZF	mal	aRW	Monatsrente
40	×	1,0	×	0,964	×	48,58 DM	
40 EP	×	40 EP	×	38,56 EP	×	48,58 DM	1873,24 DM

Die ermittelten Entgeltpunkte werden mit dem Rentenartfaktor (RAF) multipliziert. Dieser hat den Wert 1, es verbleibt bei 40 Entgeltpunkten. Der Rentenabschlag wegen vorzeitigem Rentenbezug wird beim Rentenzugangsfaktor (RZF) berücksichtigt. Der Normalwert, die Zahl 1, vermindert sich auf 0,964 und somit der Wert an Entgeltpunkten auf 38,56 EP. Multipliziert mit dem aktuellen Rentenwert ergibt dies die Monatsrente.

1.1.2 Die Erhöhung der Renten

Die gesetzliche Rente wird grundsätzlich jährlich den wirtschaftlichen Veränderungen angepasst. Dies geschieht über den aktuellen Rentenwert. Bis zur Angleichung der Lebensbedingungen zwischen Ost und West sind die Anpassungsprozentsätze (siehe Tabelle 10) unterschiedlich. Zu den Zeitpunkten, zu denen die gesetzliche Rente erhöht (oder vermindert) wird, wird der Rentenwert verändert, d. h. angepasst. Man spricht vom »aktuellen« oder aktualisierten Rentenwert. Die neue monatliche Rente wird ermittelt, indem der veränderte »aktuelle Rentenwert« mit der Summe der persönlich erreichten Entgeltpunkte multipliziert wird.

Beispiel: alte/neue Länder

bis 30.6. 2000	45 EP	48,29 DM	2173,05 DM
ab 1. Juli 2000	45 EP	48,58 DM	2186,10 DM

bis 30.6. 2000	45 EP	42,01 DM	1890,45 DM
ab 1. Juli 2000	45 EP	42,26 DM	1901,70 DM

Zum 1. Juli 2000 wurden die Renten nicht entsprechend der Anpassungsformel erhöht, sondern einheitlich in Ost und West um 0,6 %. Bei der nächsten Rentenanpassung, zum 1. Juli 2001, werden die Renten nach einer modifizierten Nettoanpassung erhöht.

1.1.2.1 Systematik der Rentenanpassung

Die Rente folgt zeitversetzt den Löhnen und Gehältern. Maßgebend ist die Entwicklung der Bruttoentgelte im Vergleich des letzten mit dem vorletzten Kalenderjahr. Die Rente bzw. der aktuelle Rentenwert wird in dem Maße angepasst, wie sich auch die Nettolöhne/Nettogehälter entwickelt haben. Die Abgabenbelastungen, der die Löhne und Gehälter unterzogen sind, werden bei der Erhöhung berücksichtigt.

Die Nettorentenformel

Bruttoerhöhung: Die gesetzliche Rente wird zeitlich versetzt erhöht. Maßgebend ist die durchschnittliche Erhöhung der Bruttolöhne und -gehälter des vorvergangenen Jahres im Vergleich mit dem vergangenen Jahr.

Abgabenbelastung: Die Abgabenbelastung der Arbeitnehmerinnen und Arbeitnehmer (Sozialversicherungsbeiträge und Steuern) werden beim Anpassen der Renten berücksichtigt.

Ab dem 1. Juli 2001 werden steuerliche Entlastungen nicht mehr berücksichtigt. Die Bruttoerhöhung mindert sich zukünftig nur um die Veränderung des Beitragssatzes zur Rentenversicherung. Ab dem 1. Juli 2002 wirkt sich zusätzlich mindernd der steigende Altersvorsorgeanteil aus und ab dem 1. Juli 2011 wird ein zusätzlicher Korrekturfaktor eingebaut (Basiszahl 90 anstelle von 100). Die abgesenkte Basiszahl wirkt sich allerdings nur geringfügig auf zukünftige Erhöhungen aus.

Renten-Nettoquote: Letztmals bei der Rentenerhöhung zum 1. Juli 1999 wurde bei der Renten-Nettoanpassung berücksichtigt, inwieweit Rentnerinnen und Rentner vom Beitrag zur Krankenversicherung im Vergleich mit dem vergangenen und dem vorvergangenen Jahr ent- oder belastet wurden. Eine doppelte Belastung sollte vermieden werden.

> **Beispiel:**
> **Rentenanpassung 1999 berechnen (West)**
> Die **Bruttoverdienste** 1998 haben sich gegenüber 1997 um durchschnittlich 1,6 % erhöht.
> Durchschnittliches Bruttoentgelt 1998:   53 175 DM
> Durchschnittliches Bruttoentgelt 1997:   52 343 DM
> 53 175 geteilt durch 52 343 gleich 1,01589 (entspricht einer Erhöhung um 1,6 %)
> Diese Bruttoerhöhung wurde entsprechend der veränderten **Nettoquote** reduziert.
>
> 1997 betrug die Nettoquote 0,6364 (von einer Bruttomark blieben 63,64 Pfennige),
> 1998 betrug sie 0,6345 (von einer Bruttomark blieben 63,45 Pfennige).

Bruttoerhöhung (1,6) mal dem Bruch aus Nettoquote 1998 und 1997, oder in Zahlen: 1,016 mal (0,6345 durch 0,6364; Faktor 0,9970) gleich 1,0129667 (**1,30 %**).

Abschließend wurde berücksichtigt, inwieweit sich Erhöhungen oder Verminderungen des Beitragsatzes zur Krankenversicherung auf die Nettoquote der Rente auswirkt. Der Beitragssatz zur Krankenversicherung der Rentner hat sich von 13,35 % in 1997 auf 13,45 % in 1998 verändert. Der Beitragsatz zur Pflegeversicherung blieb mit 1,7 % unverändert. Die Nettoquote des Jahre 1998 betrug 0,9248, die von 1997 0,9243.

Nettoerhöhung (1,3 %) mal dem Bruch aus Nettorentenquote 1998 und Nettorentenquote 1997, oder in Zahlen: 1,013 mal Bruch aus 0,9248 mal 0,9243 gleich **1,34 %**.

Formel für die Rentenanpassung ab 2001

Ab dem 1. Juli 2001 werden steuerliche Entlastungen nicht mehr berücksichtigt. Die Bruttoerhöhung vermindert sich zukünftig nur um die Veränderung des Beitragsatzes zur Rentenversicherung und des Altersvorsorgeanteils. Die Erhöhung beträgt 1,91 % in den alten und 2,11 % in den neuen Ländern.

1. Durchschnittliche Erhöhung der Bruttolöhne und -gehälter des vorvergangenen Jahres im Vergleich mit dem vergangenen Jahr.

2. Bruttoerhöhung mal $\frac{100 - AVA(1) - RVB(1)}{100 - AVA(2) - RVB(2)}$

RVB: Veränderung des Beitragssatzes zur Rentenversicherung des Vorjahres (1) im Vergleich zum vorvergangenen Jahr

AVA: Altersvorsorgeanteil des Vorjahres (1) im Vergleich zum vorvergangenen Jahr.

Ab dem 1. Juli 2011 wird ein zusätzlicher Korrekturfaktor eingebaut (Basiszahl 90 anstelle von 100) und der Altersvorsorgeanteil des Jahres 2009 eingesetzt.

Der Altersvorsorgeanteil beträgt:

vor	2002	0,0 v. H.		
	2002	0,5 v. H.	2006	2,5 v. H.
	2003	1,0 v. H.	2007	3,0 v. H.
	2004	1,5 v. H.	2008	3,5 v. H.
	2005	2,0 v. H.	2009	4,0 v. H.

1.2 Das Erwerbsleben spiegelt sich in der Rente wider

Die gesetzliche Rentenversicherung ist auf die Lebensstandardsicherung ausgerichtet, also auf das Risiko der Erwerbseinkommenseinbuße. Grundlage der Rentenberechnung sind die Einkommen, für die Beiträge entrichtet wurden. Den versicherten Einkommen werden so genannte Entgeltpunkte zugeordnet. Die soziale Rentenversicherung wird aber nicht nur vom Prinzip der Beitrags- und Leistungsgerechtigkeit geprägt. Sie wird flankiert durch Elemente des sozialen Ausgleichs. Innerhalb der gesetzlichen Rentenversicherung findet ein Risikoausgleich zwischen den in ihrem persönlichen Schicksal stärker und schwächer Betroffenen statt (s. Kapitel 1.3). Ein weiteres wichtiges Gestaltungselement ist die umfassende Dynamisierung. Sie schützt Rentnerinnen und Rentner vor Inflation und sichert die Teilhabe an der wirtschaftlichen Entwicklung. Diese Dynamisierung besteht aus zwei Hauptelementen: Zum einen beinhalten bereits die Berechnungsfaktoren einen Inflationsschutz. Eine Absenkung zurückliegender Entgelte bis hin zur Belanglosigkeit ist vermieden. Zugleich werden laufende Renten regelmäßig angepasst.

1.2.1 Berechnung der Entgeltpunkte

Die persönlichen Lebens- und Arbeitsverhältnisse des gesamten versicherten Erwerbsleben spiegeln sich in der gesetzlichen Rente wider. Den monatlichen oder jährlichen Arbeitseinkünften werden »Entgeltpunkte« zugeordnet. Entsprach das persönliche Jahresarbeitseinkommen dem des Durchschnitts aller Beitragszahlerinnen und -zahler, wurde in diesem Jahr ein Entgeltpunkt erreicht. War es niedriger, verringert sich auch der Entgeltpunkt, und umgekehrt.

Die **persönlichen Entgeltpunkte** lassen sich herausfinden, wenn das persönliche Jahresentgelt durch das des Durchschnitts aller Arbeitnehmerinnen und Arbeitnehmer geteilt wird (s. Tabelle 20). Das persönliche Jahresentgelt wird nur bis zur Beitragsbemessungsgrenze (2001 – 104 400 DM) berücksichtigt (s. Tabelle 6).

Für das Jahr 2001 wurde ein vorläufiges durchschnittliches Bruttoarbeitsentgelt in Höhe von 54 684 DM festgelegt. Betragt das persönliche Jahreseinkommen ebenfalls 54 684 DM, so wurde in diesem Jahr ein Entgeltpunkt erreicht. Die Entgeltpunkte sind auf vier Dezimalstellen auszurechnen und gemeinüblich zu runden.

Beispiele:

persönliches Jahreseinkommen	durchschnittliches Bruttoarbeitsentgelt aller Arbeitnehmer	Entgeltpunkt
30 000 DM	54 684 DM	0,55
54 684 DM	54 684 DM	1,0
70 000 DM	54 684 DM	1,28
104 400 DM	54 684 DM	1,91

Teilzeitbeschäftigung, z. B. in den letzten Jahren vor Rentenbeginn, vermindert nur den jeweiligen Entgeltpunkt dieser konkreten Jahre in Relation zu einer möglichen Vollbeschäftigung. Neben dem monatlichen Bruttoarbeitsentgelt werden auch alle zusätzlichen Einkommen wie **Weihnachtsgeld, Urlaubsgeld** usw. berücksichtigt, begrenzt durch die jährliche Beitragsbemessungsgrenze.

Beispiel:
Monatsentgelt 4000 DM, Weihnachtsgeld 4000 DM. Ohne Weihnachtsgeld wird ein Jahresentgelt von 48 000 DM (4000 DM mal 12) erzielt. Entgelte bis zur jährlichen Beitragsbemessungsgrenze von derzeit 104 400 DM (alte Bundesländer) sind beitragspflichtig. Da diese Jahresgrenze unterschritten wird, sind im Monat der Zahlung des Weihnachtsgeldes 8000 DM beitragspflichtig. Urlaubs- oder Weihnachtsgeld erhöhen die Rente. Eine getrennte Erfassung und damit eine Zahlung einer »Weihnachtsrente« erfolgt nicht.

1.2.2 Erhöhung der Entgelte in den neuen Ländern

Die tatsächlich erzielten Entgelte sind auch in den **neuen Bundesländern** maßgebend für die Ermittlung von Entgeltpunkten. Das in den neuen Bundesländern bzw. in der ehemaligen DDR erzielte Entgelt wird aber in das Einkommensgefüge der alten Bundesländer eingeordnet. Entgelte, die im Beitrittsgebiet erzielt wurden, werden in jeweils vergleichbare »höhere Entgelte« umgerechnet (s. Tabelle 21).

Rente und Erwerbsleben

Beispiele:

Jahr	erzieltes Einkommen	Erhöhungsfaktor	Entgelt zum Ermitteln von Entgeltpunkten
1975	7 200 DM	2,6272	18 915 DM
1980	9 600 DM	3,1208	29 959 DM
1985	12 000 DM	3,3129	39 745 DM
1997	30 000 DM	1,1638	34 914 DM
2001	40 000 DM	1,1937	47 748 DM

Persönliches Jahreseinkommen	mal 1,1937 (Wert für 2001)	durchschnittliches Bruttoarbeitsentgelt aller Arbeitnehmer	Entgeltpunkte
40 000 DM	47 748 DM	54 684 DM	0,87

Die Einkommen des gesamten Berufslebens sind für die Höhe der Rente maßgebend. Die Entgeltpunkte der einzelnen Jahre werden addiert und ergeben als Gesamtsumme einen Durchschnitt des gesamten Berufslebens. Die Gesamtsumme an Entgeltpunkten sind Berechnungsgrundlage für die Ermittlung der persönlichen Rente.

Die persönlich erreichten Entgeltpunkte werden in bestimmten Fällen auf einen **Mindestwert** erhöht. Vermieden werden soll, dass geringe Entgelte die spätere Rentenhöhe ungünstig beeinflussen. Eigene Ansprüche, durch Beitragszahlung des Bundes bzw. der Pflegekasse, bestehen z. B. bei Kindererziehung und Pflege. Damit werden Versorgungsdefizite von Frauen gemindert und der Ausbau eigenständiger Versicherungsansprüche vorangetrieben.

Beispiel:
Ermittlung der persönlichen Monatsrente
Die persönlichen Jahresentgelte sind in die nachfolgende Tabelle einzutragen. Durch Division der persönlichen Einkommen in Spalte 1 mit den durchschnittlichen Jahresentgelten in Spalte 2 wird der Entgeltpunkt des jeweiligen Jahres ermittelt.
Zur Ermittlung der Summe an Entgeltpunkten insgesamt sind die Jahre ab 2001 vereinfachend mit dem Entgeltpunkt anzusetzen, der für 2000 ermittelt wurde.

Zu beachten ist auch, dass **zusätzliche Entgeltpunkte** hinzukommen können. Die Leistungen des sozialen Ausgleichs sind ausführlich in Kapitel 1.3 beschrieben.

Gesetzliche Rentenversicherung

Die Entgeltpunkte insgesamt, multipliziert mit dem derzeit aktuellen Rentenwert, sind/ergeben die im Rentenalter mögliche Rente. Der Vergleich mit dem derzeitigen Nettoeinkommen gibt Aufschluss über die Versorgung im Alter und damit über die Versorgungslücke.

Tabelle a: **Persönliche Entgeltpunkte ermitteln**

Jahr	Spalte 1 Persönliches Jahresentgelt (in DM)	Spalte 2 Durchschnittliches Jahresentgelt (in DM)	Persönliche Entgeltpunkte (Spalte 1 geteilt durch Spalte 2)
1945		1778	
1946		1778	
1947		1833	
1948		2219	
1949		2838	
1950		3161	
1951		3579	
1952		3852	
1953		4061	
1954		4234	
1955		4548	
1956		4844	
1957		5043	
1958		5330	
1959		5602	
1960		6101	
1961		6723	
1962		7328	
1963		7775	
1964		8467	
1965		9229	
1966		9893	

Rente und Erwerbsleben

Jahr	Spalte 1 Persönliches Jahresentgelt (in DM)	Spalte 2 Durchschnittliches Jahresentgelt (in DM)	Persönliche Entgeltpunkte (Spalte 1 geteilt durch Spalte 2)
1967		10219	
1968		10842	
1969		11839	
1970		13343	
1971		14931	
1972		16335	
1973		18295	
1974		20381	
1975		21808	
1976		23335	
1977		24945	
1978		26242	
1979		27685	
1980		29485	
1981		30900	
1982		32198	
1983		33293	
1984		34292	
1985		35286	
1986		36626	
1987		37726	
1988		38858	
1989		40063	
1990		41946	
1991		44505	
1992		46820	

29

Gesetzliche Rentenversicherung

Jahr	Spalte 1 Persönliches Jahresentgelt (in DM)	Spalte 2 Durchschnittliches Jahresentgelt (in DM)	Persönliche Entgeltpunkte (Spalte 1 geteilt durch Spalte 2)
1993		48 178	
1994		49 142	
1995		50 665	
1996		51 678	
1997		53 806	
1998		53 745	
1999		53 082	
2000		54 513	
2001		54 684	

Tabelle b: Entgeltpunkte insgesamt bestimmen

	Entgeltpunkte
Entgeltpunkte für Beitragszahlung	
Entgeltpunkte für schulische **Ausbildung** (für bis zu 3 Jahren – ab dem 17. Lebensjahr – und maximal 0,75 Entgeltpunkte)	
Zusätzliche Entgeltpunkte für die ersten 3 **Berufsjahre** (persönliche EP erhöht bis auf maximal 0,75 Entgeltpunkte)	
Zusätzliche Entgeltpunkte für **Erziehungszeiten**: bis zum 10. Lebensjahr; bei Pflege bis zum 18. Lebensjahr (erhöht um 50 % auf maximal einen Entgeltpunkt)	
Entgeltpunkte für **Kindererziehung** Geburten vor 1992 – maximal 1 Jahr, Geburten ab 1992 maximal 3 Jahre je Kind, bewertet mit maximal einem Entgeltpunkt	
Entgeltpunkte bei **Arbeitslosigkeit/Krankheit/ Mutterschutz**	
Entgeltpunkte für **Zurechnungszeiten** bei Erwerbsminderung	
Summe	

1.3 Sozialer Ausgleich in der Rentenversicherung

Bei der Berechnung der Rente wird berücksichtigt, wenn es wegen außergewöhnlicher Umstände nicht möglich war, Beiträge zu entrichten. Damit sollen unbillige Härten und Nachteile vermieden werden. Die gesetzliche Rentenversicherung erkennt Zeiten zu, für die keine Beiträge entrichtet wurden. Das sind:

Anrechnungszeiten: Zeiten, in denen eine versicherungspflichtige Beschäftigung unterbrochen wurde u. a. wegen Arbeitslosigkeit, Arbeitsunfähigkeit wegen Krankheit, Schwangerschaft oder Schutzfristen nach dem Mutterschutzgesetz und Zeiten der schulischen Ausbildung.

Mit diesen zusätzlichen Entgeltpunkten soll vermieden werden, dass geringe Entgelte während der ersten Berufsjahre bzw. Ausbildung die spätere Rentenhöhe ungünstig beeinflussen.

Zurechnungszeiten: Wird ein Versicherter vor Vollendung des 60. Lebensjahres berufs- oder erwerbsunfähig, so werden die Zeiten bis zum fiktiven 60. Lebensjahr wie eine Beitragszeit berücksichtigt. Dadurch wird vermieden, dass ein frühzeitig Erwerbsgeminderter nur eine minimale Rente erhält.

1.3.1 Schulische Ausbildung (Schule, Hochschule)

Zeiten der Schul-, Fachhochschul- oder Hochschulausbildung werden ab dem 17. Lebensjahr für längstens 3 Jahre berücksichtigt. Eine zeitliche Begrenzung auf einzelne »Schularten« erfolgt nicht, ein erfolgreicher Schulabschluss ist nun nicht mehr erforderlich. Zeiten einer »Schulausbildung« wurden bis 1991 mit 90 % eines Durchschnittsverdienstes bewertet. Ab 1992 gelten ein auf 75 % begrenzter Gesamtleistungswert (GLW; s. dazu Kapitel 1.3.10) und zusätzlich eine Höchstgrenze von 0,75 Entgeltpunkten je Jahr, 0,0625 EP je Monat.

Beispiel:
GLW	1,20 EP
davon 75 %	0,96 EP
begrenzt auf	0,75 EP

Mit der Rentenreform 1992 wurde die zeitliche Bewertung auf insgesamt 7 Jahre begrenzt, und zwar ohne Unterteilung nach der Art des Schulbesuches. Seit 1997 werden nur noch 3 Jahre angerechnet und erst ab dem

Gesetzliche Rentenversicherung

17. Lebensjahr (zuvor 16. Lebensjahr). Für eine Übergangszeit von 4 Jahren – beginnend Januar 1997 – wird der bisherige Anspruch um $^1/_{48}$ je späterem Monat des Rentenbeginns vermindert. Wurden beitragsfreie Zeiten (u. a. Zeiten der schulischen Ausbildung) in der **Beamtenversorgung** berücksichtigt, so ist ein zusätzlicher Anspruch im Rentenrecht nicht möglich. Studenten, die nach dem 30. September 1996 eine Beschäftigung aufnehmen, sind grundsätzlich versicherungspflichtig. Einkünfte, die die Geringfügigkeitsgrenze übersteigen, führen zur Versicherungspflicht in der Rentenversicherung. Student und Arbeitgeber tragen je zur Hälfte den Rentenbeitrag vom Bruttoverdienst. Durch diese Neuregelung lässt sich die Rentenlücke schließen und der spätere Rentenanspruch erhöhen.

1.3.2 Die ersten drei Berufsjahre

Die ersten drei Berufsausbildungsjahre oder die ersten drei Jahre mit Pflichtbeiträgen vor dem 25. Lebensjahr werden mit mindestens 75 % eines Durchschnittsentgelts bewertet. Ergeben Ausbildungsvergütung oder Erwerbseinkommen dieser Jahre einen geringeren Rentenwert als 0,75 Entgeltpunkte (EP), so wird er auf 0,75 EP angehoben. Diese zusätzlichen Entgeltpunkte sind dem entsprechenden Versicherungsabschnitt zuzurechnen. Wurden bereits durch eigene Beitragsleistung 0,75 oder mehr Entgeltpunkte erreicht, so ist keine zusätzliche Anhebung vorgesehen. Mit diesen zusätzlichen Entgeltpunkten soll erreicht werden, dass geringe Entgelte während der ersten Berufsjahre oder der Ausbildung die spätere Rentenhöhe ungünstig beeinflussen. Versicherte, deren erzielte Entgelte über viele Jahre hinweg niedrig waren, erhalten eine Rente nach Mindesteinkommen (s. Kapitel 1.3.3).

Sowohl die zeitliche Dauer als auch die Bewertung wurden mit der Rentenreform 1996 abgesenkt. Anstelle von 4 Jahren nur noch 3 Jahre und anstelle einer Bewertung mit 90 % nur noch von 75 %. Für eine Übergangszeit von 4 Jahren – beginnend Januar 1997 – wird der bisherige Anspruch um $^1/_{48}$ je späterem Monat des Rentenbeginns vermindert.

1.3.3 Niedrige Einkommen erhöht

Erwerbseinkommen, das erheblich unterhalb eines Durchschnittseinkommens liegt, gewährleistet keine ausreichende finanzielle Sicherung im Alter. Niedrige Pflichtbeiträge werden auf das 1,5fache des erreichten Wertes, höchstens aber auf 75 % eines Durchschnittsverdienstes angehoben

– aber nur dann, wenn der Versicherte mindestens 35 **Jahre** beitragspflichtig beschäftigt war.
Berücksichtigungszeiten wegen Kindererziehung und Pflege verkürzen diese Zeitspanne. Ergab der Durchschnitt aller mit Beiträgen erzielten Entgeltpunkte einen Wert von weniger als 0,75, werden alle Entgeltpunkte angehoben. Die zusätzlichen Entgeltpunkte sind dabei den Versicherungsjahren zu gleichen Teilen zuzuordnen. Die Höchstgrenze von 0,75 Entgeltpunkten darf nicht überschritten werden. Mit dieser »Höchstgrenze« soll vermieden werden, dass niedrige Beitragswerte, beispielsweise wegen Teilzeitbeschäftigung, unangemessen angehoben werden.

Beispiele:

Durchschnitt aller EP	mal 1,5	Höchstwert	zusätzliche EP
0,40	0,60	0,75	0,20
0,60	0,90	0,75	0,15

Anstelle eines Monatsdurchschnitts wurde in diesen Beispielen ein Jahresdurchschnitt gewählt.

Aufgrund der Bewertung nach Mindesteinkommen werden jedem Versicherungsjahr 0,2 bzw. 0,15 Entgeltpunkte hinzugerechnet. Es ist unerheblich, wie hoch oder niedrig der Entgeltwert jeweils ist.

Wichtig:
Nur wenn 35 Beitragsjahre (einschließlich Berücksichtigungszeiten) erreicht wurden, werden Zeiten bis 1991 berücksichtigt. Niedrige Entgelte der Jahre ab 1992 werden nur für Kindererziehende angehoben. Diese Regelung ist in Kapitel 1.3.3.1 beschrieben.

1.3.3.1 Kindererziehung und Erwerbseinkommen

Ab dem 1. Januar 2002 gilt: Niedrige Entgelte der Jahre ab 1992 werden angehoben, wenn **Erwerbseinkommen während der Zeit der Kindererziehung** erzielt wurde. Die Höherbewertung von Beitragszeiten begünstigt Eltern, die währen der ersten 10 Lebensjahre des Kindes eine Teilzeitarbeit ausüben oder trotz einer Vollzeiterwerbstätigkeit nur unterdurchschnittlich verdienen.

Die in dieser Zeit erzielten Entgelte werden bei der Rentenversicherung um 50 % auf maximal 100 % des Durchschnittseinkommens aufgewertet. Für pflegebedürftige Kinder gilt diese Regelung bis zu dessen 18. Lebensjahr.

> **Wichtig:**
> Voraussetzung ist, dass insgesamt **25 Jahre** mit rentenrechtlichen Zeiten vorliegen. Hierzu zählen auch Kinderberücksichtigungszeiten.

Frauen oder Männer, die wegen gleichzeitiger Erziehung bzw. Pflege von zwei oder mehr Kindern nicht erwerbstätig sein können, erhalten einen Zuschlag an Entgeltpunkten. Der Zuschlag beträgt 0,3333 Entgeltpunkte pro Jahr.

1.3.4 Mutterschutz

Zeiten des Mutterschutzes werden in der gesetzlichen Rentenversicherung berücksichtigt, und zwar entsprechend der maßgeblichen Schutzfristen (6 Wochen vor der Geburt, 8 Wochen nach der Geburt; 12 Wochen bei Mehrlingsgeburten oder Frühgeburt). Von den Zeiten nach der Geburt wird allerdings nur noch der Monat der Geburt angerechnet, da mit Ablauf des Monats der Geburt Anspruch auf Kindererziehungszeiten besteht. Zeiten der Kindererziehung gelten jedoch als Beitragszeit. Bisher wurde entsprechend der durchschnittlichen persönlichen Bemessungsgrundlage bewertet. Seit 1992 gilt der volle Gesamtleistungswert (s. Kapitel 1.3.11).

> **Beispiel:**
> Als durchschnittlicher Entgeltpunkt des gesamten Erwerbslebens (Gesamtleistungswert) wurde ein Entgeltpunkt ermittelt. Dieser Wert (1 EP) ist für die Zeit des Mutterschutzes einzutragen.

1.3.5 Kindererziehung als Beitragszeit

Zeiten der Kindererziehung werden wie Beitragszeiten berücksichtigt und in der Regel dem Rentenkonto der Mutter zugerechnet. Soll der Vater in den Genuss kommen, müssen die Eltern das in einer gemeinsamen Erklärung festhalten.

Zeiten der Kindererziehung ab 1992 können Väter und Mütter unter sich aufteilen. Diese Erklärung muss schriftlich innerhalb von 3 Jahren nach der Geburt des Kindes abgegeben sein. Bei Kindern, die ab 1. Januar 1992 geboren sind, werden die ersten 3 Lebensjahre, bei Kindern, die bis zum 31. Dezember 1991 geboren waren, die ersten 12 Monate berücksichtigt. Die Zeit der Kindererziehung beginnt mit Ablauf des Monats der Geburt. Bei gleichzeitiger Erziehung mehrerer Kinder werden Verlängerungszeiten angerechnet. Die Zeiten der Kindererziehung wurden mit 75 % eines

Durchschnittsverdienstes bewertet, folglich mit 0,75 Entgeltpunkten (EP) für ein Jahr. Mit der Rentenreform 1999 erfolgte eine günstigere Bewertung:

vom 1. Juli 1998 an mit 85 % des Durchschnittsentgelts (0,85 EP)
vom 1. Juli 1999 an mit 90 % des Durchschnittsentgelts (0,90 EP)
vom 1. Juli 2000 an mit 100 % des Durchschnittsentgelts (1,00 EP)

Wurde während der möglichen Zeit der Kindererziehung ein beitragspflichtiges Beschäftigungsverhältnis ausgeübt, so werden zusätzlich zu bereits vorhandenen zeitgleichen Beitragszeiten Kindererziehungszeiten bis zur jeweiligen Beitragsbemessungsgrenze angerechnet. Diese Regelung wurde mit der Rentenreform 1999 eingeführt.

Wichtig:
Zeiten bis zum 10. Lebensjahr des Kindes gelten als Berücksichtigungszeit. Berücksichtigungszeiten sind keine Zeiten, die zu zusätzlichen Rentenanwartschaften führen. Sie sollen lediglich Nachteile vermeiden, die es wegen des ab 1992 geltenden Gesamtleistungswerts geben kann.

1.3.6 Zeiten der Pflege

Mit Einführung der Pflegeversicherung werden die pflegenden Personen erstmals wie Beitragszahler abgesichert. Die Pflegeversicherung übernimmt die Beitragszahlung zur Rentenversicherung. Die rentenrechtliche Absicherung ist abhängig von der Stufe der Pflegebedürftigkeit und dem Umfang der Pflegetätigkeit. Bei der Pflegestufe 1 gilt keine Abstufung nach dem Pflegeaufwand. Der Beitrag orientiert sich an einem prozentualen Anteil der jeweils geltenden Bezugsgröße (s. Tabelle 8).

	Pflegestufe 1	Pflegestufe 2	Pflegestufe 3
Pflegeaufwand mindestens			
14 Stunden	26,667 v. H.	35,5555 v. H.	40 v. H.
21 Stunden		53,3333 v. H.	60 v. H.
28 Stunden			80 v. H.

1.3.7 Zeiten der Arbeitslosigkeit und Krankheit

Ab 1995 werden Zeiten der Arbeitslosigkeit und des Bezuges von Krankengeld in der Rentenversicherung mit 80 % des der Lohnersatzleistung zugrunde liegenden Bruttoarbeitsentgeltes bewertet.

Beispiel:

Jahresentgelt Brutto	davon 80 %	EP ohne Krankheit	EP vermindert
50 000 DM	40 000 DM	1,248	0,998

Der Rentenverlust ist regelmäßig höher als »20 %«. Grundlage für die Beitragszahlung an die Rentenversicherung ist das Entgelt, das der Bemessung der Lohnersatzleistung (Krankengeld/Arbeitslosengeld) zugrunde liegt. Hierbei sind u. a. nicht berücksichtigt: Weihnachtsgeld, Urlaubsgeld.

Bewertung der Zeiten bis Ende 1994: Arbeitslosigkeit und Zeiten der Krankengeldzahlung in den Jahren bis 1994 werden mit **80 % eines Gesamtleistungswertes** berücksichtigt. Der Gesamtleistungswert (GLW) entspricht der persönlich erreichten Beitragsdichte. Die Summe der persönlich erreichten Entgeltpunkte (EP) wird durch die Anzahl der Monate einer möglichen Beschäftigung geteilt, d. h. vom 16. Lebensjahr bis zum Rentenbeginn. Dieser durchschnittliche Entgeltpunkt des gesamten Versicherungslebens wird auf 80 % gesenkt.

Gesamtleistungswert 1,0
Bewertung 0,8

Der für Anrechnungszeiten bis Ende 1994 erzielbare Wert kann grundsätzlich erst zu dem Zeitpunkt ermittelt werden, zu dem die Rente letztlich berechnet wird (s. auch Kapitel 1.3.11).

Für Bezieher von **Arbeitslosenhilfe** gilt seit dem 1.1.2000: Basis für die Beitragzahlung des Bundes und damit für die Rentenanwartschaft ist die tatsächlich ausgezahlte Leistung.

Zeiten der Krankheit von mindestens einem Kalendermonat nach dem 17. Lebensjahr und vor dem 25. Lebensjahr werden ab dem 1. Januar 2002 als Anrechnungszeit berücksichtigt.

Sozialer Ausgleich

1.3.8 Wehr- und Zivildienst

Pflichtbeiträge werden durch den Bund entrichtet. Grundlage dieser Beitragsentrichtung sind einheitlich 80 % der jeweiligen Bezugsgröße (s. Tabelle 7). Die Bewertung erfolgt somit in etwa auf der Basis des Einkommens von 80 % eines Durchschnittsverdienstes. Für Zeiten vor 1992 wird Wehr- oder Zivildienst mit 75 v. H. eines Durchschnittsverdienstes bewertet; dies bedeutet: 0,75 EP pro Jahr. Für Zeiten ab dem 1. Januar 2000 nur noch auf der Basis von 60 %. Für Teilnehmer an **Wehrübungen** gilt als Grundlage das vorher bezogene Arbeitsentgelt.

1.3.9 Altersteilzeit

Wird Altersteilzeit vereinbart, so sind Beiträge zu allen Zweigen der Sozialversicherung auf der Grundlage des Entgelts für die Teilzeitbeschäftigung zu zahlen. Für die Rentenversicherung gilt: Beiträge sind auf der Grundlage von 90 % der Entgelte einer Vollzeitbeschäftigung zu entrichten. Die Beiträge zahlt der Arbeitgeber alleine.

Beispiel:
Entgelt eines Vollbeschäftigten 4000 DM, Entgelt aus der Teilzeitbeschäftigung 2000 DM. Im Rentenrecht sind zu versichern: 3600 DM. Den vollen Beitrag (19,1 %) für den Aufstockungsbetrag in Höhe von 1600 DM trägt der Arbeitgeber alleine.

Der Rentenverlust in Höhe von 10 % gilt auch für denjenigen, dessen Einkommen die Beitragsbemessungsgrenze (8700 DM) übersteigt. Es gilt in jedem Fall, dass die Aufstockung bei 90 % von 8700 DM, also bei 7830 DM endet.

1.3.10 Frühzeitige Erwerbsminderung (Zurechnungszeiten)

Bei frühzeitiger Erwerbsminderung, Berufsunfähigkeit oder Erwerbsunfähigkeit (BU/EU) werden Zurechnungszeiten berücksichtigt. Der Rentenberechtigte wird so gestellt, als hätte er weiterhin Beiträge bis zum 60. Lebensjahr gezahlt. Dabei wird jedes Jahr bis zum 55. Lebensjahr voll, danach jedes bis zum 60. zu einem Drittel angerechnet.

Als Ausgleich für versicherungsmathematische Abschläge bei Beginn der Erwerbsunfähigkeitsrente vor dem 63. Lebensjahr wird die Zurechnungszeit vom 55. bis zum fiktiven 60. Lebensjahr zukünftig voll berücksichtigt.

Beispiel: ohne erhöhte Zurechnungszeit
Nach 20 Versicherungsjahren wird ein/e 40-Jährige/r erwerbsunfähig. Welche Versicherungszeit (in Monaten) hat er/sie zu erwarten?

Beitrags- monate	Schulzeit	Zurechnungszeit bis zum 55. Lj.	Zurechnungszeit vom 56. bis 60 Lj.*	Summe
240	36	180	20	476

* Zurechnungszeit mit einem Drittel

Die Zurechnungszeit wird ab 1992 entsprechend dem so genannten Gesamtleistungswert, also dem Durchschnitt aller, bis zum Zeitpunkt der Erwerbsminderung erreichten Entgeltpunkte des Bewertungszeitraumes bewertet. Die Zeiten der schulischen Ausbildung mit maximal 0,75 Entgeltpunkten (0,0625 je Monat).

Beispiel:

Beiträge	Schulzeit (0,0579 mal 36)	Zurechnungszeit bis zum 55. Lj. (0,0579 mal 180)	Zurechnungszeit 56. bis 60. Lj. (0,0579 mal 20)	Summe
20 EP	2,08	10,42 EP	1,16 EP	33,66 EP

Anspruch auf Rente wegen verminderter Erwerbsfähigkeit steht nur dann zu, wenn in den letzten fünf Jahren vor Eintritt des Versicherungsfalles 3 Jahre mit Pflichtbeiträgen belegt sind. Freiwillige Beiträge genügen dann, wenn zum 31.12.1983 die Wartezeit erfüllt war und ab dem 1.1.1984 für jeden Kalendermonat ein Mindestbeitrag gezahlt wird. Eine Unterbrechung der Beitragszahlung hat zur Folge, dass die Anwartschaft verloren geht und diese nur durch entsprechende Pflichtbeiträge wieder erworben werden kann. Freiwillig Versicherte können ihren Beitrag in den Grenzen des Mindest- und Höchstbetrages frei wählen. Der Mindestbeitrag beträgt seit dem 1. Januar 2001 120,33 DM, der Höchstbetrag 1661,70 DM (alte Länder).

1.3.10.1 Erhöhte Zurechnungszeit

Mit dem Gesetz zur Reform der Renten wegen verminderter Erwerbsfähigkeit vom 20. Dezember 2000 wurde u.a. festgelegt, dass auch bei Renten wegen verminderter Erwerbsfähigkeit Rentenabschläge erfolgen. Für

jeden Monat des Rentenbezuges vor dem 63. Lebensjahr vermindert sich die Rente um 0,3 %, maximal 10,8 %.
Als Ausgleich für diese Kürzung wird die Zurechnungszeit erhöht. Diese zusätzlichen Zeiten werden ebenso gleitend eingeführt wie die Abschläge.
Erst ab dem 1. Januar 2004 wird die Zeit vom 55. bis zum fiktiven 60. Lebensjahr in vollem Umfang berücksichtigt (bisher mit einem Drittel/ 20 Monate).
Mit jedem Monat, beginnend mit Januar 2001, erhöht sich die Zurechnungszeit um $1/54$ von 60 Monaten. Die Zurechnungszeit wird um $36/54$ erhöht. Diese Zahl entspricht der Anzahl der Monate mit Rentenabschlägen.

	Rentenbeginn	Erhöhte Zurechnungszeit
Jahr	Monat	In $1/54$
vor 2001		18
2001	Januar	19
2002	Januar	31
2003	Januar	43
2003	Dezember	54

Die bisherige Zurechnungszeit, $1/3$ der Zeit vom fiktiven 55. bis zum 60. Lebensjahr, ist in dieser Tabelle mit $18/54$ ausgewiesen. Dies entspricht dem bisherigen Umfang von 20 Monaten ($18/54$ von 60 Monaten ergibt den Wert 20 Monate).

1.3.11 Die Gesamtleistungsbewertung

1.3.11.1 Grundlegendes

Anrechnungs- und Ersatzzeiten (z. B. Kriegsgefangenschaft) wurden vor 1992 nur dann berücksichtigt, wenn die so genannte Halbbelegung erfüllt wurde. Der Versicherte musste mindestens die Hälfte der möglichen Versicherungszeit mit Beiträgen belegt haben. Anderenfalls – selbst bei einer Differenz von nur 1 Monat – konnten keine beitragslosen Zeiten angerechnet werden. Es galt das Prinzip »Alles oder nichts«.

Seit 1992 ist für die Bewertung der durchschnittliche Wert der gesamten Beitragsleistung maßgebend (Gesamtleistungswert). Die Entgeltpunkte werden durch die mögliche (im Regelfall identisch mit der tatsächlichen)

Versicherungszeit geteilt. Der belegungsfähige Gesamtzeitraum beginnt mit vollendetem 16. Lebensjahr und endet in der Regel mit Ablauf des Kalendermonats vor Beginn der Regelaltersgrenze. Sie umfasst somit vom 16. bis zum 65. Lebensjahr 589 Kalendermonate. Beginnt eine Rente vor dem 65. Lebensjahr, ist die Belegungszeit entsprechend geringer. Es werden nur die tatsächlich erzielten Entgeltpunkte aus Beitragszeiten berücksichtigt. Das Ergebnis, ein Durchschnittswert des gesamten Berufslebens, ist maßgebend für die Bewertung der beitragsfreien Zeiten.

Zeiten innerhalb dieses Gesamtzeitraumes, die beitragsfreie Zeiten sind (z. B. Arbeitslosigkeit vor 1995), gelten nicht als belegungsfähig, d. h., für diese Zeiträume wird eine Beitragszahlung nicht erwartet. Berücksichtigungszeiten für Kindererziehung und Pflege beeinflussen diesen Wert günstig.

Ab 2002 gilt: Schulische Ausbildung ab dem 17. Lebensjahr führt bis zu einer Dauer von 8 Jahren zu keiner Lücke im Versicherungsverlauf. Auch für Zeiten der Krankheit (mindestens ein Monat) in der Zeit vom 17. bis zum 25. Lebensjahr gilt diese Regelung.

Beachte:
Es gilt aber weiterhin: Schulische Ausbildung (s. Kapitel 1.3.1) wird nur bis zu 3 Jahren mit bis zu 75 % bewertet.

1.3.11.2 Berücksichtigungszeiten

Die Gesamtleistungsbewertung wirkt sich dann besonders nachteilig aus, wenn der belegungsfähige Gesamtzeitraum in erheblichem Maße Zeiten enthält, die weder Beitragszeiten noch beitragsfreie Zeiten sind. Wird z. B. die Erziehung eines Kindes über den rentenrechtlich abgesicherten Zeitraum von einem Jahr (bzw. 3 Jahren für Geburten ab 1992) hinaus fortgesetzt, ohne dass eine versicherungspflichtige Erwerbstätigkeit besteht, so entstünden hierbei »Lücken« im Versicherungsverlauf. Zeiten der **Kindererziehung** und **Pflege** (ohne Beitragszahlung) werden im Rahmen der Gesamtleistungsbewertung deshalb berücksichtigt, als ob »Beiträge« entrichtet worden wären. Diese Zeiten gelten als Berücksichtigungszeiten, sind jedoch keine Beitragszeit. Es wird rechnerisch (nicht für die Rentenberechnung maßgebend) so verfahren, als ob in diesem Zeitraum eine Beschäftigung ausgeübt worden wäre und Entgelte erzielt wurden, die 75 % eines Durchschnittseinkommens entsprochen haben. Werden während der Zeiten, die als Berücksichtigungszeiten gelten, geringe Beiträge tatsächlich geleistet, so wird der Beitragswert in jedem Fall auf den Mindestwert von monatlich 0,0625 Entgeltpunkten angehoben.

Beachte:
Berücksichtigungszeiten **erhöhen nicht** unmittelbar den Monatsbetrag der Rente, sondern beeinflussen lediglich die Gesamtleistungsbewertung günstig.

Als Berücksichtigungszeit gelten Zeiten der Kindererziehung bis zum vollendeten 10. Lebensjahr des Kindes. Dies gilt auch für Zeiten vor dem 1. Januar 1992. Die Berücksichtigungszeit – über das erste oder 3. Lebensjahr des Kindes hinaus – wird nicht als Beitragszeit bewertet. Nur die Kindererziehungszeit (ab 1992 bis zu 3 Jahren) gilt als Beitragszeit.

1.4 Der Rentenbeginn

Anträge werden von sämtlichen Sozialleistungsträgern entgegengenommen und an den zuständigen Leistungsträger weitergeleitet. Auch beim Gemeindeamt oder beim Versicherungsamt kann der Antrag gestellt werden, ebenso bei den Auskunfts- und Beratungsstellen der Landesversicherungsanstalten (LVA) und der Bundesversicherungsanstalt für Angestellte (BfA). Angestellte können sich auch an die Versichertenältesten wenden. Bei Altersrenten sollte der **Antrag** einige Monate vor dem Erreichen der entsprechenden Altersgrenze gestellt werden, da die Bearbeitung einige Zeit benötigt. Wichtig ist, dass frühzeitig eine Kontenklärung erfolgt, d. h., dass der Versicherungsverlauf lückenlos ist. Ab dem 50. Lebensjahr besteht Anspruch auf eine vorläufige Rentenauskunft.

Wichtig:
Die Rente wird in der Regel erst **ab der Antragstellung** gewährt. Wird die Rente verspätet beantragt, so erfolgt eine rückwirkende Rentenzahlung nur dann, wenn der Antrag innerhalb einer Antragsfrist von drei Monaten gestellt wurde. Wurde diese Frist versäumt, so wird Rente erst ab dem Zeitpunkt der Antragstellung gewährt.

1.5 Die Rentenarten

Rentenbeginn ist grundsätzlich das 65. Lebensjahr. Voraussetzung sind mindestens 60 Beitragsmonate. Mit den Rentenreformen 1957 und 1972 wurden aus sozialpolitischen Gründen Möglichkeiten eröffnet, zu früheren Zeitpunkten Rente zu beantragen. Diese Rentenarten sind regelmäßig mit besonderen Anspruchsvoraussetzungen verknüpft.

1.5.1 Die Regelaltersrente

Die Rente mit dem 65. Lebensjahr wird als Regelaltersrente bezeichnet. Sie wird Versicherten gewährt, die das 65. Lebensjahr vollendet und die allgemeine Wartezeit von 5 Jahren erfüllt haben. Werden keine 5 Jahre erreicht, so besteht kein Rentenanspruch.

Bei z. B. nur 4 Jahren Kindererziehung ohne weitere Beitragsjahre besteht kein Rentenanspruch. In diesem Falle müssten für mindestens 1 Jahr freiwillige Beiträge (Mindestbeitrag monatlich 122,85 DM) entrichtet werden, damit eine Rente gezahlt werden kann.

Die Regelaltersrente ab dem 65. Lebensjahr wird regelmäßig von Personen in Anspruch genommen, bei denen die Voraussetzungen für eine Rente für langjährig Versicherte nicht gegeben sind. Dies sind insbesondere Beamtinnen, Beamte, Selbständige und nicht erwerbstätige Ehegatten.

Die gesetzliche Rente wird erhöht, wenn der Rentenzugang zu einem späteren Zeitpunkt als dem 65. Lebensjahr erfolgt. Für jeden Monat, um den der Anspruch auf Regelaltersrente durch weitere Beitragszahlung hinausgeschoben wird, erhöht sich die spätere Rente um 0,5 %. Der persönliche Rentenzuschlag wird beim Zugangsfaktor berücksichtigt. Der Zugangsfaktor ist ohne »späteren« Bezug einer Altersrente regelmäßig 1. Er erhöht sich je nicht in Anspruch genommenem Monat um 0,005 Punkte.

1.5.2 Die Altersrente für langjährig Versicherte

Mit der Rentenreform 1972 wurde für Personen, die eine Wartezeit von mindestens 35 Versicherungsjahren erreicht haben, die Möglichkeit eröffnet, nicht erst mit dem 65. Lebensjahr Rente zu beziehen, sondern auf Antrag bereits ab dem **63. Lebensjahr.** Ab dem Jahr 2000 ist diese Altersrente auf das 65. Lebensjahr angehoben. Mit der Rentenreform 1996 wurde festgelegt, dass bereits ab dem Jahr 2002 (RRG 1992–2006) erst ab dem 65. Lebensjahr Rente bezogen werden kann, ohne dass ein Abschlag erfolgt.

Geburtsjahr	Monat	Anhebung um Monate
1937	Januar	1
1938	Januar	13
1938	Dezember	24

Rentenarten

Die Wahlfreiheit, zu den derzeit geltenden Altersgrenzen nach Anhebung der Altersgrenzen Rente zu beziehen, ist mit einem versicherungstechnischen Abschlag von 0,3 % je vorgezogenem Monat zu bezahlen. Dieser Abschlag erfolgt über den Rentenzugangsfaktor.
Vertrauensschutz: Für Versicherte mit 45 Pflichtbeitragsjahren und die, die vor dem 1. Januar 1942 geboren sind, gilt eine Vertrauensschutzregelung, analog dem RRG 1992 (s. Tabelle 22). Die Anhebung der Altersgrenzen erfolgt erst ab dem Jahr 2001 in Schritten von je Jahr 3 Monaten; ab 2005 in größeren Schritten (innerhalb eines Jahres um jeweils 6 Monate).

1.5.3 Die Altersrente für schwerbehinderte Menschen

Schwerbehinderte Menschen, die eine Wartezeit (Versicherungszeit) von 35 Jahren erreicht haben, können auf Antrag bereits ab dem 60. Lebensjahr Rente beziehen. Diese Altersgrenze wird ab dem 1.1.2001 in monatlichen Schritten auf das 63. Lebensjahr angehoben.

Geburtsjahr	Monat	Anhebung um Monate
1941	Januar	1
1942	Januar	13
1943	Januar	25
1943	Dezember	36

Vertrauensschutzregelung: Versicherte, die am Stichtag der dritten Lesung, dem 16. November 2000, bereits 50 Jahre alt und schwerbehindert oder erwerbsgemindert waren, erhalten eine abschlagsfreie Rente. Der Vertrauensschutz gilt ohne zusätzliche Einschränkung für Versicherte, die vor dem 1. Januar 1942 geboren sind und 45 Jahre mit Pflichtbeiträgen haben.

1.5.4 Die Altersrente wegen Arbeitslosigkeit

Die Möglichkeit, ab dem 60. **Lebensjahr** Altersrente wegen Arbeitslosigkeit zu beziehen, gilt seit 1957 auch für Arbeiter und Arbeiterinnen. Voraussetzung ist eine Versicherungszeit von 15 Jahren sowie die besonderen Voraussetzungen, dass innerhalb der letzten 1$^1/_2$ Jahren für insgesamt 52 Wochen Arbeitslosigkeit vorlag und 8 der letzten 10 Jahre vor dem Rentenbezug mit Pflichtbeiträgen belegt sind.

Die Rente wegen Arbeitslosigkeit muss nicht exakt bei Beginn des 60. Lebensjahres in Anspruch genommen werden. Zu welchem Zeitpunkt nach Vollendung des 60. Lebensjahres Rente beantragt wird, bleibt der eigenen Entscheidung überlassen, die insbesondere davon abhängt, ob noch Arbeitslosengeld bezogen werden kann.

Ab 2012 gibt es diese Rentenart nicht mehr. Es gilt dann für alle einheitlich die Altersgrenze 62. Lebensjahr mit Abschlägen von 0,3 % je vorgezogenem Monat vor dem 65. Lebensjahr.

Mit der Rentenreform 1996 wurde festgelegt, dass die Altersgrenze für die Altersrente wegen Arbeitslosigkeit ab 1997 angehoben wird. Die Anhebung erfolgt in Monatsschritten. Die Altersgrenzen werden jährlich um 12 Monate angehoben. Die Anhebung ist für die Geburtsjahrgänge 1937 und jünger Ende 2001 abgeschlossen.

Geburtsjahr	Monat	Anhebung um Monate
1937	Januar	1
1938	Januar	13
1939	Januar	25
1940	Januar	37
1941	Januar	49
1941	Dezember	60

Vertrauensschutz: Für Versicherte mit 45 Pflichtbeitragsjahren und die, die vor dem 1. Januar 1942 geboren sind, gilt eine Vertrauensschutzregelung, analog dem RRG 1992 (s. Tabelle 22). Für Versicherte, die bis zum 15. Februar 1941 geboren sind und am 14. Februar 1996 arbeitslos waren, deren Arbeitsverhältnis aufgrund einer Kündigung, die vor dem 14. Februar 1996 erfolgt ist und daran anschließend arbeitslos geworden sind, gilt ebenfalls eine Vertrauensschutzregelung, analog der Regelungen der Rentenreform 1992. Die Anhebung der Altersgrenzen erfolgt erst ab dem Jahr 2001 in Schritten von 3 Monaten pro Jahr; ab 2005 in größeren Schritten (innerhalb eines Jahres um jeweils 6 Monate).

1.5.5 Die Altersrente wegen Altersteilzeit

Das Gesetz zur Förderung eines gleitenden Übergangs in den Ruhestand vom 23. Juli 1996 hat mit Wirkung vom 1. August 1996 an die so genannte

»Altersrente wegen Arbeitslosigkeit oder nach Altersteilzeitarbeit« eingeführt. Anspruch auf diese Rente ab dem 60. **Lebensjahr** haben Versicherte, die insgesamt 24 Monate Altersteilzeitarbeit geleistet haben. Die übrigen versicherungsrechtlichen Voraussetzungen entsprechen der Rente wegen Arbeitslosigkeit.

Rente wegen Altersteilzeit kann nur gewährt werden, wenn der Arbeitgeber den durch die Altersteilzeit herabgesetzten Arbeitsverdienst um 20 %, aber auf mindestens 70 % des vorherigen Nettoverdienstes aufstockt und Beiträge zur gesetzlichen Rentenversicherung auch für den Unterschiedsbetrag zwischen dem Arbeitsverdienst und einem Betrag in Höhe von 90 % des Vollzeitarbeitsverdienstes geleistet wurden. Damit diese Rentenart beantragt werden kann, ist es nicht erforderlich, dass das Arbeitsamt einen Zuschuss leistet.

Mit der Rentenreform 1996 wurde festgelegt, dass die Altersgrenze für die Altersrente wegen Arbeitslosigkeit und der Altersrente wegen Altersteilzeit ab 1997 angehoben wird. Die **Anhebung** erfolgt in Monatsschritten. Die Altersgrenzen werden jährlich um 12 Monate angehoben. Die Anhebung ist für die Geburtsjahrgänge 1937 und jünger Ende 2001 abgeschlossen. Es gelten der **Vertrauensschutz** wie in Kapitel 1.5.4 beschrieben sowie die dort abgedruckte Tabelle.

1.5.6 Die Altersrente für Frauen

Mit der Rentenreform 1957 wurde die Altersrente für Frauen eingeführt. Voraussetzung für eine Frauenrente ab dem **60. Lebensjahr** ist eine Vorversicherungszeit von 15 Jahren. Als weitere, besondere Voraussetzung gilt, dass nach Vollendung des 40. Lebensjahres mehr als 10 Jahre Pflichtbeitragszeiten bestanden haben. Nur Frauen, die zum Ende des Erwerbslebens zu einem großen Teil im Erwerbsleben standen, haben Anspruch auf diese Rente.

Mit der Rentenreform 1996 wurde festgelegt, dass die Altersgrenze bei der Altersrente für Frauen bereits **ab 2000** angehoben wird. Die Anhebung erfolgt in Monatsschritten. Die Altersgrenzen werden jährlich um 12 Monate angehoben.

Geburtsjahr	Monat	Anhebung um Monate
1940	Januar	1
1941	Januar	13
1942	Januar	25
1943	Januar	36
1944	Januar	49
1944	Dezember	60

Vertrauensschutz: Frauen sind von der Vertrauensschutzregelung erfasst, d. h. erhalten keinen Abschlag, wenn sie am 7. Mai 1996 bereits 55 Jahre alt und arbeitslos waren oder das Arbeitsverhältnis aufgrund einer Kündigung oder Vereinbarung, die vor dem 7. Mai 1996 erfolgt und nach dem 6. Mai 1996 beendet worden ist oder sie vor dem 1. Januar 1942 geboren sind und 45 Jahre mit Pflichtbeitragszeiten für eine versicherte Beschäftigung oder Tätigkeit oder Kindererziehung haben. Eine vor dem 7. Mai 1996 abgeschlossene Vereinbarung über die Beendigung des Arbeitsverhältnisses steht einer vor diesem Tage vereinbarten Befristung des Arbeitsverhältnisses oder Bewilligung einer befristeten arbeitsmarktpolitischen Maßnahme gleich.

Diese Vertrauensschutzregelung wurde mit dem **RRG 1999 erweitert.** Versicherte, die vor dem **1. Januar 1942** geboren sind und **45 Jahre** mit Pflichtbeitragszeiten für eine versicherte Beschäftigung oder Tätigkeit oder Kindererziehung (ohne Pflichtbeiträge wegen Arbeitslosigkeit!) haben, bleibt es bei der mit dem RRG 1992 festgelegten Anhebung der Altersgrenze (s. Tabelle 22). Frauen der Geburtsjahrgänge vor 1941 mit 45 Beitragsjahren können die ungekürzte Altersrente beanspruchen.

1.5.7 Die Erwerbsunfähigkeitsrente/Erwerbsminderungsrente

Erwerbsunfähig bzw. -gemindert sind Versicherte, die wegen Krankheit oder Behinderung auf nicht absehbare Zeit außerstande sind, eine Erwerbstätigkeit in gewisser Regelmäßigkeit auszuüben. Erwerbsunfähigkeitsrenten bzw. Erwerbsminderungsrenten werden grundsätzlich als Zeitrenten gezahlt. Die Zahlung beginnt frühestens ab dem 7. Kalendermonat nach dem Eintritt der Minderung der Erwerbsfähigkeit.

Spätestens nach einer Gesamtdauer der Befristung von 9 Jahren ist eine Dauerrente zu zahlen.

Ab 2001 gilt eine **zweistufige Erwerbsminderungsrente:**
Die volle Erwerbsminderungsrente setzt voraus, dass das Restleistungsvermögen auf dem allgemeinen Arbeitsmarkt unter 3 Stunden gesunken ist und eine Wartezeit von 20 Jahren erfüllt ist.

Eine halbe Erwerbsminderungsrente ist zu zahlen, wenn noch ein Restleistungsvermögen auf dem allgemeinen Arbeitsmarkt von 3 bis unter 6 Stunden besteht.

Bei einem Restleistungsvermögen von 6 und mehr Stunden wird keine Erwerbsminderungsrente gezahlt.

Beachte:
Versicherte, die noch zwischen drei und sechs Stunden tätig sein können, erhalten dann eine volle Erwerbsunfähigkeitsrente, wenn der Arbeitsmarkt für derartige Teilzeitarbeitsplätze verschlossen ist.

Hinweis:
Rente wegen Erwerbsunfähigkeit ist erst nach Erfüllung der Wartezeit von 5 Jahren möglich. Eine volle Rente wegen Erwerbsunfähigkeitsrente wird erst nach einer Wartezeit von 20 Jahren gezahlt.
Als weitere Voraussetzung ist gefordert, dass innerhalb der letzten 5 Jahre vor Eintritt der Erwerbsunfähigkeit eine Pflichtbeitragszeit von 3 Jahren bestand. Diese zusätzliche Voraussetzung gilt seit 1984. Sie gilt dann als erfüllt, wenn die allgemeine Wartezeit bis 31. 12. 1983 erfüllt war und ab 1. 1. 1984 jeder Monat mit einem freiwilligen Beitrag belegt ist.

Bei **Kindererziehung** ist zu beachten, dass der Zeitraum von 5 Jahren vor Eintritt des Versicherungsfalles, der mit mindestens 3 Pflichtbeitragsjahren belegt sein muss, bei kindererziehenden Frauen eine Verlängerung erfährt. Bis Ende 1991 konnten als Kinderberücksichtigungszeiten die 5 ersten Lebensjahre eines Kindes angerechnet werden; ab 1992 wurde der anrechenbare Zeitraum bis zum 10. Lebensjahr des Kindes ausgeweitet.

Ein Einkommen zusätzlich zu einer Erwerbsunfähigkeitsrente ist auf 630 DM/325 Euro beschränkt. Wird ein höheres Einkommen erzielt, so wird nur eine Teilrente gezahlt (s. hierzu Kapitel 1.7.6).

1.5.7.1 Erwerbsminderungsrente und Rentenabschläge

Ab dem 1. Januar 2001 gelten auch für Erwerbsgeminderte Rentenabschläge, wenn vor dem 63. Lebensjahr eine Rente bezogen wird. Die Abschläge betragen pro vorgezogenem Monat 0,3 %, maximal 10,8 %.

Jahr	Monat	Anhebung um Monate
2001	Januar	1
2002	Januar	13
2003	Januar	25
2003	Dezember	36

Als Ausgleich für diese Abschläge wird die Zurechnungszeit vom fiktiven 55. bis zum 60. Lebensjahr erhöht. Bisher gilt für diesen Zeitraum eine Zurechnungszeit von einem Drittel. Die Höherbewertung erfolgt stufenweise bis zu einer vollen Anrechnung dieses Zeitraums (s. Kapitel 1.3.10).

1.5.8 Die Berufsunfähigkeitsrente

Versicherte sind berufsunfähig, wenn die Erwerbsfähigkeit infolge Krankheit oder Behinderung auf weniger als die Hälfte derjenigen eines körperlich, geistig und seelisch gesunden Versicherten mit ähnlicher Ausbildung und gleichwertigen Kenntnissen und Fähigkeiten herabgesunken ist. Neben der Beurteilung des persönlichen Leistungsvermögens wird aber auch geprüft, ob der Versicherte vergleichbare Tätigkeiten in seinem Berufsfeld zumutbar ausüben kann.

Ab dem 1. Januar 2001 wird eine **halbe Erwerbsminderungsrente** gezahlt, wenn der Versichere in seinem bisherigen oder einem zumutbaren anderen Beruf nicht mehr als 6 Stunden täglich arbeiten kann.

Rente wegen Berufsunfähigkeit ist erst nach Erfüllung der Wartezeit von 5 Jahren möglich (Ausnahme: Arbeitsunfall). Als weitere Voraussetzung ist gefordert, dass innerhalb der letzten 5 Jahre vor Eintritt der Erwerbsunfähigkeit eine Pflichtbeitragszeit von 3 Jahren bestand. Diese zusätzliche Voraussetzung gilt seit 1984. Sie gilt dann als erfüllt, wenn die allgemeine Wartezeit bis 31.12.1983 erfüllt war und ab 1.1.1984 jeder Monat mit einem freiwilligen Beitrag belegt ist.

Bei **Kindererziehung** ist zu beachten, dass der Zeitraum von fünf Jahren vor Eintritt des Versicherungsfalles, der mit mindestens 3 Pflichtbeitragsjahren belegt sein muss, bei kindererziehenden Frauen eine Verlängerung erfährt. Bis Ende 1991 konnten als Kinderberücksichtigungszeiten die 5 ersten Lebensjahre eines Kindes angerechnet werden; ab 1992 wurde der anrechenbare Zeitraum bis zum 10. Lebensjahr des Kindes ausgeweitet.

Für die Berufsunfähigkeitsrente gilt für Versicherungsfälle ab dem 1.1.2001 der **Rentenartfaktor 0,5**. Bisher wurde eine Rente wegen Berufsunfähigkeit in Höhe von ²⁄₃ einer Erwerbsunfähigkeitsrente gezahlt. Dies entsprach einem Rentenartfaktor von 0,667.

Die Rente wegen Berufsunfähigkeit soll **Einkommensverluste ausgleichen**. Der Rentenempfänger kann deshalb im Rahmen seiner verbliebenen Erwerbsfähigkeit berufstätig sein und Arbeitseinkommen erzielen. Je nach der Höhe dieses Hinzuverdienstes wird die Berufsunfähigkeitsrente gekürzt (s. hierzu Kapitel 1.7.7).

Beachte:
Versicherte, die am 2. Januar 2001 noch keine **40 Jahre** alt waren, erhalten keine Berufsunfähigkeitsrente mehr. Der Vertrauensschutz in Höhe einer halben Erwerbsminderungsrente ist begrenzt auf Versicherte, die bei In-Kraft-Treten dieser Reform bereits älter als 40 Jahre waren. Es muss individuell geprüft werden, ob dieser Schutz privat abgesichert werden sollte.

1.6 Versicherungstechnische Abschläge

Mit der Rentenreform 1992 wurde festgelegt, dass generell eine Rente erst nach vollendetem 65. Lebensjahr zu gewähren ist. Ausgeschlossen waren bis Ende 2000 die Rente wegen Erwerbsminderung und für Schwerbehinderte. Seit dem 1. Januar 2001 gelten Abschläge bis zu maximal 10,8 % auch für diese Gruppe.

Die Rentenreform 1992 sah vor, dass die Anhebung der Regelaltersgrenze nicht sofort erfolgen sollte, sondern erst ab 2001 und dann in Stufen. Die Anhebung auf das 65. Lebensjahr sollte im Jahr 2006 für das bisherige 63. Lebensjahr und für das bisherige 60. Lebensjahr im Jahr 2012 abgeschlossen sein.

Mit der Rentenreform 1996 wurde festgelegt, dass für Arbeitslose und für die Rente nach Altersteilzeit bereits ab 1997 Abschläge erhoben werden. Für Bezieher einer Rente für langjährig Versicherte (63. Lebensjahr) gilt eine stufenweise Anhebung ab dem 1. Januar 2000.

Sind Vertrauensschutzregelungen (s. Kapitel »Die Rentenarten«) anzuwenden, so richten sich die Abschläge nach dem Recht, wie mit der Rentenreform 1992 geregelt.

Es besteht, auch während der Anhebungsphase, die Möglichkeit, Rente zu den bisher geltenden Altersgrenzen zu beziehen. Es erfolgt dann allerdings ein Versorgungsabschlag. Der Versorgungsabschlag beträgt je vorgezogenem Kalendermonat 0,3 %.

Ab 2013 gilt für alle Rentenarten, mit Ausnahme der Rente für Schwerbehinderte und Erwerbsgeminderte, dass eine vorzeitige Inanspruchnahme ab dem 62. Lebensjahr – mit maximal 10,8 % Abschlägen – möglich ist.

1.6.1 Abschlagsregelung

Auch nach der Anhebung der Altersgrenzen besteht jedoch grundsätzlich die Wahlfreiheit, zu den bisher bestehenden Altersgrenzen Rente zu beziehen.

Wird jedoch nach der Anhebung der Altersgrenzen eine Rente zu den bisherigen Altersgrenzen in Anspruch genommen, so wird die gesetzliche Rente um einen versicherungstechnischen Abschlag gekürzt. Dies erfolgt über den **Rentenzugangsfaktor**. Für jeden vorzeitig in Anspruch genommenen Monat wird die gesetzliche Rente um **0,3 %** reduziert.

Beispiel: Vorzeitige Rente von einem Jahr; 12 Monate mal 0,3 %

Entgeltpunkte	mal	Renten-zugangsfaktor 1 abzüglich 3,6 %	mal	aktuellem Rentenwert	Monatsrente
40	×	0,964	×	48,58 DM	1873,24 DM

Mit der Abschlagsregelung wird berücksichtigt, dass bei vorzeitigem Rentenbezug die Rente über einen entsprechend längeren Zeitraum bezogen werden kann. Der versicherungstechnische Rentenabschlag führt dazu, dass die Gesamtsumme in beiden Fällen grundsätzlich identisch ist.

1.6.2 Ausgleich der Abschläge

Versicherte, die beabsichtigen, eine Altersrente mit Abschlägen zu beanspruchen, haben die Möglichkeit, Beiträge zum Ausgleich der voraussichtlichen Abschläge zu zahlen (§ 187a SGB VI). Diese Regelung ist durch das Gesetz zur Förderung eines gleitenden Übergangs in den Ruhestand eingefügt worden und wurde im RRG 1999 nicht geändert. Versicherte, die davon Gebrauch machen wollen, müssen dem Rentenversicherungsträger gegenüber erklären, dass sie eine solche Altersrente mit Abschlägen beanspruchen wollen. Vom Kalenderjahr an, in dem das 54. Lebensjahr vollendet wird, können sie eine besondere Rentenauskunft erhalten, aus der sich die höchstmögliche Minderung an Entgeltpunkten ergibt.

1.7 Hinzuverdienst und Rentenminderung

Einkünfte neben dem Bezug einer gesetzlichen Rente führen regelmäßig dazu, dass die Rente nicht mehr in voller Höhe gezahlt wird. Jeder Rentner muss der Rentenversicherung mitteilen, ob er neben dem Rentenbezug noch eine Erwerbstätigkeit und in welcher Höhe ausübt.
Erst wenn das 65. Lebensjahr vollendet ist (Regelaltersrente), kann neben einer gesetzlichen Rente ohne Einschränkung hinzuverdient werden. Bei allen anderen Rentenarten vermindert sich der Anspruch oder entfällt völlig.

1.7.1 Die Regelaltersrente

Wird eine Regelaltersrente bezogen, bestehen keine Einschränkungen hinsichtlich eines zusätzlichen Erwerbseinkommens. Ab dem 65. Lebensjahr kann unbegrenzt hinzuverdient werden.

1.7.2 Die Altersrente für langjährig Versicherte

Bei dieser Altersrente kann nur begrenzt hinzuverdient werden. Grundsätzlich ist es derzeit möglich, bis zur Höhe der Geringfügigkeitsgrenze (630 DM/325 Euro monatlich) hinzuzuverdienen. Der Hinzuverdienst darf im Laufe eines Jahres seit Rentenbeginn (Rentenjahr; ab 2000 gilt das jeweilige Kalenderjahr) in 2 Monaten bis zum Doppelten überschritten werden. Werden höhere Einkünfte erzielt, so wird die Rente nicht mehr als Vollrente, sondern als Teilrente gezahlt (s. Kapitel 1.7.8).

1.7.3 Die Altersrente für schwerbehinderte Menschen

Bei dieser Altersrente kann nur begrenzt hinzuverdient werden. Grundsätzlich ist es derzeit möglich, bis zur Höhe der Geringfügigkeitsgrenze hinzuzuverdienen. Der Hinzuverdienst darf im Laufe eines Jahres seit Rentenbeginn (Rentenjahr; ab 2000 gilt das jeweilige Kalenderjahr) in 2 Monaten bis zum Doppelten überschritten werden. Werden höhere Einkünfte erzielt, so wird die Rente nicht mehr als Vollrente, sondern als Teilrente gezahlt (s. Kapitel 1.7.8).

1.7.4 Die Altersrente wegen Arbeitslosigkeit und Altersteilzeit

Bei dieser Form der Altersrente kann nur begrenzt hinzuverdient werden. Grundsätzlich ist es derzeit möglich, bis zur Höhe der Geringfügigkeitsgrenze hinzuzuverdienen. Dies sind in den alten und neuen Ländern einheitlich 630 DM/325 Euro monatlich. Der Hinzuverdienst darf im Laufe eines Jahres seit Rentenbeginn (Rentenjahr; ab 2000 gilt das jeweilige Kalenderjahr) in 2 Monaten bis zum Doppelten überschritten werden. Werden höhere Einkünfte erzielt, so wird die Rente nicht mehr als Vollrente, sondern als Teilrente gezahlt (s. Kapitel 1.7.8).

1.7.5 Die Altersrente für Frauen

Bei dieser Form der Altersrente kann nur begrenzt hinzuverdient werden. Grundsätzlich ist es derzeit möglich, bis zur Höhe der Geringfügigkeitsgrenze hinzuzuverdienen. Der Hinzuverdienst darf im Laufe eines Jahres seit Rentenbeginn (Rentenjahr; ab 2000 gilt das jeweilige Kalenderjahr) in 2 Monaten bis zum Doppelten überschritten werden. Werden höhere Einkünfte erzielt, so wird die Rente nicht mehr als Vollrente, sondern als Teilrente gezahlt (s. Kapitel 1.7.8).

1.7.6 Die Erwerbsunfähigkeitsrente/Erwerbsminderungsrente

Grundsätzlich ist es möglich, bis zur Höhe der Geringfügigkeitsgrenze (630 DM bzw. 325 Euro monatlich) hinzuzuverdienen. Die Hinzuverdienstgrenze darf im Laufe eines Jahres seit Rentenbeginn (Rentenjahr; ab 2000 gilt das jeweilige Kalenderjahr) in 2 Monaten bis zum Doppelten überschritten werden. Wird die Hinzuverdienstgrenze überschritten, ist die Rente wegen Erwerbsunfähigkeit unter Beachtung von Hinzuverdienstgrenzen für die Berufsunfähigkeitsrente zu leisten.

Bei **Rentenzugang ab 1999** werden bestimmte Sozialleistungen (z. B. Verletztengeld) dem Arbeitsentgelt gleichgestellt und somit auf die Erwerbsunfähigkeitsrente angerechnet. Für Bestandsrentner am 31. Dezember 1998 gilt dies erst ab dem Jahr 2001. Die Neuregelung, dass bei Einkünften von mehr als 630 DM/325 Euro die Erwerbsunfähigkeitsrente wie eine Berufsunfähigkeitsrente zu behandeln ist, wird bei Bestandsrentnern (31.12.1995) erst ab dem Jahr 2001 angewandt.

1.7.6.1 Erwerbsminderungsrente mit Rentenbeginn ab 2001

Grundsätzlich ist es möglich, bis zur Höhe der Geringfügigkeitsgrenze (630 DM bzw. 325 Euro) hinzuzuverdienen. Die Hinzuverdienstgrenze darf im Laufe eines Jahres seit Rentenbeginn (Rentenjahr; ab 2000 gilt das jeweilige Kalenderjahr) in zwei Monaten bis zum Doppelten überschritten werden. Wird die Hinzuverdienstgrenze überschritten, ist die Rente wegen Erwerbsunfähigkeit unter Beachtung von Hinzuverdienstgrenzen zu leisten. Bestimmte Sozialleistungen (z. B. Verletztengeld) sind einem Arbeitsentgelt gleichgestellt und werden somit auf die Erwerbsunfähigkeitsrente angerechnet.

Ab dem **1. Januar 2001** gilt für Rentenzugänge Folgendes:
Eine Rente wegen **teilweiser Erwerbsminderung** wird in voller Höhe oder in Höhe der Hälfte gezahlt.
Eine Rente wegen **voller Erwerbsminderung** in voller Höhe, in Höhe von ¾, in Höhe der Hälfte oder in Höhe eines Viertels gezahlt.

Beispiel:
Hinzuverdienstgrenzen bei drei Entgeltpunkten (**EP = 3**); Summe der Entgeltpunkte der letzten drei Kalenderjahre mal aktuellem Rentenwert alte (48,58 DM) bzw. neue (42,26 DM) Bundesländer.

Teilweise Erwerbsminderung

Rentenhöhe	Faktor	Hinzuverdienstgrenzen	
		alte Bundesländer	neue Bundesländer
Volle	20,7	3015,82 DM	2624,35 DM
½	25,8	3760,09 DM	3270,92 DM

Volle Erwerbsminderung

Rentenhöhe	Faktor	Hinzuverdienstgrenzen	
		alte Bundesländer	neue Bundesländer
¾	15,6	2273,54 DM	1977,68 DM
½	20,7	3015,82 DM	2624,35 DM
¼	25,8	3760,09 DM	3270,92 DM

Eine volle Erwerbsminderungsrente wird gezahlt, wenn der Hinzuverdienst 630 DM (325 Euro) monatlich nicht überschreitet. Bei höheren Einkommen gelten Hinzuverdienstgrenzen in Abhängigkeit des Verdienstes des Versicherten in den letzten 3 Kalenderjahren vor dem Eintritt der vollen Erwerbsminderung. Die Hinzuverdienstgrenze beträgt **mindestens** 1136,77 (988,88 DM) bei einer ¾-Teilrente; 1508,41 DM (13 122,17 DM) bei einer halben Rente; 1889,05 DM (1635,46 DM) bei einer ¼-Rente.

1.7.7 Die Berufsunfähigkeitsrente

Rente wegen Berufsunfähigkeit wird abhängig vom erzielten Hinzuverdienst in voller Höhe, in Höhe von ⅔ oder in Höhe von ⅓ geleistet. Die Hinzuverdienstgrenzen errechnen sich individuell nach dem Arbeitsverdienst des Rentners im letzten Kalenderjahr vor Eintritt der Berufsunfähigkeit. Dies gilt für Rentenzugänge ab 1996 und für Bestandsrentner ab dem Jahr 2001.

Eine **volle Rente** kann bezogen werden, wenn der Hinzuverdienst auf das 52,5fache des aktuellen Rentenwertes, vervielfacht mit den Entgeltpunkten des letzten Kalenderjahres vor Eintritt der Berufsunfähigkeit, beschränkt ist. Eine **Rente in Höhe von** ⅔ kann bezogen werden, wenn der Hinzuverdienst auf das 70fache des aktuellen Rentenwertes, vervielfacht mit den Entgeltpunkten des letzten Kalenderjahres vor Eintritt der Berufsunfähigkeit, beschränkt ist. Eine **Rente in Höhe von** ⅓ kann bezogen werden, wenn der Hinzuverdienst auf das 87,5fache des aktuellen Rentenwertes, vervielfacht mit den Entgeltpunkten des letzten Kalenderjahres vor Eintritt der Berufsunfähigkeit, beschränkt ist.

Beispiel:
Hinzuverdienstgrenzen bei einem Entgeltpunkt (EP = 1) im letzten Kalenderjahr vor Rentenbeginn; aktueller Rentenwert alte bzw. neue Bundesländer.

Rentenhöhe	Faktor	Hinzuverdienstgrenzen	
		alte Bundesländer	neue Bundesländer
Volle	52,5	2550,45 DM	2218,65 DM
⅔	70	3400,60 DM	2958,20 DM
⅓	87,5	4250,75 DM	3697,75 DM

Diese Hinzuverdienstgrenzen können zweimal im Kalenderjahr bis zum Doppelten des Betrages überschritten werden.

Der Deutsche Bundestag hat am 16. November 2000 das Gesetz zur Reform der Renten wegen verminderter Erwerbsfähigkeit verabschiedet. Versicherte, die am 31.12.2000 bereits Anspruch auf eine Rente wegen Berufs- oder Erwerbsunfähigkeit hatten, sind von den Neuregelungen nicht betroffen.

1.7.7.1 Berufsunfähigkeitsrente mit Rentenbeginn ab 2001

Versicherte, die am 1. Januar 2001 bereits 40 Jahre alt sind, erhalten eine modifizierte »Rente wegen Berufsunfähigkeit«. Jüngere Versicherte erhalten keine Rente wegen Berufsunfähigkeit. Dieses Risiko ist privat abzusichern.

Als **Vertrauensschutzregelung** gilt:
Wer im Vergleich zu einem ähnlich ausgebildeten Gesunden seinen Beruf wegen Krankheit oder Behinderung nur noch weniger als 6 Stunden täglich ausüben kann, erhält eine **halbe Erwerbsunfähigkeitsrente**. Es wird allerdings geprüft, ob eine zumutbare andere Tätigkeit – eine so genannte Verweisungstätigkeit – mindestens 6 Stunden täglich verrichtet werden kann. Zumutbar ist eine Tätigkeit, wenn sie gegenüber dem bisherigen Beruf nur geringfügig niedrigere berufliche Anforderungen stellt (so genannter Berufsschutz). Eine Tätigkeit, für die im Rahmen einer beruflichen Rehabilitation eine Ausbildung oder Umschulung absolviert wurde, ist stets zumutbar.

Erst wenn weder der bisherige Beruf noch eine zumutbare andere Tätigkeit mindestens 6 Stunden täglich ausgeübt werden kann, liegt Berufsunfähigkeit vor.

Bis zum **20,7fachen** des aktuellen Rentenwertes vervielfältigt mit der Summe der Entgeltpunkte der letzten 3 Kalenderjahre vor dem Versicherungsfall kann **hinzuverdient** werden. Daneben wird eine halbe EU-Rente gezahlt.

Der Hinzuverdienst ist auf das **25,8fache** beschränkt, wenn die Rente nur noch in Höhe von ¼ einer EU-Rente gezahlt wird.

1.7.8 Die Teilrente

Eine Teilrente ist prinzipiell ab dem Zeitpunkt möglich, zu dem eine Altersrente als Vollrente bezogen werden könnte. Es sind folglich die Altersgrenzen maßgebend, die für eine Vollrente gelten. Wird neben einer Altersrente eine Erwerbstätigkeit ausgeübt und werden monatliche Einkünfte erzielt, die höher sind als die Geringfügigkeitsgrenze (630 DM/325 Euro), so wird die Rente nicht mehr als volle Rente gewährt. Je nach Höhe der Einkünfte wird die Regelaltersrente, die nach vollendetem 60. Lebensjahr gewährt wird, in Höhe von ⅓, ½ oder in Höhe von ⅔ gewährt.

Nach vollendetem 65. Lebensjahr kann in unbegrenzter Höhe hinzuverdient werden. Dies gilt auch für eine Teilrente.

Teilrente	Faktor	Hinzuverdienstgrenzen	
		alte Bundesländer	neue Bundesländer
⅓	70	3395,74 DM	2953,97 DM
½	52,5	2550,45 DM	2218,65 DM
⅔	35	1705,16 DM	1483,33 DM

Die **Anhebung der Altersgrenzen** hat auch Konsequenzen für den Bezug einer Teilrente. Es besteht zwar die Wahlmöglichkeit, zu den bisher geltenden Altersgrenzen Rente auch als Teilrente zu beziehen. Wird diese Möglichkeit genutzt, so wird die Teilrente um einen »versicherungstechnischen Abschlag« gekürzt.

Der Teil, der vor dem 65. Lebensjahr gezahlt wird, also die Teilrente, ist entsprechend des Rentenzugangsfaktors zu kürzen. Bezogen auf z. B. 0,3 % für einen vorgezogenen Monat vermindert sich dieser Faktor um 0,003. Der Rentenzugangsfaktor beträgt ohne Abschlag 1,0. Wird ein Abschlag vorgenommen, so wird die Zahl kleiner 1. Bei einem Abschlag von 3,6 % beträgt der Faktor 0,964 (1 abzüglich 0,036).

Beispiel:
Vollrente 40 Entgeltpunkte; Teilrente 20 EP; vorzeitige Teilrente für 2 Jahre; Zugangsfaktor 0,928 (1 abzüglich 24 × 0,003 = 0,072)

1. **geminderter Zugangsfaktor**: 1,0 abzüglich 0,072 (24 mal 0,003) ergibt 0,928
2. persönliche Entgeltpunkte (EP):

EP Teilrente	mal	Zugangsfaktor	ergibt	EP für Teilrente
20	×	0,928	=	18,56

3. **Monatsrente**: 18,56 EP mal 48,58 DM ergibt 901,64 DM

Von einem versicherungstechnischen Abschlag wird bei vorzeitigem Rentenbezug auf der Basis einer Teilrente nur der Rententeil erfasst, der vorzeitig gewährt wurde. Dies waren im vorherigen Beispiel 20 Entgeltpunkte. Diese Entgeltpunkte wurden entsprechend mittels des Rentenzugangsfaktor (0,928) gekürzt. Die nicht in Anspruch genommenen Entgeltpunkte (20 EP) sind unverbraucht. Da für weitere 2 Jahre versicherungspflichtige Arbeitsentgelte erzielt wurden, werden den nicht verbrauchten und den reduzierten Entgeltpunkten weitere Entgeltpunkte hinzugerechnet.

4. Entgeltpunkte ab dem 65. Lebensjahr:

EP ohne Abschlag	EP mit Abschlag	zusätzliche EP	Summe
20	18,56	1,4	39,96

2 Die betriebliche Altersversorgung

Das Sicherungsniveau in der gesetzlichen Rentenversicherung liegt regelmäßig erheblich unterhalb des bisherigen Einkommens. Das Nettorentenniveau eines so genannten Standardrentners liegt bei etwa 62 bis 65 % seines bisherigen Nettoeinkommens. Als Standardrentner wird definiert, wer 45 Versicherungsjahre erreicht hat und während jeder dieser 45 Versicherungsjahre das jeweilige Jahresdurchschnittseinkommen (z. B. 1999 – 53 082 DM) erzielt hat. Der im Arbeitsleben erreichte Lebensstandard kann deshalb als Rentner nur dann aufrechterhalten werden, wenn zur Sozialversicherungsrente eine Betriebsrente gewährt wird.

Dieses Kapitel gibt einen Überblick der verschiedenen Instrumente, die für betriebliche Versorgungsregelungen zur Verfügung stehen. Zu den Zielvorstellungen des Arbeitgebers gehört u. a. die Wahl des geeigneten Durchführungsweges, um das Versorgungsziel – der Leistungsumfang, bis zu dem die Versorgungslücke geschlossen werden soll – möglichst optimal zu erreichen.

In der Privatwirtschaft werden Betriebsrenten regelmäßig mittels Betriebsvereinbarungen geregelt. Für die Kernbereiche des öffentlichen Dienstes gilt eine tarifvertragliche Regelung: der Versorgungstarifvertrag für die Arbeitnehmer des Bundes, der Länder sowie kommunaler Verwaltungen und Betriebe.

Die materielle Ausgestaltung von Betriebsrenten ist sehr unterschiedlich. In der Privatwirtschaft werden häufig feste DM-Beträge, untergliedert nach Lohngruppen, vereinbart. Endgehaltsorientierte Versorgungszusagen (Final-pay-Zusagen), bei denen sich die Versorgungsleistung nach einem dienstzeitabhängigen Prozentsatz des zuletzt bezogenen Einkommens bestimmt, sind relativ selten. Eine Gesamtversorgungszusage wie im öffentlichen Dienst, bei der der Versorgungsbedarf im Vordergrund steht, ist kaum noch anzutreffen.

Average-pay-Zusagen nehmen an Gewicht zu. Maßgebend sind hier die einzelnen während des Arbeitslebens zurückgelegten Beschäftigungsperio-

den und die innerhalb dieser Zeitabschnitte erzielten Arbeitsentgelte. In Kapitel 2.4.2 ist ein solches Modell beschrieben.
Gesetzliche Grundlage der betrieblichen Altersversorgung ist das Gesetz zur Verbesserung der betrieblichen Altersversorgung (BetrAVG) vom 19. Dezember 1974. Das Betriebsrentengesetz gilt seit 1992 auch in den neuen Bundesländern.

2.1 Die Ruhegeldverpflichtung

Der Arbeitgeber muss keine Altersversorgung gewähren. Dies ist eine freiwillige Sozialleistung. Der Arbeitgeber entscheidet allein, ob er eine betriebliche Altersversorgung einführt. Gegen seinen Willen kann der Betriebsrat ihre Einführung nicht erzwingen. Ein entsprechendes **Initiativrecht** steht ihm nicht zu. Die Einführung einer betrieblichen Altersversorgung kann jedoch gem. § 88 Ziffer 2 BetrVG Gegenstand einer **freiwilligen Betriebsvereinbarung** sein.

Der Arbeitgeber bestimmt allein die Höhe der Mittel für die betriebliche Altersversorgung. Bei der Festsetzung des **Gesamtumfangs** hat der Betriebsrat nicht mitzureden. Daneben gehört die Eingrenzung des **Personenkreises** zu den mitbestimmungsfreien Entscheidungen des Arbeitgebers. Auch die **Form** der betrieblichen Altersversorgung bestimmt allein der Arbeitgeber. Der Betriebsrat ist bei der Ausgestaltung von Sozialeinrichtungen zu beteiligen. Hat sich der Arbeitgeber für eine betriebliche Altersversorgung entschieden, so unterliegt der erstmals aufgestellte Leistungsplan der Mitbestimmung des Betriebsrats.

In diesem Leistungsplan werden Anspruchsvoraussetzungen und Bemessungsgrundlagen festgelegt. Der Arbeitgeber muss den Betriebsrat so rechtzeitig und sachgerecht unterrichten, dass dieser sein Mitbestimmungs- und Überwachungsrecht in der gebotenen Weise sorgfältig ausüben kann. Der Betriebsrat ist dabei an den vom Arbeitgeber vorgegebenen Dotierungsrahmen, den Kreis der Begünstigten und den Durchführungsweg gebunden. Beim Dotierungsrahmen und beim Kreis der Begünstigten sind Betriebsrat und Arbeitgeber an die Grundsätze von Recht und Billigkeit gebunden. Eine Ungleichbehandlung darf nicht erfolgen. Wenn bereits vertragliche Versorgungszusagen bestehen oder Betriebsrenten gewährt werden, ohne dass eine schriftliche Vereinbarung vorliegt, so kann der Betriebsrat im Rahmen seines **Initiativrechts** verlangen, dass die einzelnen

Voraussetzungen für die Leistungsgewährung und der gesamte Leistungsplan in einer von ihm mitbestimmten Ruhelohnordnung durch Betriebsvereinbarung festgelegt wird.

Änderungen von Versorgungsordnungen sind nach § 87 Abs. 1 Nr. 10 BetrVG **beteiligungspflichtig.** Wird der Betriebsrat übergangen, ist die Neuregelung unwirksam.

> **Beachte:**
> Ab 2002 kann der Arbeitnehmer vom Arbeitgeber verlangen, dass bis zu 4 % seines zukünftigen Bruttoentgelts – maximal 4 % der Beitragsbemessungsgrenze in der Rentenversicherung – durch Entgeltumwandlung für seine betriebliche Altersvorsorge verwendet werden.

2.2 Die Gestaltung der betrieblichen Altersversorgung

Es haben sich zahlreiche Formen der Ausgestaltung einer betrieblichen Altersversorgung entwickelt, die den unterschiedlichen Bedürfnissen des Arbeitgebers Rechnung tragen. Aus der Sicht des Arbeitgebers sind betriebswirtschaftliche und steuerrechtliche Erwägungen bedeutsam, aber auch das angestrebte Ziel und der Umfang der einzusetzenden Mittel können für die Wahl der konkreten Gestaltungsform maßgebend sein.

Es wird zwischen fünf Grundformen unterschieden:

- Direktzusage
- Versorgung durch eine Unterstützungskasse
- Versorgung durch eine Pensionskasse
- private Lebensversicherung (Direktversicherung)
- Pensionsfonds

Die Versorgungsformen unterscheiden sich hinsichtlich der Finanzierung, der Haftung sowie der Liquidationseffekte und der steuerlichen Vorteile.

2.2.1 Die Direktzusage

Die Direktzusage – das innerbetriebliche Ruhegeld – ist die am meisten verbreitete Versorgungsform. Der Arbeitgeber verspricht die Zahlung von Versorgungsleistungen bei Eintritt eines Versorgungsfalles. In der Regel bildet der Arbeitgeber eine Pensionsrückstellung. Die Rückstellungen mindern den Betriebsgewinn, verbleiben aber andererseits als Finanzmittel im

Betrieb. Der Arbeitgeber haftet bei dieser Versorgungszusage mit seinem gesamten Vermögen. Um die Risiken der Finanzierung ganz oder teilweise zu decken, kann der Arbeitgeber eine Rückdeckungsversicherung mit einem Versicherungsunternehmen der Privatwirtschaft abschließen.

2.2.2 Die Unterstützungskasse

Bei dieser Form der betrieblichen Altersversorgung erfüllt der Arbeitgeber seine Versorgungszusage nicht direkt, sondern über rechtlich selbständige Versorgungseinrichtungen, die Unterstützungskassen. Er erteilt dabei eine Versorgungszusage auf der Grundlage des Leistungsplanes der Unterstützungskasse. Die Satzungen der Unterstützungskassen schließen regelmäßig einen Rechtsanspruch auf Leistungen aus. Dieser Ausschluss erfolgt aus steuerrechtlichen Gründen, er bedeutet aber nicht, dass nicht auch gegen Unterstützungskassen rechtlich verbindliche Ansprüche bestehen. Die Unterstützungskasse unterliegt nicht der Versicherungsaufsicht.

Die finanziellen Zuwendungen des Arbeitgebers (des Trägerunternehmens) an die Unterstützungskasse sind abzugsfähige Betriebsausgaben.

2.2.3 Die Pensionskasse

Der Arbeitgeber kann eine Versorgungszusage in der Weise abgeben, dass sie durch eine Pensionskasse erbracht wird. Pensionskassen sind meist Versicherungsvereine auf Gegenseitigkeit. Der Wirkungsbereich einer Pensionskasse ist ein Unternehmen oder Konzern bzw. mehrere wirtschaftlich miteinander verbundene Unternehmen.

Die Finanzierung erfolgt durch Zuwendungen der Trägerunternehmen; wobei auch eine Beitragsbeteiligung des Arbeitnehmers möglich ist. Die finanziellen Zuwendungen des Arbeitgebers an die Pensionskasse sind steuerlich abzugsfähig. Das bei den Pensionskassen angesammelte Vermögen kann von den Unternehmen durch Darlehensaufnahme teilweise zur eigenen Finanzierung genutzt werden.

Bei dieser Form der betrieblichen Altersversorgung ist es grundsätzlich so, dass sich Arbeitnehmer bezüglich der Versorgungsansprüche nicht an den Arbeitgeber halten können. Das Rechtsverhältnis wird in einer Vereinssatzung gestaltet. Mit dem Eintritt des Versicherungsfalles erlangt der Versorgungsberechtigte einen Rechtsanspruch gegenüber der Pensionskasse.

Der Staat fördert die betriebliche Altersvorsorge im Rahmen der zusätzlichen Eigenvorsorge dann, wenn die Einzahlungen in eine Pensionskasse erfolgen und der Arbeitnehmer eigene Beiträge entrichtet.

2.2.4 Die Direktversicherung

Dies sind Versicherungen, die vom Unternehmen als Versicherungsnehmer zugunsten der Arbeitnehmer abgeschlossen werden; meist in Form eines Gruppenversicherungsvertrages. Die Arbeitnehmer können an den Beiträgen beteiligt werden. Bei der Direktversicherung verspricht der Arbeitgeber, eine Lebensversicherung abzuschließen. Der Lebensversicherungsvertrag (zwischen dem Arbeitgeber und dem Versicherungsunternehmen) ist ein Vertrag zugunsten Dritter (der Arbeitnehmerin, des Arbeitnehmers). Die Versicherungsverträge können unterschiedlich gestaltet werden. Zum einen können die Arbeitnehmer sofort oder unter bestimmten Voraussetzungen eine **unentziehbare Anwartschaft** erwerben, zum anderen kann sich der Arbeitgeber vorbehalten, bei Ausscheiden der Arbeitnehmerin, des Arbeitnehmers vor Eintritt des Versicherungsfalles die Bezugsberechtigung zu widerrufen. Die **Unverfallbarkeitsregelung** des Betriebsrentengesetzes ist jedoch zu beachten.

Zur vom Arbeitnehmer finanzierten Direktversicherung s. Kapitel 6.2.

2.2.5 Der Pensionsfonds

Neben den vier klassischen Durchführungswegen ist ab 2002 auch der Pensionsfonds als fünfter Durchführungsweg möglich. Förderfähig nach § 10a (s. auch Kapitel 9.6.3.1) sind neben dem Pensionsfonds die Direktversicherung und die Pensionskasse. Steuerfreiheit besteht bis maximal 4 % des Bruttoeinkommens. Anwartschaften der Arbeitnehmer sind bei einem Arbeitsplatzwechsel übertragbar.

Die hohe Anlagefreiheit für den Pensionsfonds ermöglicht es, über dieses externe Instrument potenziell höhere Renditen zu erwirtschaften als es bisher bei der betrieblichen Altersversorgung möglich war. Möglich sind u. a. Investmentfonds, Spezialfonds, Immobilienfonds. Aufgrund des höheren Risikos unterliegen Pensionsfonds mit Beitragszusagen dem Insolvenzschutz (Pensionssicherungsverein).

2.2.6 Die Entgeltumwandlung

Die Mitnahme von durch Entgeltumwandlung finanzierten Anwartschaften auf betriebliche Altersversorgung bei Arbeitsplatzwechsel wird mit der Rentenreform 2002 erleichtert. Arbeitnehmer haben nun auch einen Rechtsanspruch auf »Entgeltumwandlung« bis zu 4 % des Bruttoeinkommen, bis maximal zur Beitragsbemessungsgrenze.
Die Beiträge sind sozialversicherungs- und steuerpflichtig. Nur noch bis Ende 2008 gilt: Beitragsfreiheit und Pauschalbesteuerung durch den Arbeitgeber. S. hierzu auch Kapitel 6.2.

2.3 Änderung oder Widerruf der Versorgungszusage

Die betriebliche Altersversorgung ist grundsätzlich änderbar und anpassungsfähig. Sie muss sich geänderten Gerechtigkeitsvorstellungen anpassen und wirtschaftlichen Veränderungen Rechnung tragen können. Die Eingriffe müssen ausgewogen sein. Bei der Ausübung des Widerrufs sind die Grundsätze der Verhältnismäßigkeit zu beachten. Ein nachträglicher Eingriff in bereits bestehende Versorgungszusagen ist jedoch grundsätzlich nicht möglich. Nach der Rechtsprechung können bestehende Regelungen, und dazu zählen auch arbeitsvertraglich fixierte Versorgungszusagen, nicht nachträglich durch ungünstigere Verträge verdrängt oder verschlechtert werden. Eine zwischen Arbeitgeber und Betriebsrat vereinbarte Ruhegeldordnung kann jederzeit gekündigt werden. Mit Ablauf der Kündigungsfrist endet die Betriebsvereinbarung. In die unterschiedlich starken, erworbenen Besitzstände kann je nach dem Gewicht der Gründe des Arbeitgebers eingegriffen werden. Es gilt das »**Drei-Stufen-Schema**« des Bundesarbeitsgerichts zur Schutzbedürftigkeit von Betriebsrenten.

Dieses unterscheidet nach Schutzbedürftigkeit: Versorgungsansprüche, die bereits unverfallbar sind, müssen verbleiben. Dies gilt auch für bereits gezahlte Renten. Nur Ansprüche, die erst in der Zukunft aufgebaut werden, können im Wert gekürzt werden oder völlig entfallen.

Die nach Ablauf der gekündigten Betriebsvereinbarung eingestellten Arbeitnehmer können aus dieser keine Rechte herleiten. Der Betriebsrat wird zu einer abändernden Betriebsvereinbarung oft allein deshalb bereit sein, um künftig eintretenden Arbeitnehmern eine Altersversorgung zu sichern.

2.3.1 Die verschlechternde Betriebsvereinbarung

Eine verschlechternde Betriebsvereinbarung liegt dann vor, wenn der Gesamtdotierungsrahmen abgesenkt werden soll. Dies ist dann möglich, wenn der Widerruf der Leistungen vorbehalten war oder wenn die Geschäftsgrundlage für die Leistungen weggefallen ist.

2.3.2 Die umstrukturierende Betriebsvereinbarung

Bei einer umstrukturierenden Betriebsvereinbarung bleibt der Gesamtdotierungsrahmen unverändert, er wird lediglich an veränderte Gerechtigkeitsvorstellungen angepasst. Es erfolgen Kürzungen für einzelne Arbeitnehmer oder Arbeitnehmergruppen; diese Einsparungen werden dazu benutzt, die Zusagen anderer Arbeitnehmergruppen aufzubessern. Die umstrukturierende Betriebsvereinbarung ist dann wirksam, wenn der Gesamtdotierungsrahmen erhalten bleibt und die Grundsätze der Verhältnismäßigkeit beachtet werden.

2.3.3 Wegfall der Geschäftsgrundlage

Ein Wegfall der Geschäftsgrundlage liegt z. B. dann vor, wenn die ursprünglich sachgerechte Obergrenze durch erhebliche Erhöhung der Abgabenbelastung der aktiven Arbeitnehmer zu Überversorgungen führt, im Ruhestand also ein höheres Gesamteinkommen erzielt wird als bei aktiver Beschäftigung. Im Falle einer Überversorgung wiegt das Interesse eines Versorgungsträgers an der Begrenzung der Gesamtversorgungsbezüge schwer, während der Gedanke des Vertrauensschutzes weniger ins Gewicht fällt, weil der begünstigte Arbeitnehmer von vornherein nicht mit einer Überversorgung rechnen dürfte. Das Anpassungsbedürfnis überwiegt gegenüber dem Gebot der Vertragstreue.

Eine Fehlentwicklung, die sozialpolitisch untragbar ist, darf wegen der gravierenden Störung des Versorgungszweckes korrigiert werden. Bei einer gewollten, planmäßig voraussehbaren Überversorgung ist eine Änderung nicht möglich. Eine **planwidrige Überversorgung** lässt dagegen sogar Eingriffe in erdiente Besitzstände zu.

Wenn der Wegfall der Geschäftsgrundlage nachweisbar ist, kann nachträglich korrigierend eingegriffen werden. Dies können auch die wirtschaftlichen Verhältnisse des Arbeitgebers sein.

2.3.4 Die wirtschaftliche Notlage

Die wirtschaftliche Notlage muss so schwerwiegend sein, dass der Bestand des Unternehmens gefährdet ist. Diese Gefährdung muss substanziell vorgetragen werden. Es muss ein Sanierungsplan erstellt werden, der darlegt, welche Maßnahmen zur Sanierung erforderlich sind. Hierbei müssen alle Möglichkeiten genutzt werden: Aufnahme von Krediten, Nichtaufnahme neuer Versorgungsanwärter. Die Einschränkung der Versorgungsleistungen ist nur in dem Maße möglich und nur so lange wirksam, wie die geplante Sanierung Erfolg verspricht.

Unverfallbare Anwartschaften können erst dann gekürzt werden, wenn Eingriffe in weniger schutzwürdige Versorgungsrechte nicht ausreichen. Vor der Kürzung ist der Pensionssicherungsverein einzuschalten. Der Arbeitgeber muss mit dem Pensionssicherungsverein darüber verhandeln, ob dieser die Kürzung billigt und seinerseits für den gekürzten Betrag einsteht. Ein Widerruf aus wirtschaftlichen Gründen ist immer nur in der mildesten Form zulässig, die zur Rettung des Unternehmens unerlässlich erscheint. Rechtfertigt der Wegfall der Geschäftsgrundlage eine Kürzung der Ansprüche, so muss der Betriebsrat bei der Neuregelung beteiligt werden.

Bei der Frage der **Schutzbedürftigkeit** ist zu unterscheiden zwischen den fälligen, den bereits erdienten und den noch nicht erdienten Versorgungsanwartschaften. Den höchsten Schutz genießen bereits fällige Versorgungsansprüche. Diese gelten in vollem Umfang als erdient und die erwartete Betriebstreue als erbracht.

Bereits erdiente und insbesondere noch nicht erdiente Teile einer Versorgungszusage besitzen eine geringere Schutzwirkung. So kann beispielsweise der bisherige Steigerungssatz geändert werden, was zu einem langsameren Fortschreiten des Anspruchs führt. Der bereits erdiente Teil kann nur in seltenen Ausnahmefällen gekürzt werden.

Wichtig:
Betriebsrentnerinnen und -rentner werden von Änderungen einer Betriebsvereinbarung nicht betroffen. Der Betriebsrat vertritt nur die Betriebsangehörigen. Betriebsvereinbarungen, die Rentenansprüche von Rentnern kürzen, sind nicht möglich. Besteht allerdings eine tarifvertraglich geregelte Versorgungszusage, so sind auch Änderungen für Rentner möglich.

2.4 Die materielle Ausgestaltung der Versorgung

2.4.1 Versorgungsregelungen

In der betrieblichen Altersversorgung der Privatwirtschaft bestehen keine einheitlichen Versorgungsregelungen. Es gibt eine Vielzahl von Versorgungssystemen mit unterschiedlichen Leistungsbedingungen und sehr unterschiedlichem Versorgungsniveau.

Die am weitesten verbreitete Form der betrieblichen Altersversorgung ist die Zusage eines bestimmten Festbetrages. Pro Beschäftigungsjahr wird – in Abhängigkeit von der Eingruppierung – ein fester DM-Betrag (z. B. zwischen 5 und 15 DM) zugesichert.

Bei dieser Form der Zusage sinkt der Wert der Betriebsrente bis zum Beginn der Zahlung im Ausmaß der zwischenzeitlich erfolgten Geldentwertung. Bei der einkommensabhängigen Versorgungszusage werden die Einkommen, die vor dem Ausscheiden bzw. dem Rentenbeginn liegen, also die höchsten sind, der Bemessung der Betriebsrente nach Prozentsätzen zugrunde gelegt. Für Arbeitnehmer im öffentlichen Dienst ist eine Mindestrente zugesagt, bei der das durchschnittliche Entgelt der letzten drei Jahre vor Rentenbeginn zugrunde gelegt wird. Eine Betriebsrente, bezogen auf ein rentennahes Einkommen und kombiniert mit ausreichend hohen Prozentsätzen je Beschäftigungsjahr, ist geeignet, die gesetzliche Rente sinnvoll aufzustocken (s. a. Kapitel 4.3.2.2).

Um die Lücke zwischen gesetzlicher Rente und etwa 90 v. H. eines Einkommens aus aktiver Beschäftigung abzudecken, ist ein Steigerungssatz von etwa 0,4 % je Beschäftigungsjahr ausreichend, um dieses Versorgungsziel zu realisieren. Dies unter der Voraussetzung, dass sich diese Versorgungszusage auf das gesamte Arbeitsleben bezieht. Damit kann eine Betriebsrente erreicht werden, die etwa 20 % eines vorherigen Bruttoeinkommens abdeckt und somit die Versorgungslücke schließt.

Eine **echte Versorgungslücke** entsteht für Einkommen, das nicht beitragspflichtig zur gesetzlichen Rentenversicherung ist. Im Rentenrecht sind nur Entgelte bis zu einer monatlichen Höchstgrenze von 8500 DM bzw. neue Länder 7200 DM beitragspflichtig. Bei Einkommen oberhalb dieser Bemessungsgrenze entsteht eine so genannte echte Versorgungslücke. Um diese Versorgungslücke zu schließen, müsste die Betriebsrente auf etwa 1,5 % der oberhalb der Bemessungsgrenze liegenden Einkommen erhöht werden, damit der sowohl fehlende Teil »gesetzliche Rente« als auch der

Teil »Betriebsrente« abgedeckt wird. Ein Prozentsatz von etwa 1,1 entspricht der Absicherung in der gesetzlichen Rentenversicherung.

Bei einer **Gesamtversorgungszusage** wird eine Gesamtsumme zugesichert, und zwar unter Anrechnung der vollen gesetzlichen Rente. Die Gesamtversorgung wird auf der Grundlage der Löhne/Gehälter und der Dienstzeit ermittelt. Sie ermöglicht nach sehr langer Betriebszugehörigkeit eine Gesamtsumme, die den erzielten Rentenbetrag aus der gesetzlichen Rentenversicherung übersteigt. Der von der gesetzlichen Rentenversicherung nicht abgedeckte Teil wird als aufstockender Betrag, als Betriebsrente, gewährt. Bei einer Gesamtversorgungszusage werden auch Entgelte abgesichert, die oberhalb der Beitragsbemessungsgrenze liegen. Es handelt sich um eine Vollversorgung. Allerdings ist die Gesamtversorgung auf einen Höchstprozentsatz aus den letzten Bezügen begrenzt. Im System einer Gesamtversorgungszusage ist ein Alterseinkommen zugesichert, das erheblich über dem Niveau der gesetzlichen Rente liegt. Eine Gesamtversorgungszusage, die z. B. einen höchstmöglichen Prozentsatz von 75 % aus den letzten Bruttobezügen zusagt, führt dazu, dass ein mögliches Einkommen aus aktiver Beschäftigung mit den Versorgungsleistungen überschritten wird. Derzeit liegt die Minderung der Bruttobezüge, die ein aktiver Arbeitnehmer hinzunehmen hat, bei ca. 32 %, so dass eine Minderung um nur 25 % zu einer Versorgungslage führt, die oberhalb von 100 % des letzten Nettoeinkommens liegt.

Soll ein Sicherungsziel erreicht werden, das oberhalb der gesetzlichen Rente liegt, aber angemessen unterhalb eines bisherigen Nettoeinkommens, so wird eine **Nettogesamtversorgung** vereinbart. Grundlage einer derartigen Versorgungszusage ist ein fiktives Nettoarbeitsentgelt und ein Versorgungsprozentsatz, der auf z. B. 91,75 % begrenzt ist. Änderungen im Bereich der Sozialabgaben und Steuern wirken sich unmittelbar auch auf den Versorgungsrentner aus. In den meisten Fällen legen Versorgungsordnungen Höchstgrenzen fest. Zusammen mit anderen anrechenbaren Renteneinkünften darf z. B. ein bestimmter Prozentsatz nicht überschritten werden. Höchstbegrenzungen sind auch bei Ruhelohnordnungen zu finden, die – ohne Gesamtversorgungszusage – festgelegte jährliche Steigerungsraten bestimmen. Diese Höchstgrenzen bewirken zum einen, dass ab einer bestimmten Zahl an Beschäftigungsjahren keine Steigerung mehr möglich ist, zum anderen haben sie den Zweck, eine Überversorgung zu vermeiden bzw. zu begrenzen.

2.4.2 Modell

Auf der Grundlage eines Beitragsaufwandes in Höhe von 4,8 % der Entgelte, der vom Arbeitgeber alleine getragen wird, ist eine Direktzusage vereinbart. Die monatlichen Bausteine dieser Betriebsrente (s. nachfolgende Tabelle) sind gekoppelt an das jeweilige Lebensalter und das Einkommen. Aus diesen Faktoren werden Rentenbausteine ermittelt bzw. Anwartschaften erworben. Die Summe der Rentenbausteine der gesamten Beschäftigungszeit ergibt die monatliche Betriebsrente.

Entsprechend dem jeweiligen Lebensalter werden unterschiedliche Faktoren zum Ermitteln der jährlichen Rentenbausteine angewandt. Diese Faktoren sind versicherungsmathematisch ermittelt. In jungen Jahren und einem großen zeitlichen Abstand bis zum möglichen Zahlungsbeginn ist der Faktor hoch; bei hohem Lebensalter und damit geringem zeitlichem Abstand zum Rentenbeginn entsprechend niedriger. Bei dieser Systematik wird berücksichtigt, dass »Rentenbausteine«, die z. B. 40 Jahre vor dem 65. Lebensjahr liegen, durch Inflation an Kaufkraft verlieren. Je näher der Rentenbaustein an das 65. Lebensjahr heranreicht, umso geringer muss die sinkende Kaufkraft berücksichtigt werden. Die Rentenbausteine werden wie folgt ermittelt: Das rentenfähige Jahreseinkommen wird durch 1000 geteilt und mit dem Rentenfaktor multipliziert.

Beispiel:
Lebensalter 22; (25,28 DM Jahresrente je 1000 DM Einkommen); rentenfähiges Jahreseinkommen 42 000 DM. 42 000 geteilt durch 1000 ergibt 42; 42 mal 25,28 DM ergibt 1061,76 DM geteilt durch 12 ergibt eine monatliche Betriebsrente in Höhe von 88,48 DM, erworben in diesem Jahr.

In der nachfolgenden Tabelle sind einige Lebensalter aufgezeigt. Sie verdeutlicht die Abhängigkeit der Rentenbausteine vom jeweiligen Lebensalter.

Lebensalter	Einkommen je 1000 DM
21	2,25
25	1,75
30	1,29
35	0,96
40	0,72

Lebensalter	Einkommen je 1000 DM
45	0,55
50	0,41
55	0,32
60	0,25
65	0,20

Entgelte von monatlich höher als 8500 DM (Beitragsbemessungsgrenze 1999, alte Länder) werden mit dem Vierfachen bewertet. Damit soll die Versorgungslücke abgedeckt werden, die dadurch entsteht, dass für Entgelte oberhalb der Bemessungsgrenze keine Rente in der gesetzlichen Rentenversicherung erworben werden kann.

Beispiel:
Jahresentgelt 114000 DM; Beitragsbemessungsgrenze 1999: 104000 DM; Differenz: 10000 DM mal 4 ergibt 40000 DM; rentenfähiges Jahreseinkommen: 154000 DM

2.5 Voraussetzungen für den Anspruch

2.5.1 Wartezeit

Anspruch auf Versorgungsbezüge besteht nur dann, wenn eine Wartezeit erfüllt wurde. Bei nur wenigen Arbeitsjahren bei einem Arbeitgeber entsteht kein Anspruch auf betriebliche Altersversorgung. Voraussetzung ist eine Wartezeit von mindestens 5 Jahren (60 Monaten). Vor Erreichen eines bestimmten Lebensalters wird keine Versorgungszusage erteilt. In der tarifvertraglich geregelten Zusatzversorgung des öffentlichen Dienstes gilt das 17. Lebensjahr; in der Privatwirtschaft ist dies meist das 25. Lebensjahr. Auch eine Begrenzung nach oben ist meist gegeben. Ab einem bestimmten Lebensalter wird keine Zusage mehr erteilt (z. B. ab dem 55. Lebensjahr).

Der Ausschluss von Teilzeitbeschäftigten aus der betrieblichen Altersversorgung wurde vom Europäischen Gerichtshof dann als unzulässig angesehen, wenn diese Maßnahme wesentlich mehr Frauen als Männer betrifft. Das Bundesarbeitsgericht hat mit Urteil vom 7. März 1995 (3 AZR

282/94) entschieden, dass ein Ausschluss von Teilzeitbeschäftigten nicht gerechtfertigt ist. Eine unterbliebene Anmeldung bei einer Versorgungsanstalt – selbst wenn die jeweilige Satzung keine Versicherung regelte – entbindet den Arbeitgeber von seiner Verpflichtung nicht. Der Arbeitgeber hat den Versorgungsschaden selbst zu begleichen.

Das Betriebsrentengesetz (§ 1 BetrAVG) regelt, unter welchen zeitlichen Voraussetzungen der Anspruch auf eine Betriebsrente **unverfallbar** ist. Ist das 35. **Lebensjahr vollendet** und bestand die Versorgungszusage **mindestens 10 Jahre**, so gilt der Anspruch als unverfallbar. Erfolgt ein Arbeitgeberwechsel nach jeweils weniger als 10 Jahren, so kann kein Anspruch auf Betriebsrente aufgebaut werden.

> **Beachte:**
> Ab dem 1.1.2001 gelten verkürzte Unverfallbarkeitsfristen. Unverfallbar sind Ansprüche bereits ab dem 30. **Lebensjahr** und nach einer Wartezeit von **5 Jahren**. Diese günstigeren Regelungen gelten aber nur für erteilte Zusagen ab 2001.

2.5.2 Leistungskürzung bei vorzeitigem Ausscheiden

Scheidet ein Arbeitnehmer vor Rentenbeginn aus dem Unternehmen aus, so wird die Betriebsrente gemindert. Da beim Ausscheiden vor Eintritt des Versorgungsfalles nicht die gesamte mögliche Arbeitsleistung erbracht wurde, steht nur ein Teil der Vollversorgung zu. Im Verhältnis der möglichen zur tatsächlichen Beschäftigungszeit wird der erreichbare Anspruch gekürzt. Dies wird als **ratierliche Kürzung** (Zeit/Zeit – Verhältnis) bezeichnet. Bei der Berechnung des Teilanspruches ist stets von der Versorgungsleistung auszugehen, die der ausgeschiedene Arbeitnehmer erhalten hätte, wenn er im Betrieb verblieben wäre.

> **Beispiel:**
> Ausscheiden mit dem 45. Lebensjahr; Eintritt mit dem 25. Lebensjahr
> tatsächliche Beschäftigungszeit   20 Jahre
> mögliche Beschäftigungszeit   40 Jahre
> Kürzung der Vollversorgung im Verhältnis   20 : 40
> 200 DM mal 20 geteilt durch 40 ergibt 100 DM

Bei einer gehaltsbezogenen Versorgungszusage ist von den Bezügen auszugehen, die im Zeitpunkt des Ausscheidens bzw. in den Jahren, welche die Versorgungsordnung vorsieht, verdient wurden. Der Inflationsverlust wird nicht ersetzt.

2.5.3 Abfindung von Ansprüchen

Eine Abfindung ist nur dann möglich, wenn die Anwartschaft noch nicht unverfallbar geworden ist. Eine entgegen dem Abfindungsverbot vereinbarte Abfindung ist unwirksam. Bei einer Beschäftigungszeit von weniger als 10 Jahren ist eine Abfindung statthaft. Ab 1999 können Arbeitgeber und Arbeitnehmer dann eine Abfindung verlangen, wenn der bei Erreichen der vorgesehenen Altersgrenze maßgebliche Monatsbetrag 1 % der monatlichen Bezugsgröße (1999 – 44,10 DM; alte Länder) nicht übersteigt. Bei Kapitalleistungen beträgt die Grenze $^{12}/_{10}$ der monatlichen Bezugsgröße.

Bei bis zu 2 % der monatlichen Bezugsgröße (88,20 DM) benötigt der Arbeitgeber die Zustimmung des Arbeitnehmers. Eine weitere Verdoppelung ist dann möglich, wenn der Arbeitnehmer den Abfindungsbetrag unmittelbar zur Zahlung von Beiträgen zur gesetzlichen Rentenversicherung oder zum Aufbau einer Versorgungsleistung bei einer Direktversicherung oder ein Pensionskasse verwendet.

Wichtig für ausländische Arbeitnehmer:
Wurden die Beiträge zur gesetzlichen Rentenversicherung erstattet und ist der Arbeitnehmer mit der Abfindung einverstanden, so kann der Anspruch abgefunden werden. Mit dieser Regelung soll die Rückkehrbereitschaft ausländischer Arbeitnehmer gefördert werden.

2.6 Beginn der Zahlung und versicherungsmathematische Abschläge

In der Regel wird in Betriebsvereinbarungen als Rentenbeginn einheitlich für Männer und Frauen das 65. Lebensjahr festgelegt. Bei einem früheren Beginn wird die Betriebsrente um versicherungsmathematische Abschläge in Höhe von **meist 0,5 % pro Monat** vermindert. Einige Versorgungsordnungen orientierten sich an den Regelungen im Rentenrecht und legten unterschiedliche Zeitpunkte für Männer und Frauen fest. Aufgrund einer Entscheidung des Europäischen Gerichtshofs (EuGH-Urteil vom 17.5.1990 – Rs.-C 262/88; DB 1990 S. 1824) müssen Betriebsrenten für Männer und Frauen die gleichen Bedingungen (z. B. Altersgrenzen) einhalten. Leistungspläne mit unterschiedlichen Altersgrenzen für Männer und Frauen müssen entsprechend dieser Rechtsprechung verändert werden.

Dies geschieht regelmäßig aber nicht in der Form, dass auch Männer ab dem 60. Lebensjahr eine ungekürzte Rente erhalten, sondern durch Anhebung der Altersgrenze für Frauen.

Bei Inanspruchnahme des flexiblen (63. Lj.) oder vorgezogenen (60. Lj.) Altersruhegeldes aus der gesetzlichen Rentenversicherung sind Arbeitnehmer berechtigt, auch die »vorgezogene« Betriebsrente zu verlangen. In der Praxis wird in diesen Fällen jedoch das betriebliche Ruhegeld gekürzt, und zwar um versicherungsmathematische Abschläge. Für jeden »vorgezogenen« Monat wird in der Regel ein Abschlag von 0,5 % vorgenommen. Aufgrund der längeren Lebenserwartung und damit längeren Bezugsdauer wird häufig der Abschlag auf 0,6 % je Monat angehoben (s. auch Kapitel 1.6).

2.7 Die Anpassung der Betriebsrente

Anpassungszeitpunkt und Höhe der Anpassung können in der Versorgungsordnung geregelt werden. Enthält die Versorgungsordnung hierüber keine Regelung, so ist der Arbeitgeber im Rahmen der gesetzlichen Regelung (§ 16 BetrAVG) verpflichtet, alle drei Jahre zu prüfen, ob eine Anpassung möglich ist. Hierbei ist nach billigem Ermessen zu entscheiden; es sind sowohl die Belange der Versorgungsempfängerin, des Versorgungsempfängers als auch die wirtschaftliche Lage des Arbeitgebers zu berücksichtigen. Die erste Anpassung erfolgt frühestens ab dem 3. Jahr nach Rentenbeginn. Maßgebend ist der Anstieg der Lebenshaltungskosten für einen 4-Personen-Haushalt von Arbeitern und Angestellten mit mittlerem Einkommen im Bundesgebiet West. Zum Zeitpunkt der Überprüfung sind die Werte heranzuziehen, die dem Beginn und dem Ende des 3-Jahres-Zeitraums unmittelbar vorangehen.

Die Prozentsätze können dann ermäßigt werden, wenn die Brutto-Arbeitsentgelte für vergleichbare Arbeitnehmer des Unternehmens geringer gestiegen sind. Die Anpassung ist begrenzt auf die Nettosteigerung bei den aktiv Beschäftigten. Da auch die wirtschaftliche Lage des Unternehmens zu beachten ist, kann eine Anpassung niedriger ausfallen oder gar unterbleiben, wenn eine nachweislich ungünstige wirtschaftliche Lage vorliegt. Die Sicherung der Arbeitsplätze hat Vorrang vor den Belangen der Rentner.

Beachte:
Seit 1999 kann auch vereinbart werden, dass Betriebsrenten mit einem festen Steigerungssatz angepasst werden. Der Prozentsatz der Erhöhung muss pro Jahr mindestens 1 % betragen.

Das **Verbot der Auszehrung** hat zum Inhalt, dass die bei Eintritt des Versorgungsfalles erstmals festgesetzte Betriebsrente später nicht mehr gekürzt werden darf, wenn andere anrechenbare Versorgungsbezüge – insbesondere Renten der gesetzlichen Rentenversicherung – sich durch Anpassung an die wirtschaftliche Entwicklung erhöhen.

2.8 Der Pensions-Sicherungs-Verein

Im Falle eines Konkurses des Unternehmens entfällt die Möglichkeit, sowohl die zugesagten Versorgungen aufrechtzuerhalten als auch Betriebsrenten zu gewähren.

In diesem Fall übernimmt der Pensions-Sicherungs-Verein diese Verpflichtung. Eine Einstandspflicht des Pensions-Sicherungs-Vereins kann aber auch dann eintreten, wenn der Arbeitgeber wegen wirtschaftlicher Notlage die Versorgungsleistungen kürzt oder einstellen muss. Mit den Aufgaben der Insolvenzsicherung ist der Pensions-Sicherungs-Verein auf Gegenseitigkeit (PSVaG) in Köln betraut.

Der Arbeitgeber, der eine betriebliche Altersversorgung zusagt, hat dies dem Pensions-Sicherungs-Verein mitzuteilen. Die Beiträge hat der Arbeitgeber zu entrichten. Der **Insolvenzschutz** ist begrenzt auf laufende Zahlungen für Betriebsrentner/innen und unverfallbare Anwartschaften.

Eine unverfallbare Anwartschaft liegt nur dann vor, wenn der/die Arbeitnehmer/in das 35. Lebensjahr erreicht hat und die Versorgungszusage seit mindestens 10 Jahren bestand. Für Zusagen ab 2001 gelten verkürzte Zeiträume, anstelle von 35 die Zahl 30 und anstelle von 10 die Zahl 5.

Der PSV hat die Leistungen zu erbringen, die der Arbeitgeber zugesagt hat und die zu erbringen wären, wenn der Konkurs nicht eingetreten wäre. Für Betriebsrentner bedeutet dies einen umfassenden Schutz. Für unverfallbare Anwartschaften gilt jedoch das ratierliche Kürzungsverfahren.

Eine Anpassungsverpflichtung besteht nur dann, wenn die Versorgungsordnung eine regelmäßige Erhöhung der Betriebsrenten vorsieht. Keine Anpassung ist vorzunehmen, wenn sich die Anpassungsverpflichtung lediglich aus dem Betriebsrentengesetz ergibt. Die Leistungen des Pensions-

Sicherungs-Vereins sind begrenzt auf laufende monatliche Leistungen in Höhe des 3fachen Betrages der zum Zeitpunkt der Fälligkeit geltenden Beitragsbemessungsgrenze in der gesetzlichen Rentenversicherung. Bezogen auf das Jahr 1999 wären dies 25500 DM.

3 Die Beamtenversorgung

3.1 Einführung

Die Altersversorgung der Beamten ist eine Kombination aus Regelsicherung – vergleichbar mit der gesetzlichen Rente – und einer aufstockenden Betriebsrente. Bei der Höhe des Ruhegehaltes ist deshalb berücksichtigt, dass sowohl der Anteil »gesetzliche Rente« als auch der zusätzliche Teil »Betriebsrente« abzudecken ist.

Das Ruhegehalt orientiert sich an den letzten Bezügen. Es beträgt maximal 75 % nach 40 so genannten ruhegehaltfähigen Jahren. Für jedes zurückgelegte Dienstjahr erhält der Beamte 1,875 %. Die höchstmögliche Versorgung von 75 % kann nicht durch andere Einkünfte, wie z. B. einer gesetzlichen Rente, überschritten werden. Die Gesamtsumme aus Ruhegehalt und gesetzlicher Rente ist auf 75 % beschränkt.

Bei der ruhegehaltfähigen Zeit werden zum einen die konkreten Dienstzeiten berücksichtigt, zum anderen aber auch Zeiten, die in einem engen Zusammenhang mit dem Beamtendienst standen, wie z. B. Zeiten als Arbeiter/Angestellter im öffentlichen Dienst. Zeiten außerhalb des öffentlichen Dienstes, die mit einer Beamtentätigkeit vergleichbar oder für die Tätigkeit im Beamtenverhältnis von Vorteil sind – wie z. B. Hochschulausbildung –, können auf Antrag angerechnet werden.

Auch die gesetzliche Rentenversicherung kennt vergleichbare, aufstockende Regelungen. Um zu gewährleisten, dass ein bestimmtes Rentenniveau bei langjähriger Versicherung nicht unterschritten wird, kann die Rentenversicherung Leistungen des sozialen Ausgleichs wie z. B. bei schulischer Ausbildung oder den ersten Jahren einer beruflichen Ausbildung oder Tätigkeit berücksichtigen.

Die Systeme sind grundverschieden. Das Ziel ist jedoch vergleichbar: eine Lebensstandard sichernde Altersversorgung. Die Beamtenversorgung überschreitet das Niveau der gesetzlichen Rente. Dies ist der aufstockende, betriebliche Rententeil, wie er auch für Angestellte und Arbeiter des öffentlichen Dienstes gilt. Das Versorgungsniveau liegt »netto« bei etwa 82 % und ist damit etwa 12 % höher als das Nettoniveau der gesetzlichen Rentenversicherung.

Der **Anspruch** auf Ruhegehalt **entfällt**, wenn das Beamtenverhältnis aufgelöst wird. Endet das Beamtenverhältnis, so werden Beamte so behandelt, als ob sie von Anfang an in der gesetzlichen Rentenversicherung versichert gewesen wären. Sie werden dann in der gesetzlichen Rentenversicherung nachversichert, und zwar entsprechend der konkret in diesem Zeitraum erhaltenen Bezüge. Beiträge werden bis zur jeweiligen Beitragsbemessungsgrenze erhoben, und zwar mit dem Beitragssatz, der zum Zeitpunkt der Nachversicherung gilt.

Eine **Nachversicherung** in der zusätzlichen Alters- und Hinterbliebenenversorgung des öffentlichen Dienstes erfolgt nicht. Damit verlieren ausgeschiedene Beamte den so genannten **Betriebsrentenanteil**, der allen Beschäftigten des öffentlichen Dienstes tarifvertraglich zugesichert ist.

3.2 Grundlagen der Berechnung

Abhängig von der Intensität und Dauer der Bindung an den Dienstherrn ist auch das Ausmaß der Fürsorge mehr oder weniger stark ausgeprägt. In vollem Umfang ist die Versorgung nur für Beamte auf Lebenszeit gewährleistet; besteht ein Beamtenverhältnis auf Zeit oder auf Probe, ist der Umfang der Versorgung eingeschränkt. Kein Anspruch besteht für Beamte auf Widerruf.

Ein Anspruch auf Ruhegehalt setzt grundsätzlich eine **Wartezeit** von 5 Jahren voraus. Bei der Berechnung der Wartezeit zählen nur volle Dienstjahre. Beamte auf Lebenszeit und Beamte auf Probe müssen die Wartezeit nicht erfüllt haben, wenn sie infolge einer Dienstbeschädigung dienstunfähig wurden.

Der Eintritt in den Ruhestand beginnt mit dem Ende des Monats, in dem das 65. Lebensjahr vollendet wird. Für einzelne Beamtengruppen können andere Altersgrenzen bestimmt werden. Ohne Nachweis der Dienstunfähigkeit kann der Beamte auf eigenen Antrag in den Ruhestand versetzt werden, wenn er das 63. Lebensjahr vollendet hat. Beginnt der Ruhestand mit dem 63. Lebensjahr, so erfolgt ein Versorgungsabschlag. Der **Versorgungsabschlag** soll die finanzielle Belastung des Dienstherrn bei vorzeitiger

Ruhestandsversetzung ausgleichen. Ähnlich wie im Rentenrecht wird in der Beamtenversorgung ein Abschlag schrittweise eingeführt. Er beginnt ab 1998 mit 0,6 % und erreicht seine volle Höhe von 3,6 % pro Jahr im Jahre 2003. Bei Dienstunfähigkeit und Schwerbehinderung erfolgt ein Versorgungsabschlag erst ab 2001.

Das Ruhegehalt wird unter Berücksichtigung der Dauer der erbrachten **Dienstjahre** und der ruhegehaltfähigen **Dienstbezüge** gewährt. Diese Regelung enthält zwei Grundgedanken: Zum einen wird die Art des geleisteten Dienstes berücksichtigt und damit sichergestellt, dass die Versorgung der beamtenrechtlichen Stellung und der mit dem Amt verbundenen Verantwortung entspricht, zum anderen bestimmt sich der Wert des Dienstes für den Staat auch nach der Dauer der Dienstleistung. Der Höchstsatz der Versorgung beträgt 75 %.

Für die Ermittlung des Ruhegehaltes sind maßgebend:
- der Zeitfaktor
- der Wertfaktor

Vereinfachte Darstellung	
ruhegehaltfähige Zeit	ruhegehaltfähige Dienstbezüge
Zeitfaktor	Wertfaktor
Dienstzeit und sonstige Zeiten, die als ruhegehaltfähig gelten, sowie die Zurechnungszeit	Grundgehalt Familienzuschlag sonstige Zulagen
Versorgungsprozentsatz	

Seit 1992 gilt eine **lineare Versorgungsstaffel** von einheitlich 1,875 % je ruhegehaltfähigem Dienstjahr. Mit der Linearisierung der Versorgungsstaffel erfolgte auch eine Streckung der Zeitvoraussetzungen für den höchstmöglichen Versorgungsanspruch (40 Jahre mal 1,875 % ergibt 75 %). Für eine Übergangszeit gilt die degressive Versorgungsstaffel.

3.3 Die ruhegehaltfähige Dienstzeit

3.3.1 Welche Zeiten sind ruhegehaltfähig?

Als **ruhegehaltfähig** wird die Dienstzeit bzw. werden die Zeiten bezeichnet, die maßgebend ist bzw. sind für die Ermittlung des Versorgungsprozentsatzes. Bei der ruhegehaltfähigen Zeit werden nicht nur die Zeiten berücksichtigt, die direkt im Beamtenverhältnis zurückgelegt wurden, sondern auch Zeiten, die mittelbar für die Übernahme in das Beamtenverhältnis von Bedeutung sind. Ruhegehaltfähig sind prinzipiell nur Zeiten ab dem vollendeten 17. Lebensjahr.

Die ruhegehaltfähige Dienstzeit ergibt sich aus:
- Zeiten, die im Beamtenverhältnis zurückgelegt wurden,
- Zeiten, die zur Ernennung des Beamten geführt haben (Arbeiter/Angestellter im öffentlichen Dienst),
- Zeiten einer Ausbildung (Fachschul-, Hochschulausbildung; maximal 3 Jahre) sowie bestimmte Zeiten außerhalb des öffentlichen Dienstes,
- Zurechnungszeit bei frühzeitiger Dienstunfähigkeit.

Für die **neuen Bundesländer** gelten die »Grundsätze« (2. und 3. Spiegelstrich) sehr eingeschränkt. Für Zeiten **vor Oktober 1990** können höchstens 5 Jahre als ruhegehaltfähig anerkannt werden, und auch nur dann, wenn eine Wartezeit von 5 Jahren in der gesetzlichen Rentenversicherung nicht erreicht wurde.

Als ruhegehaltfähig gilt kraft Gesetzes die Dienstzeit, die der Beamte vom Tag seiner ersten Berufung in das Beamtenverhältnis zurückgelegt hat. Ein Wechsel des Dienstherrn hat auf die ruhegehaltfähige Dienstzeit keinen Einfluss; mehrere Dienstzeiten werden zusammengerechnet. Dienstzeiten, die ein Beamter »nach« seiner Berufung in das Beamtenverhältnis berufsmäßig oder nicht berufsmäßig im **Wehrdienst** oder in einem vergleichbaren Dienstverhältnis abgeleistet hat, gelten als ruhegehaltfähig. Die Zeiten des berufsmäßigen Dienstes in der Nationalen Volksarmee gelten als ruhegehaltfähig.

Als ruhegehaltfähig gelten auch diejenigen Dienstzeiten, die ein Beamter vor der Berufung in das Beamtenverhältnis und nach dem 17. Lebensjahr zurückgelegt hat:
- berufsmäßiger oder nichtberufsmäßiger Wehrdienst oder Dienst bei der früheren Wehrmacht, im Zivilschutzkorps, beim Reichsarbeitsdienst oder im Polizeivollzugsdienst sowie

◆ Zeiten der Kriegsgefangenschaft, Internierung oder Gewahrsams und daran anschließende Zeiten von Arbeitsunfähigkeit oder Heilbehandlung.

Der Grundwehrdienst bzw. der **Zivildienst** ist ebenfalls ruhegehaltfähig. Dies gilt generell für den Grundwehrdienst/Zivildienst, ob er nun vor oder auch nach der Berufung in das Beamtenverhältnis absolviert wurde; unterschiedlich ist hierbei lediglich die Anspruchsgrundlage (§ 6 bzw. § 9 BeamtVG).

Tätigkeiten als **Arbeiter oder Angestellter** bei einem öffentlich-rechtlichen Dienstherrn stehen in einem engen Zusammenhang mit dem Beamtendienst. In dieser Zeit wurden Leistungen erbracht und Kenntnisse angeeignet, die für den Beamtendienst nützlich sind. Diese Zeiten sollen als ruhegehaltfähig berücksichtigt werden. Ausbildungszeiten werden nicht berücksichtigt.

Zeiten außerhalb des öffentlichen Dienstes können auf Antrag angerechnet werden. Der Verwaltung ist durch diese Möglichkeit ein Handlungsspielraum eingeräumt, den sie nach pflichtgemäßem Ermessen ausfüllen kann. Grundsätzliche Voraussetzung ist hierbei, dass diese Zeiten nach vollendetem 17. Lebensjahr liegen und diese Tätigkeit einer Beamtentätigkeit vergleichbar ist oder für die spätere Tätigkeit im Beamtenverhältnis von Vorteil ist. In den **neuen Bundesländern** können grundsätzlich nur Zeiten ab dem 3. Oktober 1990 berücksichtigt werden.

Als einzige Ausnahme gilt: Wurde die Wartezeit in der gesetzlichen Rentenversicherung (5 Jahre) nicht erreicht, so können diese Zeiten (bis zu maximal 5 Jahren) als ruhegehaltfähig berücksichtigt werden.

Bei Frühpensionierung (Dienstunfähigkeit) oder Tod des Beamten vor dem 60. Lebensjahr wird eine **Zurechnungszeit** zusätzlich hinzugerechnet. Eine Zurechnungszeit wurde erstmals 1975 eingeführt und damit eine teilweise Gleichstellung mit dem Rentenrecht der gesetzlichen Rentenversicherung ermöglicht. Die Zeit ab dem Zeitpunkt der Dienstunfähigkeit bis zum 60. Lebensjahr wird ab 1992 zu $^1/_3$ der ruhegehaltfähigen Dienstzeit hinzugerechnet. Mit der Einführung eines Versorgungsabschlages (ab 2001) für Dienstunfähige wird die Zurechnungszeit von $^1/_3$ auf $^2/_3$ erhöht. Bei langen Freistellungsphasen (Teilzeit oder Beurlaubung) gilt eine Quotelung der Zurechnungszeit. Übergangsregelungen gelten bei Freistellungen, die vor dem 1. Juli 1997 bewilligt oder angetreten wurden.

3.3.2 Der Versorgungsprozentsatz

Die ruhegehaltfähige Zeit ist die Grundlage für die Ermittlung des persönlichen Versorgungsprozentsatzes. Seit 1992 gilt grundsätzlich ein linearer Prozentsatz in Höhe von 1,875. Der höchstmögliche Versorgungsprozentsatz von 75 % wird nach 40 Jahren erreicht. Die **lineare Staffel** sieht einen Steigerungssatz von jährlich 1,875 % vor. Eine Auf- oder Abrundung von Tagen auf volle Jahre erfolgt nicht mehr. Der Versorgungsprozentsatz wird exakt, auf zwei Stellen nach dem Komma gerundet, ermittelt.

Der Versorgungsprozentsatz wird wie folgt ermittelt: Die Summe der ruhegehaltfähigen Jahre und Tage wird addiert, Tage sind in Jahre umzurechnen und das Ergebnis auf zwei Stellen nach dem Komma zu runden, wobei die zweite Stelle um eins zu erhöhen ist, wenn an der dritten Stelle eine Zahl von 1 bis 9 steht.

33 Jahre +
220 Tage (220 : 365) = 0,602 = 0,61
ruhegehaltfähige Zeit 33,61 Jahre

Persönlicher Versorgungsprozentsatz: Die auf zwei Stellen nach dem Komma gerundete Anzahl der ruhegehaltfähigen Jahre wird mit dem jährlichen Steigerungssatz multipliziert.

33,61 × 1,875 = 63,02 %

Auch dieses Ergebnis ist auf zwei Stellen nach dem Komma aufzurunden.

Bis 1991 galt eine **degressive Versorgungsskala**. Die ersten 10 Jahre wurden mit 35 % bewertet, weitere 15 Jahre mit je 2 % und weitere 10 Jahre mit je 1 %. Der höchstmögliche Versorgungsprozentsatz von 75 % wird nach 35 Jahren erreicht.

Aufgrund von **Übergangsregelungen** gilt der degressiv ausgestaltete Ruhegehaltsatz weiterhin. Für am 31.12.1991 vorhandene Beamte gilt sowohl das »alte« als auch das »neue« Recht. Das jeweils günstigere Ergebnis wird angewandt.

3.3.3 Besitzstandsregelung

Für die nachfolgend aufgezählten Personengruppen gilt das bisherige Recht (degressive Pensionsskala und 75 % nach 35 ruhegehaltfähigen Dienstjahren) unverändert weiter:

- Ruhestandsbeamte und Hinterbliebene, deren Versorgung spätestens am 31.12.1991 begonnen hat,
- alle Personen, die vor dem 1.1.2002 die maßgebende Altersgrenze er-

reichen oder dienstunfähig werden – unter der Voraussetzung, dass das Beamtenverhältnis spätestens am 31.12.1991 bestanden hat.

Das bisherige Recht gilt, wenn dies günstiger ist, für Beamte, deren Berufung in das Beamtenverhältnis spätestens am 31.12.1991 erfolgt ist.
Die bis zum 31.12.1991 erreichte ruhegehaltfähige Zeit gilt als Besitzstand (s. Tabelle 15, Bruttostaffel). Eine Steigerung für Zeiten ab dem 1.1.1992 ist generell nur mit je 1 % je ruhegehaltfähigem Dienstjahr möglich. Ergibt die lineare Versorgungsstaffel (je Jahr 1,875 %) einen höheren Wert, so gilt das günstigere Ergebnis.

Der Versorgungsprozentsatz wird für die oben genannten Personengruppen wie folgt ermittelt:

1. Schritt: Die ruhegehaltfähigen Zeiten werden addiert.

Vordienstzeit	15 Jahre	165 Tage
Dienstzeit	18 Jahre	55 Tage
Summe	**33 Jahre**	**220 Tage**

2. Schritt: Aufrundung bzw. Abrundung
Ein Restjahr von mehr als 182 Tagen wird als volles Jahr berücksichtigt. 182 und weniger Tage werden nicht berücksichtigt.
33 Jahre 220 Tage = 34 Jahre

3. Schritt: Persönlicher Versorgungsprozentsatz
Mit den auf- oder abgerundeten Jahren der ruhegehaltfähigen Zeit wird der persönliche Versorgungsprozentsatz ermittelt.

10 Jahre	35 %
15 Jahre	30 %
9 Jahre	9 %
34 Jahre	**74 %**

3.3.4 Teilzeitbeschäftigung und Beurlaubung

Zeiten einer Teilzeitbeschäftigung sind nur zu dem Teil ruhegehaltfähig, der dem Anteil der ermäßigten zur regelmäßigen Arbeitszeit entspricht.

Beispiel:
10 Jahre Teilzeitbeschäftigung mit der Hälfte der regelmäßigen Arbeitszeit sind mit 5 Jahren ruhegehaltfähig. Bei Beurlaubung, an der kein dienstliches Interesse besteht, entstehen keine ruhegehaltfähigen Zeiten.

Im Rahmen der **Besitzstandsregelung** (s. Kapitel 3.3.3) erfolgt weiterhin die vor 1992 angewandte Methode eines Versorgungsabschlages. Wird die degressive Versorgungsstaffel angewandt, so gilt weiterhin diese Berechnungsmethode. Wird die **degressive Versorgungsstaffel** angewandt, so wird ein Versorgungsabschlag wie folgt ermittelt: In einem ersten Schritt wird der ohne Freistellung (Teilzeit/Beurlaubung) erreichbare »fiktive« Ruhegehaltssatz ermittelt. Eine Begrenzung auf den Versorgungshöchstsatz von 75 % unterbleibt bei diesem ersten Rechenschritt. Bei einer ruhegehaltfähigen Dienstzeit von mehr als 35 Jahren erfolgt eine weitere Steigerung je Jahr von 1 % ab dem fiktiven 36. Jahr. In einem zweiten Schritt wird dieser »fiktive« Prozentsatz entsprechend eines Zeit/Zeit-Verhältnisses gekürzt. Der ohne Freistellung erreichbare »fiktive« Prozentsatz vermindert sich in dem Verhältnis, in dem die tatsächliche (d. h. vermindert wegen Teilzeit/Beurlaubung) ruhegehaltfähige Dienstzeit zu der ruhegehaltfähigen Dienstzeit steht, die ohne Freistellung erreicht worden wäre.

Beispiel:
Ruhegehaltfähige Dienstzeit 40 Jahre; davon 10 Jahre mit der Hälfte der regelmäßigen Arbeitszeit.
1. Ohne Berücksichtigung der Teilzeitbeschäftigung wurden 40 ruhegehaltfähige Jahre erreicht. Diese 40 ruhegehaltfähigen Jahre führen zu folgendem Versorgungsprozentsatz:

10 Jahre	35 %
15 Jahre	30 %
15 Jahre	15 %
40 Jahre	**80 %**

2. Der ohne Freistellung ermittelte Ruhegehaltssatz wird entsprechend dem Zeit/Zeit-Verhältnis herabgesetzt.

		35	reduzierte Zeit
80 %	mal		70 %
		40	mögliche Zeit

Ein verbleibender Rest wird auf zwei Stellen nach dem Komma aufgerundet.

Bei einer Beurlaubung ohne Dienstbezüge, die einem dienstlichen Interesse oder öffentlichen Belangen dient, erfolgt kein Versorgungsabschlag. Dies muss spätestens bei Beendigung schriftlich zugestanden sein.

3.3.5 Zeiten der Kindererziehung

Zeiten der Kindererziehung sind seit 1986 auch im Recht der Beamtenversorgung vorgesehen. Im Gegensatz zur gesetzlichen Rentenversicherung (1 Jahr) sind in der Beamtenversorgung nur 6 Monate ruhegehaltfähig (bis zum Zeitpunkt, an dem das Kind 6 Monate alt wird). Diese Regelung gilt für Geburten vor 1992 und nur für die Fälle, in denen der Erziehungsurlaub während eines Beamtenverhältnisses (als so genanntes »Beamtenkind«) erfolgte. Für so genannte »Vorbeamtenkinder« gilt rückwirkend nur noch ein Kindererziehungszuschlag.

Für Geburten ab dem 1.1.1992 ist eine ruhegehaltfähige Zeit nicht mehr möglich. Für diese Geburten wird ein Kindererziehungszuschlag gewährt, analog der gesetzlichen Rentenversicherung (siehe Kapitel 1.3.5).

3.4 Die ruhegehaltfähigen Dienstbezüge

Neben dem Zeitfaktor (ruhegehaltfähige Dienstzeit), der die Grundlage für den Versorgungsprozentsatz ist, wird das Ruhegehalt vom Wertfaktor, den ruhegehaltfähigen Dienstbezügen, maßgeblich beeinflusst. Zu den ruhegehaltfähigen Dienstbezügen zählen:

- das Grundgehalt
- der Familienzuschlag
- sonstige »ruhegehaltfähige« Dienstbezüge

Grundgehalt: Ruhegehaltfähig sind die Bezüge des letzten Monats. Sie unterliegen keiner Begrenzung nach oben, wie dies z.B. in der Rentenversicherung durch die Beitragsbemessungsgrenze erfolgt. Von dem Grundsatz »zuletzt zugestanden« wird dann abgewichen, wenn die letzte Beförderung noch keine 2 Jahre zurückliegt (2-jährige Sperrzeit). In diesem Fall sind nur die Bezüge des vorher bekleideten Amtes ruhegehaltfähig.

Familienzuschlag: Bei Ledigen und Geschiedenen gilt die Stufe 1. Die Stufe 2 gilt bei Verheirateten, Verwitweten und bei Geschiedenen, wenn sie zum Unterhalt verpflichtet sind. Ebenso gilt die Stufe 2, wenn eine Person nicht nur vorübergehend in den Haushalt aufgenommen wurde, weil gesetzlich oder sittlich eine Verpflichtung besteht oder diese aus beruflichen oder gesundheitlichen Gründen ihrer Hilfe bedürfen. Dies gilt nicht, wenn zum Unterhalt der aufgenommenen Person Mittel zur Verfügung gestellt werden, die das 6fache des Unterschiedsbetrages zwischen Stufe 1 und 2 übersteigen (vereinfachte Darstellung). Zur Stufe 3 und den folgenden Stufen gehören Beamte der Stufe 2, denen Kindergeld nach dem Bundeskindergeldgesetz zusteht. Ruhegehaltfähig ist nur der Familienzuschlag bis zur Stufe 2. Die kinderbezogenen Sozialanteile des Familienzuschlages werden neben dem Ruhegehalt gezahlt.

Sonstige Dienstbezüge (Amtszulagen, Stellenzulagen, Überleitungs- und Ausgleichszulagen, Zuschüsse für Professoren) sind ruhegehaltfähig, wenn sie im Besoldungsrecht als ruhegehaltfähig bezeichnet sind und bis zum Eintritt in den Ruhestand ein Anspruch darauf bestand.

Bei **Teilzeitbeschäftigten** werden nicht die reduzierten Bezüge herangezogen, sondern es sind die vollen Dienstbezüge ruhegehaltfähig. Bis 1991 erfolgte ein Ausgleich über den persönlichen Versorgungsprozentsatz; dieser wurde in einem Zeit/Zeit-Verhältnis entsprechend gekürzt. Ab 1992 erfolgt der Ausgleich nicht mehr durch einen Versorgungsabschlag wegen Teilzeitbeschäftigung, sondern die Teilzeitbeschäftigung wird nur entsprechend ihres Anteils im Vergleich zu einem Vollbeschäftigten bei der ruhegehaltfähigen Dienstzeit berücksichtigt (z. B. bei einer Reduzierung auf die Hälfte der regelmäßigen Arbeitszeit, anstelle von 12 Monaten nur 6 Monate).

3.5 Die Mindestversorgung

Sie soll sicherstellen, dass der Ruhestandsbeamte »angemessen« versorgt ist. Es sind zwei Arten zu unterscheiden. Zum einen eine so genannte amtsbezogene Mindestversorgung, diese beträgt 35 % der Dienstbezüge, und zum anderen einer Versorgung, die einheitlich für alle Besoldungsgruppen gilt. Diese wird als amtsunabhängig bezeichnet.

Bei langen Freistellungsphasen wegen **Teilzeit** oder **Beurlaubung** (Bagatellgrenze 12 Monate) wird nur noch das »erdiente« Ruhegehalt gezahlt. Lange Freistellungsphasen liegen dann vor, wenn allein wegen Freistellung die Mindestversorgung nicht erreicht wird. Dies wird durch eine Vergleichsberechnung festgestellt. Diese Einschränkung gilt nicht für Zeiten der Teilzeitbeschäftigung und Beurlaubung, die vor dem 1. Juli 1997 bewilligt und in Anspruch genommen wurden. Auch für die Ermittlung des Ruhegehalts bei Dienstunfähigkeit gilt dies nicht.

3.5.1 Die amtsunabhängige Mindestversorgung

Die amtsunabhängige Mindestversorgung beträgt 65 % (bei Dienstunfall 75 %) der jeweils ruhegehaltfähigen Dienstbezüge aus der Endstufe der Besoldungsgruppe A 4, zuzüglich eines Betrages von 60 DM. Ab 1. Januar 2001 ergibt dies 2366,76 DM für Verheiratete.

3.5.2 Die amtsabhängige Mindestversorgung

Seit 1992 gilt neben der amtsunabhängigen Mindestversorgung eine amtsabhängige Mindestversorgung. Die »amtsbezogene« Mindestversorgung beträgt 35 % (bei Dienstunfall 55 %) der persönlichen ruhegehaltfähigen Dienstbezüge.

Beide Mindestversorgungen werden nicht gleichzeitig gewährt, sondern nur die Versorgungsart mit dem günstigeren Ergebnis.

3.6 Die Anpassung der Versorgungsbezüge

Die Erhöhung des Ruhegehaltes erfolgt in der gleichen Systematik wie zum Zeitpunkt der Erstberechnung. Die ruhegehaltfähigen Dienstbezüge (Grundgehalt/Familienzuschlag) werden prozentual erhöht, sonstige Zulagen hinzugerechnet und mit dem persönlich erreichten Ruhegehaltssatz multipliziert.

Die Versorgungsbezüge werden zu denselben Zeitpunkten und mit denselben Erhöhungsbeträgen angepasst, wie die Dienstbezüge der aktiven Beamten. Es sind allerdings auch Kürzungen möglich, wenn dies der Gesetzgeber so beschließt. Versorgungsempfänger erhalten eine **jährliche Sonderzuwendung**. Diese wird zusammen mit den laufenden Bezügen (dem Ruhegehalt) für den Monat Dezember gezahlt.

Die Erhöhung zum 1. Juni 1999 erfolgte in Höhe von 2,9 %. Der im öffentlichen Dienst erzielte Tarifabschluss in Höhe von 3,1 % wurde um 0,2 Prozentpunkte gekürzt. Diese 0,2 Prozentpunkte werden einer Versorgungsrücklage zugeführt.

3.7 Versicherungstechnische Abschläge

In ähnlicher Weise, wie dies für die gesetzliche Rente gilt, wird auch das Ruhegehalt herabgesetzt. Die volle Kürzung in Höhe von 3,6 % für jedes Jahr wird stufenweise eingeführt. Die Abschlagsregelung gilt bereits ab 1998.

Erreichen der Altersgrenze	Prozentsatz der Minderung für jedes Jahr
vor dem 1. Januar 1998	0,0
nach dem 31. Dezember 1997	0,6
nach dem 31. Dezember 1998	1,2
nach dem 31. Dezember 1999	1,8
nach dem 31. Dezember 2000	2,4
nach dem 31. Dezember 2001	3,0
nach dem 31. Dezember 2002	3,6

Gekürzt wird nicht der Ruhegehaltssatz, sondern das Ruhegehalt. Dies bedeutet zum einen, dass diese Kürzung sich bei jeder Erhöhung des Ruhegehaltes auswirkt, und zum anderen, dass dies für die gesamte Dauer des Ruhestandes gilt. Dies hat auch Auswirkungen auf die Hinterbliebenenversorgung.

Ab dem 1. Januar 2001 erfolgen auch Abschläge bei **Dienstunfähigkeit** und für **Schwerbehinderte**. Auch diese Regelungen erfolgen analog der Regelungen in der gesetzlichen Rentenversicherung. Es gelten umfangreiche Besitzstands- und Übergangsregelungen.

3.8 Anrechnung einer gesetzlichen Rente

Personen, die ihr Arbeitsleben teils im Beamtenverhältnis und teilweise in einem rentenversicherungspflichtigen Beschäftigungsverhältnis verbrachten, erhalten neben dem Ruhegehalt zusätzlich eine gesetzliche Rente. In diesen Fällen treffen Leistungen aufeinander, die der Alterssicherung dienen. Die gesetzliche Rente wird deshalb angerechnet. Die zusätzlich gewährte gesetzliche Rente wird aber nur insoweit auf die Versorgungsbezüge angerechnet, als Versorgung und gesetzliche Rente eine bestimmte Obergrenze überschreiten. Personen, die erst zu einem relativ späten Zeitpunkt erstmals in ein Beamtenverhältnis berufen wurden, werden technisch so gestellt, als hätten sie den höchsten Versorgungssatz erreicht. Unterschreiten Versorgung und gesetzliche Rente diese fiktive Obergrenze, so erfolgt keine Kürzung der Versorgung. Nur dann, wenn eine »Gesamtversorgung« (Versorgung und gesetzliche Rente) erzielt würde, die eine höhere Versorgung ergäbe als bei einem »Nur-Beamten«, wird die Versorgung entsprechend gekürzt.

3.8.1 Die Berechnung des Ruhensbetrages

Bei einer Berufung ins Beamtenverhältnis im fortgeschrittenen Alter kann aufgrund relativer geringer Dienstzeiten der höchste Ruhegehaltssatz nicht erreicht werden. Dies wird bei der Berechnung des Ruhensbetrages berücksichtigt.

Der Beamte, der neben seinem Ruhegehalt eine Rente bezieht, wird fiktiv so behandelt, als ob er die Endstufe des Grundgehaltes erreicht hätte und die Dienstzeit mit dem 17. Lebensjahr begonnen hätte. Für die Ermittlung eines Ruhensbetrages wird deshalb regelmäßig der höchste Ruhegehaltssatz (75 %) zugrunde gelegt. Nur der Teil der Rente, der diese fiktive Höchstgrenze zusammen mit der Versorgung überschreitet, mindert das konkret zustehende Ruhegehalt. Wurde bereits der höchste Ruhegehaltssatz erreicht (fiktive Höchstgrenze und Ruhegehalt sind identisch), so ruht die Versorgung grundsätzlich in Höhe der gesetzlichen Rente.

Beispiel:

Ruhegehalt konkretes	Ruhegehalt fiktives	Rente anrechnungsfrei
2500 DM	2900 DM	400 DM

Ruhegehalt fiktives	gesetzliche Rente	Ruhensbetrag
2900 DM	800 DM	400 DM

Ruhegehalt konkretes	abzüglich Ruhensbetrag	Ruhegehalt gekürzt
2500 DM	400 DM	2100 DM

Ruhegehalt gekürzt	zuzüglich gesetzliche Rente	Gesamtsumme
2100 DM	800 DM	2900 DM

Es verbleiben dem Ruhestandsbeamten zusammen mit der gesetzlichen Rente Altersbezüge in Höhe von 2900 DM (s. a. Kapitel 9.2 und 9.5).

Auch Leistungen einer Versorgungsanstalt des öffentlichen Dienstes werden auf das Ruhegehalt angerechnet.

3.9 Ruhensregelung bei Einkommen neben dem Ruhegehalt

Das Ruhen von Versorgungsbezügen bedeutet zwar dem Grunde nach den Wegfall des Anspruchs, der Status als Versorgungsberechtigter und der materielle Versorgungsanspruch bleiben jedoch dem Grunde nach erhalten. Wird z. B. ein Einkommen aus einer Verwendung im öffentlichen Dienst nicht mehr erzielt, so lebt der volle Anspruch wieder auf.

3.9.1 Einkommen aus einer Verwendung im öffentlichen Dienst

Treffen Versorgungsbezüge mit Einkommen aus einer Verwendung im öffentlichen Dienst zusammen, so ruhen die Versorgungsbezüge, wenn bestimmte Höchstgrenzen überschritten werden:

In Höhe der ruhegehaltfähigen Dienstbezüge: Neben einem Verwendungseinkommen werden Versorgungsbezüge nur bis zum Erreichen der ruhegehaltfähigen Dienstbezüge aus der Endstufe der Besoldungsgruppe gewährt, aus der sich das Ruhegehalt berechnet. Der Mindestbetrag, der verbleiben soll, beträgt das 1,5fache der ruhegehaltfähigen Dienstbezüge aus der Endstufe der Besoldungsgruppe A 4.

Nur wenn Verwendungseinkommen und Versorgung die festgelegten Höchstgrenzen überschreiten, werden die Versorgungsbezüge gekürzt. Ein anrechnungsfreier Hinzuverdienst ist nur innerhalb dieser Grenzen möglich.

Beispiel:

ruhegehaltfähige Dienstbezüge	Ruhegehalt 65 %	Hinzuverdienst ohne Kürzung
4000 DM	2600 DM	1400 DM

Der Versorgungsberechtigte soll nicht schlechter gestellt werden, als wenn er noch mit Dienstbezügen im aktiven Dienst tätig wäre. Übersteigt das Einkommen aus der Verwendung im öffentlichen Dienst den »Freibetrag«, so werden die Versorgungsbezüge entsprechend gemindert.

3.9.2 Einkommen aus einer Beschäftigung in der Privatwirtschaft

Einkommen, das in der Privatwirtschaft erzielt wird, wird ebenfalls angerechnet, jedoch nur bis zum vollendeten 65. Lebensjahr. Diese Ruhensregelung erfasst allerdings nur die Teile der Versorgungsbezüge, die der Beamte nicht unmittelbar selbst erdient hat (so genannte Aufstockungsbeträge). Außerhalb des öffentlichen Dienstes erzieltes Erwerbseinkommen wird auch nur dann angerechnet, wenn Versorgung und Einkommen bestimmte Höchstgrenzen (s. Kapitel 3.9.1) überschreiten. Es gelten auch hier dieselben Höchstgrenzen wie beim Zusammentreffen von Versorgungsbezügen mit Verwendungseinkommen im öffentlichen Dienst.

4 Die zusätzliche Altersversorgung des öffentlichen Dienstes

Arbeiterinnen, Arbeiter und Angestellte des öffentlichen Dienstes werden im Alter versorgungstechnisch so behandelt, als ob sie Beamtin/Beamter gewesen wären. Für sie gelten wesentliche Grundsätze der Beamtenversorgung.

Die Versorgungseinrichtungen des Bundes, der Länder und der Gemeinden ergänzen die gesetzliche Rente bis zur Gesamtversorgung (Gesamtsumme bestehend aus gesetzlicher Rente und betrieblicher Aufstockungsleistung). Rentenleistungen werden somit von zwei Seiten erbracht: die gesetzliche Rente von einer Landesversicherungsanstalt oder von der Bundesversicherungsanstalt für Angestellte, die gesetzliche Rente und die Versorgungsrente von einer Versorgungseinrichtung.

Seit 1997 werden auch die Beschäftigten **in den neuen Bundesländern** erstmals bei der Versorgungsanstalt des Bundes und der Länder (VBL) versichert. Die Wartezeit von 5 Jahren gilt in den neuen Ländern nicht. Eine Übergangsregelung sieht vor, dass eine Versicherungsrente zu zahlen ist. Für die neuen Länder gilt grundsätzlich nur der Satzungsstand ab dem 1.1.1997. Eine Reihe von Sonderregelungen zurückliegender Jahre ist deshalb nicht anzuwenden.

4.1 Leistungen der Versorgungsanstalt

Die Versorgungsanstalten des öffentlichen Dienstes gewähren ihren Versicherten und deren Hinterbliebenen folgende Leistungen:
- Versorgungsrenten,
- Versicherungsrenten,
- Sterbegeld,
- Beitragserstattung.

Ein Anspruch auf die dynamische Gesamtversorgung (die Versorgungs-

rente) besteht ab dem 1. Januar 2001 auch dann, wenn vor Rentenbeginn das Beschäftigungsverhältnis aufgelöst wurde. Der ausgeschiedene Mitarbeiter erhält bei Rentenbeginn eine anteilige Versorgungsrente (s. Kapitel 4.5).
Die materielle Ausgestaltung der Betriebsrente des öffentlichen Dienstes ist u. a. abhängig von der Versicherungszeit und dem Lebensalter: Nach Erfüllung einer Wartezeit von **5 Jahren** (60 Umlagemonate) besteht grundsätzlich ein Anspruch auf die dynamische, beamtenähnliche Gesamtversorgung und ein unverfallbarer Anspruch auf eine Versicherungsrente aufgrund eigener bzw. fiktiver Beiträge. Ab dem 35. **Lebensjahr** und langjähriger Beschäftigung bei einem Arbeitgeber entsteht ein unverfallbarer Anspruch auf eine Versicherungsrente nach dem Betriebsrentengesetz. Erforderlich ist eine Wartezeit von **10 Jahren** und mindestens 120 Umlagemonate bei dem gleichen Arbeitgeber. Ab dem 40. **Lebensjahr** und langjähriger Beschäftigung beim gleichen Arbeitgeber besteht grundsätzlich Anspruch auf eine Mindestgesamtversorgung in Höhe von 2537,44 DM monatlich (abzüglich der gesetzlichen Rente). Voraussetzung ist eine Wartezeit von 15 Jahren und mindestens 156 Umlagemonate beim gleichen Arbeitgeber.

Weitere Leistungen sind das Sterbegeld und die Beitragserstattung. **Sterbegeld** wird in Höhe der Gesamtversorgung gezahlt, begrenzt auf maximal 3000 DM. Dies gilt auch für den Ehegatten. Eine **Beitragserstattung** ist nur für Versicherungszeiten von weniger als 5 Jahren und nur für Zeiten vor 1978 bzw. ab 1999 möglich.

4.2 Die Versorgungsrente

Die persönliche Gesamtversorgung wird aus dem gesamtversorgungsfähigen Nettoarbeitsentgelt und dem zeitabhängigen persönlichen Versorgungsprozentsatz ermittelt. Die Gesamtversorgung – nur sie ist tarifvertraglich zugesichert – muss als Alterseinkünfte erreicht werden. Die gesetzliche Rente bzw. die Grundversorgung wird von der Versorgungsanstalt aufgestockt, und zwar bis zur Höhe der persönlichen Gesamtversorgung bzw. der Mindestgesamtversorgung. Die Gesamtversorgung hat also eine ergänzende Funktion.

4.2.1 Die Mindestgesamtversorgung

Erreicht die persönliche Gesamtversorgung nicht eine Mindestsumme, so wird anstelle der persönlichen Gesamtversorgung die Mindestgesamtversorgung gewährt. Diese beträgt ab dem 1. Januar 2001 **2537,44 DM**. Die Mindestgesamtversorgung entspricht dem Mindestruhegehalt, das einem Bundesbeamten zustehen würde: die Besoldungsgruppe A 4, Endstufe; davon 65 %. Dieses Mindestruhegehalt wird für den Versorgungsempfänger um 7,21 v. H. monatlich erhöht. Diese Erhöhung erfolgt als Ausgleich dafür, dass ein Versorgungsrentner keine »Weihnachtszuwendung« erhält. Die Mindestgesamtversorgung wird nur gewährt, wenn bestimmte Voraussetzungen erfüllt sind:

- kein Arbeitgeberwechsel (in den letzten 15 Jahren),
- ununterbrochen pflichtversichert,
- Mindestumlagezeiten.

In den letzten 180 Monaten mindestens 156 Umlagemonate. Für Waldarbeiter, Wasserbauarbeiter und Saisonarbeitnehmer gilt eine Sonderregelung: in den letzten 228 Monaten mindestens 168 Umlagemonate. Bei mehreren Arbeitgebern gilt: in den letzten 300 Monaten mindestens 264 Umlagemonate.

Bei **Teilzeitbeschäftigung** verbleibt ein Anspruch auf die Mindestgesamtversorgung entsprechend des Gesamtbeschäftigungsquotienten (GBQ).

4.3 Die Versicherungsrente

Bei vorzeitigem Ausscheiden aus dem öffentlichen Dienst wird zumindest eine Versicherungsrente gewährt. Zusätzliche Voraussetzung ist auch hier, dass Wartezeiten erfüllt sind. Bei der Versicherungsrente wird zwischen zwei Arten unterschieden. Der jeweils höhere Anspruch wird gewährt.

4.3.1 Mindestrente aufgrund von Beiträgen

Alle Arbeitnehmer im öffentlichen Dienst werden versicherungstechnisch so gestellt, als ob Beiträge in Höhe von 2,5 % der erzielten Entgelte eingezahlt wurden. Aus dieser Summe wird eine monatliche Leistung in Höhe von 1,25 % ermittelt. Ein unverfallbarer Anspruch besteht ab einer Wartezeit von fünf Jahren.

Versicherte in den neuen Ländern, die am 1. Januar 1997 bei der VBL/ZVK angemeldet wurden und die Wartezeit von 5 Jahren bis zum Rentenbeginn nicht mehr erreichen, erhalten trotzdem eine Versicherungsrente. Voraussetzung ist, dass eine ununterbrochene Beschäftigung ab dem 1. Januar 1992 bestand und dieses Beschäftigungsverhältnis bis zum Eintritt des Versicherungsfalles besteht.

Es wird versicherungstechnisch so verfahren, als ob auch vor 1997 eine Versicherung bestanden habe. Die Entgelte der Zeit vor Rentenbeginn, und zwar 60 Monate rückwirkend, werden zum Ermitteln dieser Versicherungsrente herangezogen.

Beispiel: Rentenbeginn zum 1. Februar 1997

Zeitraum	Jahresentgelte
1/92 bis 2/93	33 000 DM
2/93 bis 1/94	37 000 DM
2/94 bis 1/95	38 000 DM
2/95 bis 1/96	42 000 DM
2/96 bis 1/97	45 000 DM
Gesamtsumme	**195 000 DM**

Formel: Summe der Entgelte mal 0,0003125
195 000 DM mal 0,03125 ist gleich 6093,75 DM geteilt durch 100 ist gleich 60,93 DM.
Faustformel: 1000 DM ergeben 0,31 DM
195 mal 0,31 = 60,45 DM

Es wurde eine monatliche Versicherungsrente in Höhe von 60,93 DM ermittelt. Diese Versicherungsrente kann in einer Summe abgefunden werden. Dieser Antrag ist bei der VBL innerhalb eines Jahres ab Rentenbeginn zu stellen. Die Mindestrente (Versicherungsrente) wird im Gegensatz zur Gesamtversorgung nicht dynamisiert, sondern der auf den Monat bezogene Anteil wird unverändert (unangepasst) gezahlt.

Die Mindestrente verbleibt auch dem »ehemaligen« Versicherten. Beim Ausscheiden aus dem öffentlichen Dienst (oder Ende des zusatzversorgungspflichtigen Beschäftigungsverhältnisses) vor Rentenbeginn wird zumindest diese Versicherungsrente gewährt, und zwar ab dem Zeitpunkt, ab dem eine gesetzliche Rente zusteht.

4.3.2 Mindestrente nach dem Betriebsrentengesetz

Endet das Beschäftigungsverhältnis nach dem 35. Lebensjahr und hat für mindestens zehn Jahren aus einer Beschäftigung beim selben Arbeitgeber eine Pflichtversicherung zur Zusatzversorgung bestanden, so besteht ein Anspruch nach dem Betriebsrentengesetz (§ 18 BetrAVG). Für jedes volle Jahr der Pflichtversicherung bei der VBL (Zeiten der Umlagezahlung; nicht Dienstzeit!) besteht ein Anspruch in Höhe von 0,4 v. H. des gesamtversorgungsfähigen Entgelts.

Beispiel:

Umlagemonate	geteilt durch 12	volle Jahre	mal 0,4 %	Summe
428	35,667	35		14 %

gesamtversorgungsfähiges Entgelt brutto	mal Prozentsatz	Monatsrente
4000 DM	14	560 DM

Auch die Versicherungsrente »nach dem Betriebsrentengesetz« wird nicht dynamisiert! Die Leistungen werden ab dem Versicherungsfall gewährt und bis zum Leistungsende nicht angepasst. Angepasst wird nur die »Gesamtversorgung« – entsprechend der Erhöhungen und Zeitpunkte, wie sie für Ruhegehälter vom Gesetzgeber festgelegt werden.

Die Mindestrente aufgrund von Beiträgen und die Mindestrente nach dem Betriebsrentengesetz werden nicht »nebeneinander« gewährt, sondern nur die Mindestrente mit dem jeweils höheren Anspruch.

Beispiel:
Arbeitgeber A: 1970 bis 1978
Arbeitgeber B: 1979 bis 1992
Arbeitgeber C: 1993 bis 1999

Nur im zweiten Versicherungsabschnitt (Arbeitgeber B) sind die Voraussetzungen für eine Versicherungsrente nach dem Betriebsrentengesetz erfüllt. Für die weiteren Versicherungsabschnitte bestehen nur Ansprüche auf Versicherungsrente aufgrund fiktiver Beiträge.

Beispiel:

Versicherungsrente 1. Abschnitt:	360 000 mal 0,03125 %	112,50 DM
Versicherungsrente 2. Abschnitt:	5 000 DM mal 5,6 %	280,00 DM
Versicherungsrente 3. Abschnitt:	450 000 mal 0,03125 %	140,63 DM
Summe insgesamt		533,13 DM

4.4 Leistungsbeginn

Leistungen werden nur auf Antrag gewährt. Der Antrag muss schriftlich gestellt werden. Er wird über den Arbeitgeber (Personalbüro) gestellt. Wird der Antrag auf Leistungen **verspätet** gestellt, so ist die VBL nur verpflichtet, rückwirkend bis zu 2 Jahren Leistungen zu gewähren. Diese Ausschlussfrist darf dann nicht angewendet werden, wenn der Versicherte früher bei der VBL angefragt hat, ob Leistungen zu erwarten seien und dies verneint wurde. Stellt sich nachträglich heraus, dass diese Auskunft unrichtig war, so kann sich die VBL nicht auf die Ausschlussfrist berufen. Ein Anspruch auf Auskunft besteht ab dem 55. Lebensjahr. Ein Anspruch auf Leistungen (Versorgungsrente oder Versicherungsrente) bei der VBL beginnt ab dem Zeitpunkt, zu dem die gesetzliche Rentenversicherung die Rentenzahlung beginnt. Für die VBL sind alle Versicherungsfälle der gesetzlichen Rentenversicherung verbindlich.

4.5 Die Gesamtversorgung

Eine betriebliche Altersversorgung in der Qualität einer Gesamtversorgung gibt es fast nur noch im öffentlichen Dienst. Arbeiter und Angestellte werden versorgungstechnisch so behandelt, als ob sie Beamter gewesen wären. Die Gesamtversorgung soll Alterseinkünfte gewährleisten, die sich am Lebensstandard vor dem Rentenbeginn orientieren. Grundlage sind deshalb die Arbeitseinkünfte im Durchschnitt der letzten 3 Jahre. In diesen Jahreseinkünften ist auch das 13. Monatsgehalt enthalten. Die Alterseinkünfte sollen jedoch etwas geringer sein als die Arbeitseinkünfte vergleichbarer Arbeitnehmer. Um dies zu erreichen, wird das monatliche Durchschnittsentgelt, analog einer Lohn- oder Gehaltsabrechnung, auf ein so genanntes fiktives Nettoentgelt zurückgerechnet. Im Idealfall beträgt die Altersversorgung langjährigst Beschäftigter 91,75 % eines fiktiven Nettoarbeitsentgelts (40 mal 2,294 %).

Arbeiter und Angestellte des öffentlichen Dienstes sind in der Regel in der gesetzlichen Rentenversicherung versichert und erwerben aus dieser Beitragsleistung einen Anspruch auf gesetzliche Rente. Die gesetzliche Rente, im System der Gesamtversorgung als Grundversorgung bezeichnet, wird von der Versorgungsanstalt aufgestockt. Gesamtversorgung bedeutet, dass die VBL die gesetzliche Rente auf ein bestimmtes Niveau erhöht. Gesetzliche Rente und »Versorgungsrente« ergeben als Summe die persönliche Gesamtversorgung. Die Höhe der Versorgungsrente entspricht der Differenz zwischen der persönlichen Gesamtversorgung (oder der Mindestgesamtversorgung) und der Grundversorgung.

Zur Grundversorgung zählen u. a. die gesetzliche Rente, Leistungen aus einem Lebensversicherungsvertrag mit Beteiligung des Arbeitgebers, Leistungen für Kindererziehung.

Die persönliche Gesamtversorgung wird aus einem so genannten gesamtversorgungsfähigen Nettoarbeitsentgelt und einem zeitabhängigen persönlichen Versorgungsprozentsatz (netto) ermittelt. Diese beiden Rechengrößen bestimmen die Höhe der persönlichen Gesamtversorgung.

Ein Anspruch auf die dynamische Gesamtversorgung bestand bisher nur dann, wenn das Beschäftigungsverhältnis bis unmittelbar vor Rentenbeginn bestand und die Wartezeit von 5 Jahren erfüllt ist. **Mit Wirkung vom 1. Januar 2001** entfällt der Anspruch nicht mehr völlig.

In einem ersten Schritt wird die Gesamtversorgung ermittelt, die sich ergeben hätte, wenn der höchstmögliche Prozentsatz erreicht worden wäre. Als Entgelt gelten die Jahresentgelte der letzten 3 Jahre vor dem Ausscheiden. Als Grundversorgung wird eine in einem Näherungsverfahren ermittelte Rente angerechnet. Fiktive Gesamtversorgung abzüglich einer hochgerechneten gesetzlichen Rente ergibt die Versorgungsrente. Vor dieser Summe erhält der/die ausgeschiedene Arbeitnehmer/in pro Jahr der Betriebszugehörigkeit 2,25 %, und zwar ab Rentenbeginn. Abschläge wegen vorzeitigem Rentenbeginn werden berücksichtigt. Diese unverfallbare Zusatzrente ist dynamisch. Sie wird ab Rentenbeginn mit 1 % jährlich erhöht.

4.5.1 Das gesamtversorgungsfähige Entgelt

Die zusätzliche Altersversorgung des öffentlichen Dienstes soll einen Lebensstandard sichern, der angemessen unterhalb des bisherigen Erwerbseinkommens liegt. Um dieses Ziel zu erreichen, muss sich die Versorgung an den Einkünften vor Rentenbeginn orientieren. Für die Versorgung der Arbeiter und Angestellten gilt das durchschnittliche Erwerbseinkommen der

Gesamtversorgung

letzten 3 **Kalenderjahre.** In diesen Entgelten der letzten 3 Jahre sind auch so genannte unständige Entgelte (z. B. Überstunden, Bereitschaftsdienst, Rufbereitschaft usw.) enthalten. Den Versorgungsanstalten werden »ständige« Entgelte (z. B. das Grundgehalt) unter der Kennziffer 10 gemeldet, so genannte »unständige« Entgelte unter der Kennziffer 12. Für Entgelte der Kennziffer 10 gilt ein 3-Jahres-Zeitraum, für die Entgelte der Kennziffer 12 ein 10-Jahres-Zeitraum.

Sind unständige Entgelte nur in sehr geringem Umfange angefallen, so bleiben sie unberücksichtigt. Die anrechenbaren unständigen Lohn/Gehaltsbestandteile der letzten 10 Jahre müssen im Durchschnitt mindestens 2,5 % der ständigen Entgelte der letzten 3 Jahre erreichen. Ist der Anteil geringer, so werden diese Entgelte nicht berücksichtigt. Als Höchstgrenze gilt ein Betrag von 35 v. H.

4.5.1.1 Entgelte der letzten drei Jahre

Grundlage für die Altersversorgung des öffentlichen Dienstes sind die Grundgehälter bzw. die monatlichen Bezüge der letzten 3 Jahre. Die Gesamtsumme wird durch die Anzahl der Umlagemonate (in der Regel 36) geteilt. Wurden zusätzlich zu diesen so genannten ständigen Entgelten Einkommen aufgrund von Überstunden, Bereitschaftsdienst usw. erzielt, so werden diese den so genannten ständigen Entgelten hinzugefügt, wenn eine Untergrenze überschritten wird (s. Kapitel 4.5.1.3).

Das gesamtversorgungsfähige Entgelt der letzten 3 Jahre bezieht sich auf das Jahreseinkommen, und zwar einschließlich der Weihnachtszuwendung. Das monatliche gesamtversorgungsfähige Entgelt ist deshalb höher als die Monatstabelle ausweist.

Nicht jedes Einkommen ist »gesamtversorgungsfähig«. Grundsätzlich ist dies das steuerpflichtige Erwerbseinkommen. Erwerbseinkommen, für die keine Umlage zu entrichten sind, zählen nicht dazu. Dies sind u. a. das Urlaubsgeld sowie vermögenswirksame Leistungen. Entgelte von mehr als monatlich 19 813,89 DM/West bzw. 16 932,29 DM/Ost werden nicht berücksichtigt.

4.5.1.2 Aktualisierung der Entgelte

Die Jahresentgelte der letzten 3 Jahre (oder 10 Jahre für unständige Entgelte) werden entsprechend der zwischenzeitlich erfolgten Lohn/Gehaltsabschlüsse (bzw. Anpassung der Beamtenversorgung) erhöht. Diese Aktualisierung der Jahresentgelte ist erforderlich, da die tatsächlich erzielten

Entgelte vergangener Jahre erheblich vom Einkommen des Jahres abweichen, das unmittelbar vor Rentenbeginn liegt.

Beispiel:

	Jahresentgelt	mal Anpassungsfaktor	angepasstes Jahresentgelt
1997	48 247,54 DM	1,0408	50 216,03 DM
1998	48 919,04 DM	1,0269	50 234,96 DM
1999	49 953,38 DM	1,0000	49 953,38 DM
Summe			150 404,37 DM

Die Summe der angepassten Jahresentgelte der letzten 3 Jahre wird durch die Zahl der Umlagemonate geteilt. Das Ergebnis ist das gesamtversorgungsfähige Entgelt monatlich.

Beachte:
Die Anpassungsfaktoren werden bei Rentenbeginn ab dem 1. Juli 2000 entsprechend des jeweils geltenden Bemessungsfaktors für die Zuwendung vermindert. Es wird berücksichtigt, dass die Zuwendung z. B. im Jahr 2000 nur 87,66 % beträgt.

Beispiel:
Die Beamtenversorgung wurde am 1. Juni 1999 mit **2,9 %** dynamisiert. Der Bemessungsfaktor für die Zuwendung beträgt 0,9239. Dies ergibt einen Aktualisierungsfaktor von 2,9 mal 12 geteilt durch 12,9239, das sind **2,69 %**.

Das angepasste gesamtversorgungsfähige Entgelt aus dem 3-Jahres-Zeitraum, möglicherweise erhöht um den monatlichen Anteil aus unständigen Entgelten, ist das persönliche gesamtversorgungsfähige Entgelt.

Beispiel:

monatlicher Durchschnitt der letzten 3 Jahre	4177,89 DM
monatlicher Durchschnitt der unständigen Entgelte	200,00 DM
Summe	4377,89 DM

4.5.1.3 Entgelte der letzten 10 Jahre

Ein Zeitraum von 10 Jahren gilt für so genannte unständige Entgelte. Als unständige Entgelte werden die Einkünfte bezeichnet, die zusätzlich zum Grundgehalt/dem Monatslohn anfallen können (z. B. Überstunden, Bereitschaftsdienst, Rufbereitschaft usw.). Die unständigen Entgelte des jeweiligen Zeitraums werden angepasst, addiert und durch die Anzahl der Umlagemonate geteilt. Dies ergibt als Ergebnis den durchschnittlichen monatlichen Anteil. Unständige Entgelte sollen das gesamtversorgungsfähige Entgelt nur dann erhöhen, wenn sie in bedeutsamem Umfang angefallen sind. Der monatliche durchschnittliche Anteil wird mit dem monatlichen gesamtversorgungsfähigen Entgelt des 3-Jahres-Zeitraumes verglichen. Ergibt der Vergleich, dass unständige Entgelte im Durchschnitt weniger als 2,5 v. H. des monatlichen Anteils des 3-Jahres-Zeitraumes erreicht haben, so werden sie nicht berücksichtigt. Sind derartige Entgelte überdurchschnittlich hoch, so werden sie nur bis höchstens 35 v. H. des monatlichen Durchschnitts des 3-Jahres-Zeitraumes berücksichtigt. Der diesen Anteil übersteigende Betrag entfällt.

4.5.2 Das fiktive Nettoarbeitsentgelt

Die Gesamtversorgung des öffentlichen Dienstes soll Alterseinkünfte ermöglichen, die den bisherigen Einkünften angemessen sind. Das ermittelte Bruttoentgelt wird folglich mittels fiktiver Abzüge (Steuern, Sozialabgaben) auf ein so genanntes fiktives Nettoarbeitsentgelt umgerechnet. Für dieses fiktive Nettoarbeitsentgelt gilt eine Prozentskala, die bis zu einem Höchstsatz von 91,75 v. H. des fiktiven Nettoarbeitsentgeltes reicht.

Beispiel:

gesamtversorgungsfähiges Entgelt brutto	4 177,89 DM
abzüglich	
Steuer (Steuerklasse I/0 III/0; ohne Kirchensteuer)	229,83 DM
Solidaritätszuschlag	0,00 DM
Krankenversicherung 6,75 %	282,01 DM
Pflegeversicherung 0,85 %	35,51 DM
Rentenversicherung 9,65 %	403,17 DM
Bundesanstalt für Arbeit 3,25 %	135,78 DM
Arbeitnehmeranteil zur Umlage 1,25 %	52,22 DM
Steueranteil aus Zukunftssicherung	18,89 DM
fiktives Nettoentgelt	3 020,48 DM

> Beachte:
> Ab dem 1. Juli 2000 gelten zusätzlich folgende Abzugspositionen: Der eigene Beitrag (1,25 %) sowie 20 % der vom Arbeitgeber nicht versteuerten Umlage (6,45 % Umlage aus 4177,89 DM ergeben 269,47 DM abzüglich 175 DM (bis 175 DM übernimmt der Arbeitgeber die Pauschalsteuer). 20 % von 94,47 ergeben **18,89 DM**.

Bei **Teilzeitbeschäftigung** ist das Bruttoentgelt eines in Vollzeit Beschäftigten entsprechend des Verhältnisses zwischen möglicher Vollzeit und tatsächlicher Teilzeit zu kürzen (Gesamtbeschäftigungsquotient). Aus diesem verminderten Bruttoentgelt ist ein fiktives Nettoentgelt zu ermitteln. Dieses Nettoentgelt wird in einem weiteren Rechenschritt mittels des Gesamtbeschäftigungsquotienten erhöht. Dieses Nettoentgelt ist die Grundlage für einen – aufgrund einer Teilzeitbeschäftigung – gekürzten Versorgungsprozentsatz.

4.5.3 Die gesamtversorgungsfähige Zeit

Die gesamtversorgungsfähige Zeit ist die zweite Berechnungsgröße, die für die persönliche Gesamtversorgung bedeutsam ist. Sie ist die Berechnungsgrundlage für den persönlichen Versorgungsprozentsatz.

Bei der gesamtversorgungsfähigen Zeit wird unterschieden zwischen vollen Versicherungszeiten und Zeiten, die zusätzlich angerechnet werden:

Versicherungszeiten: Zeiten einer Beschäftigung im öffentlichen Dienst führen regelmäßig zu einer Versicherung bei einer Versorgungsanstalt. Diese Zeiten der Versicherung sind »volle« Versicherungszeiten. Für diese versicherten Zeiträume zahlt der Arbeitgeber eine Umlage, und zwar entsprechend der versicherten Entgelte. Bei der Ermittlung der gesamtversorgungsfähigen Zeit werden alle Zeiten einer Versicherung bei einer Versorgungsanstalt berücksichtigt. Es werden folglich sowohl frühere Zeiten berücksichtigt als auch Zeiten bei anderen Versorgungsanstalten. Diese Zeiten werden übergeleitet, und zwar auf die Versorgungsanstalt, bei der ein Versicherungsfall eintritt.

Zusätzliche Zeiten: Zu den vollen Versicherungszeiten werden noch zusätzliche Zeiten hinzugerechnet. Sie werden nur zur Hälfte berücksichtigt. Zusätzliche Zeiten sind alle Zeiten, die vom Rentenversicherungsträger zuerkannt wurden, ohne zeitgleich »volle« Versicherungszeiten bei der VBL zu sein. Zusätzliche Zeiten sind Beitragszeiten in der gesetzlichen Rentenversicherung, die außerhalb der Beschäftigung im öffentlichen Dienst erzielt wurden bzw. während der Beschäftigung im öffentlichen Dienst, ohne dass eine Verpflichtung zur Versicherung bei der Versorgungsanstalt bestand (bzw. Umlagezeiten). Dies sind u. a. Anrechnungszeiten (Krankheit, Arbeitslosigkeit), Ersatzzeiten (Ausbildung, Wehrdienst usw.) sowie Zurechnungszeiten. Zurechnungszeiten werden mit mehr als der Hälfte berücksichtigt, wenn die »lineare« Versorgungsstaffel angewandt wird!

Beispiel:

1. Ermittlung der zusätzlichen Zeiten

Rentenzeiten (Beitragszeiten, Anrechnungszeiten usw.)	486 Monate
VBL Umlage/Beitragszeiten	300 Monate
Differenz	186 Monate
davon die Hälfte	93 Monate

2. Ermittlung der gesamtversorgungsfähigen Zeit

VBL Umlage/Beitragsmonate	300 Monate
zusätzliche Zeiten	93 Monate
gesamtversorgungsfähige Zeit	393 Monate

»DDR-Rentenzeiten«: Zeiten im Beitrittsgebiet, die vor dem 3. Oktober 1990 zurückgelegt wurden, werden nicht berücksichtigt, wenn die Pflichtversicherung erstmals nach dem 2. Oktober 1990 begonnen hat. Der Bundesgerichtshof hat hierzu für Versicherte, die bereits vor 1997 in den alten Ländern versichert wurden, wie folgt entschieden: Diese Personengruppe darf von der Halbanrechnung nicht ausgeschlossen werden.

4.6 Der Versorgungsprozentsatz

Seit dem 1. Januar 1992 gilt ein linearer Versorgungsprozentsatz, und zwar 2,294 je gesamtversorgungsfähiges Jahr. Aufgrund von Übergangsregelungen gilt für Versicherte, die am 31. Dezember 1991 versichert sind und sofern diese Versicherung bis zum Rentenbeginn ununterbrochen bestehen bleibt, sowohl das »alte« als auch das »neue« Recht. Das jeweils günstigere Ergebnis wird angewandt.

Voraussetzung für die Anwendung des »alten« Rechts ist, dass das Versicherungsverhältnis ab dem 1. Januar 1992 ununterbrochen fortbesteht. Würde das Versicherungsverhältnis nach dem 31. Dezember 1991 auch nur für eine geringe Zeitspanne **unterbrochen**, so gilt ab der erneuten Pflichtversicherung nur noch das »neue« Recht (ohne Besitzstandsregelung).

4.6.1 Die Ermittlung des Versorgungsprozentsatzes

Die gesamtversorgungsfähigen Monate (Umlagemonate und zusätzliche Zeiten) sind die Grundlage für die Ermittlung des persönlichen Versorgungsprozentsatzes. Diese Summe wird durch 12 geteilt. Ist die **lineare Staffel** anzuwenden, so wird jedes Jahr mit 2,294 % bewertet bzw. je Monat mit 0,19 % (2,294 geteilt durch 12). Ist die **degressive Staffel** anzuwenden, so werden die ersten 10 Jahre mit 45 %, weitere 15 Jahre mit je 2,35 % und weitere 10 Jahre mit 1,15 % bewertet. In beiden Fällen gilt jedoch einheitlich ein Grundsockel von 45 %. Dieser wird bei der degressiven Staffel nach 10 Jahren, bei der linearen Staffel nach 19 Jahren erreicht.

Beispiel: Lineare Staffel
393 Monate geteilt durch 12   ergibt   32 Jahre und 9 Monate
32,75 Jahre mal 2,294   ergeben   75,13 %

Beispiel: Degressive Staffel
393 Monate geteilt durch 12   ergibt   32 Jahre und 9 Monate
33 Jahre (s. Tabelle 15)   ergeben   89,45 %

4.6.1.1 Der lineare Versorgungsprozentsatz

Der lineare Versorgungsprozentsatz – je Jahr **2,294 %** – gilt grundsätzlich seit dem 1.1.1992 (s. Tabelle 14). Der Versorgungsprozentsatz wird, auf zwei Stellen nach dem Komma gemeinüblich gerundet, exakt ermittelt. Für Arbeitnehmer, die im fortgeschrittenen Lebensalter erstmals bei einer Versorgungsanstalt pflichtversichert werden, gilt eine Sonderstaffel. Faustregel ist, dass bei erstmaliger Versicherung bei einer Versorgungsanstalt nach dem **50. Lebensjahr** nur die so genannte »2-Prozent-Staffel« gilt. Ab dem 1. Januar 1992 gilt für diese Nettostaffel ein gleich bleibender Steigerungssatz von **1,957 %** je Jahr der gesamtversorgungsfähigen Zeit.

Die gesamtversorgungsfähigen Monate werden durch 12 geteilt, das auf zwei Stellen nach dem Komma ermittelte Ergebnis wird mit 2,294 multipliziert.

Beispiel:
400 geteilt durch 12   = 33,333   = 33,33 mal 2,294
Ergebnis: 76,458   gerundet 76,46 %

4.6.1.2 Besitzstandsregelung

Hat die Pflichtversicherung spätestens am 31. Dezember 1991 begonnen und bestand diese Pflichtversicherung bis zum Eintritt des Versicherungsfalles (Rentenbeginn) ununterbrochen, so gilt die bisherige Versorgungsstaffel »eingeschränkt« weiterhin. Die degressive Staffel (s. Tabelle 15) gilt nur für die gesamtversorgungsfähige Zeit, die bis zum 31. Dezember 1991 zurückgelegt wurde. Für gesamtversorgungsfähige Zeiten ab dem 1. Januar 1992 gelten einheitliche Steigerungssätze, und zwar bei der Bruttostaffel 1 %, bei der Nettostaffel 1,15 %. Zusätzlich gilt die neue, exakt auf zwei Stellen nach dem Komma ermittelte Versorgungsstaffel (einschließlich der erweiterten Zurechnungszeit) dann, wenn das Ergebnis nach dem »neuen« Recht günstiger ist. In diesen Fällen wird sowohl das »alte« als auch das »neue« Recht angewandt und die Ergebnisse verglichen. Das höhere Ergebnis kommt zum Tragen.

Ermittlung der gesamtversorgungsfähigen Zeit: Die bis zum 31. Dezember 1991 zurückgelegte gesamtversorgungsfähige Zeit (GVZ) wird entsprechend der degressiven Versorgungsstaffel bewertet. Die ab dem 1. Januar 1992 erreichten gesamtversorgungsfähigen Zeiten werden einheitlich mit 1,15 % (Bruttostaffel – 1 %) bewertet. Die gesamtversorgungsfähige Zeit, die insgesamt ermittelt wurde, wird um die Monate vermindert, die sich auf den Zeitraum ab 1.1.1992 beziehen.

Beispiel:

GVZ bis zum 31.12.1991	GVZ vom 1.1.1992 bis 30.6.2005
277 Monate	162 Monate

Ermittlung des Versorgungsprozentsatzes: Bei der Ermittlung des Versorgungsprozentsatzes wird zwischen den gesamtversorgungsfähigen Zeiten (GVZ) bis zum 31. Dezember 1991 und der GVZ ab dem 1. Januar 1992 unterschieden. Die Bewertung der Zeiten bis zum 31. Dezember 1991 erfolgt nach der degressiven Staffel, die Zeiten ab dem 1. Januar 1992 nur einheitlich mit 1 % (Bruttostaffel) bzw. 1,15 % (Nettoentgeltstaffel).

Zeiten bis 31. Dezember 1991
277 Monate (geteilt durch 12) = 23 Jahre, Rest 1 Monat
Nettostaffel:
10 Jahre = 45 %
13 Jahre = 30,55 % (13 × 2,35)
23 Jahre = 75,55 %

Wurden bis zum 31. Dezember 1991 weniger als 10 gesamtversorgungsfähige Jahre erreicht, so gilt als Besitzstand ein Versorgungsprozentsatz von 45 % (Nettostaffel). Die noch bis zu 10 Jahren fehlenden Monate verringern jedoch die nach dem 31. Dezember 1991 zurückgelegten gesamtversorgungsfähigen Monate.

Zeiten ab 1.1.1992
162 Monate (geteilt durch 12) = 13,5 Jahre*
Nettostaffel
13,5 Jahre × 1,15 % = 15,52 %

Eine Auf- und Abrundung erfolgt nicht; ein Restjahr wird auf zwei Stellen nach dem Komma gemeinüblich gerundet.

Beispiel:
Eintritt des Versicherungsfalles am 30. Juni 2005; Nettostaffel

bis 31.12.1991	ab 1.1.1992	Summe
75,55 %	15,52 %	91,07 %

4.7 Gesamtversorgung bei Teilzeitbeschäftigung und Beurlaubung

Bei **Teilzeitbeschäftigung** wurde nur ein zeitlich eingeschränkter Teil der möglichen (wöchentlichen) Arbeitszeit dem Arbeitgeber zur Verfügung gestellt. Auch bei **unbezahltem Urlaub** wurden weniger Jahre im öffentlichen Dienst gearbeitet, als dies möglich gewesen wäre. Entsprechend dem Verhältnis von möglicher zu tatsächlicher Arbeitsleistung wird ein Gesamtbeschäftigungsquotient gebildet. Entsprechend dieses geringeren Anteils im Vergleich zu einem Vollbeschäftigten wird der persönlich erreichte Prozentsatz der Gesamtversorgung gekürzt. Dies gilt sowohl für die Mindestgesamtversorgung als auch für die Versicherungsrente nach dem Betriebsrentengesetz. Die Versicherungsrente aufgrund von Beiträgen reduziert sich aufgrund der geringeren Entgelte in diesen Zeiträumen.

Ein **Versorgungsabschlag ist bei Beurlaubung** ohne Bezüge vermeidbar. Der Arbeitgeber kann eine Sonderzahlung leisten. Ein Versorgungsabschlag wegen **Teilzeitbeschäftigung** erfolgt nur dann nicht, wenn zwar im Zeitraum vor dem 1. Januar 1982 Teilzeitbeschäftigung vorlag, in der Zeit ab dem 1. Januar 1982 ununterbrochen bis zum Versicherungsfall eine Vollzeitbeschäftigung ausgeübt wurde.

Wie sich der Versorgungsabschlag auswirkt:
Das Bruttoentgelt eines Vollzeitbeschäftigten wird entsprechend eines Gesamtbeschäftigungsquotienten reduziert, aus diesem Entgelt wird ein fiktives Nettoentgelt ermittelt und dieses Entgelt wieder mit diesem Quotienten erhöht. Von diesem Nettoentgelt erhält dann der ehemals Teilzeitbeschäftigte eine Gesamtversorgung auf der Basis des wegen Teilzeit geminderten Prozentsatzes.

4.8 Die Anpassung der Gesamtversorgung an die wirtschaftlichen Veränderungen (Dynamisierung)

Die tarifvertraglich vereinbarte Gesamtversorgung des öffentlichen Dienstes ist dynamisch: Das gesamtversorgungsfähige Entgelt wird entsprechend der Erhöhungen der Beamtenversorgung angepasst. Strukturelle Veränderungen werden regelmäßig nicht berücksichtigt. Das gesamtversorgungsfähige Entgelt (brutto) wird entsprechend erhöht, von dem erhöhten Entgelt werden fiktive Steuern und Sozialabgaben abgezogen. Das Ergebnis ist das aktualisierte fiktive Nettoarbeitsentgelt. In Verbindung mit dem persönlichen Versorgungsprozentsatz ergibt dies die Gesamtversorgung.

Aus dem gesamtversorgungsfähigen Nettoarbeitsentgelt und dem Versorgungsprozentsatz wird die dynamisierte persönliche Gesamtversorgung ermittelt.

4.9 Versicherungstechnische Abschläge bei »vorzeitigem« Rentenbezug

Die Minderung der gesetzlichen Rente aufgrund vorzeitigen Bezuges mit Abschlägen wird von der Versorgungsanstalt des Bundes und der Länder (VBL) **nicht kompensiert**, sondern in ähnlicher Weise die Gesamtversorgung herabgesetzt. Es wird allerdings nicht der DM-Betrag entsprechend eines versicherungstechnischen Abschlags gekürzt, sondern der erreichte Prozentsatz der Gesamtversorgung entsprechend vermindert.

Beispiel:

Abschlag in der gesetzlichen Rentenversicherung 3,6 %; Rente ohne Abschlag 2000 DM, Rente mit Abschlag 1928 DM.
Erreichter Prozentsatz in der Gesamtversorgung: 91,75 % vermindert um 3,6 %.
Gesamtversorgungsfähiges Entgelt netto 3000,00 DM (3,6 mal 0,9175) ergibt 3,302 %.

Gesamtversorgung	abzüglich	verminderte Gesamtversorgung
91,75 %	3,3 %	88,45 %
2293,75 DM	82,50 DM	2211,25 DM

Aufgrund dieser Rechenmethodik wird auch der von den Versorgungsanstalten zu zahlende Aufstockungsbetrag gemindert und – der Logik folgend – entsprechend der längeren Bezugsdauer gestreckt.

Beispiel:

Prozentsatz	88,45 %	91,75 %
fiktives Nettoentgelt	3000,00 DM	3000,00 DM
Nettogesamtversorgung	2653,50 DM	2752,50 DM
abzüglich gesetzlicher Rente	1928,00 DM	2000,00 DM
Versorgungsrente	725,50 DM	752,50 DM

Alle Abschläge, die in der gesetzlichen Rentenversicherung vorgesehen sind, wurden auf das Leistungsrecht der Zusatzversorgungskassen übertragen. Aber auch prozentuale Abschläge und Zeitpunkte, wie sie in der Beamtenversorgung gelten, wurden ebenfalls in das Recht der Zusatzversorgung übertragen (s. a. Kapitel 3.6).

In der Zusatzversorgung gilt: Bei der Altersrente für langjährig Versicherte und bei der Altersrente für Frauen werden Abschläge bereits **ab 1999** vorgenommen, und nicht erst ab 2000, wie in der Rentenversicherung.

4.10 Ruhen und Kürzung der Gesamtversorgung

Grundsätzliche Voraussetzung für eine Leistung der VBL ist, dass eine gesetzliche Rente als Vollrente gewährt wird. Ist der Anspruch auf gesetzliche Rente nicht erfüllt oder entfallen, so besteht auch keine Leistungsverpflichtung. Eine Teilrente ist keine Vollrente. Sie gilt nicht als Versicherungsfall für die Versorgung des öffentlichen Dienstes.

Wird Erwerbseinkommen erzielt, das monatlich 630 DM/325 Euro überschreitet, so führt dies zur Kürzung der Versorgungsrente. Es verbleibt aber der Anspruch auf die Versicherungsrente.

Erwerbseinkommen, das mit einer Beschäftigung sowohl im öffentlichen Dienst als auch in der Privatwirtschaft erzielt wird, wird bei der Versorgungsrente angerechnet.

Bei **Berufsunfähigkeitsrenten** und der **»kleinen Witwen-/Witwerrente«** wird die ursprünglich zustehende Gesamtversorgung gekürzt, und zwar auf 70 v. H. des Betrages (s. a. Kapitel 8.4.1).

4.10.1 Kürzung der Gesamtversorgung bei Berufsunfähigkeit und Einkommensanrechnung

Bei Berufsunfähigkeitsrenten wird die ursprünglich zustehende Gesamtversorgung gekürzt, und zwar auf **70 v. H.** des Betrages. Der Hinzuverdienst ist auf monatlich 630 DM/325 Euro begrenzt. Hat die Versorgungsrente spätestens am 31. 12. 1991 begonnen, so gilt für die Berufsunfähigkeitsrente anstelle von 70 v. H. der bisherige Wert von **80 v. H.** Diese Regelung gilt auch dann, wenn die Versicherung spätestens am 31. Dezember 1991 bestanden hat, ununterbrochen bis zum Rentenbeginn bestand und nicht die lineare Versorgungsstaffel anzuwenden war.

Im Recht der gesetzlichen Rentenversicherung ist vorgesehen, dass neben der Rente wegen Berufsunfähigkeit Einkommen erzielt werden darf. Im Recht der Zusatzversorgung werden jedoch Erwerbseinkommen, die monatlich 630 DM/325 Euro übersteigen, bei der Versorgungsrente berücksichtigt. Erwerbseinkommen – sowohl im öffentlichen Dienst als auch in der Privatwirtschaft –, das diesen Betrag übersteigt, vermindert die Versorgungsrente. Zusätzlich zur Versorgungsrente wegen Berufsunfähigkeit verbleiben nur 630 DM monatlich.

4.10.2 Erwerbsunfähigkeitsrente und Einkommensanrechnung

Anspruch auf Rente wegen Erwerbsunfähigkeit besteht nur, wenn bestimmte Einkommensgrenzen nicht überschritten werden. Wird ein Einkommen von mehr als 630 DM/325 Euro erzielt, so führen die erzielten Arbeitsentgelte zu einer abgestuften Berufsunfähigkeitsrente. Wird aufgrund von Erwerbseinkommen die Erwerbsunfähigkeitsrente in eine Berufsunfähigkeitsrente umgewandelt, so gilt die Hinzuverdienstgrenze wie bei Berufsunfähigkeit. Einkommen von mehr als 630 DM mindert den Anspruch auf Versorgung.

4.10.3 Flexible Altersrente und Einkommensanrechnung

Beim flexiblen Altersruhegeld (ab dem 63. **Lebensjahr**) kann nur bis zu monatlich 630 DM/325 Euro Einkommen erzielt werden.

Wird ein höheres Einkommen erzielt, so wird keine Vollrente, sondern eine abgestufte Teilrente gewährt. Wird eine **Teilrente** gewährt, so entfällt der Anspruch auf die Gesamtversorgung.

4.10.4 Regelaltersrente und Einkommensanrechnung

Arbeitseinkünfte sowohl aus einem Beschäftigungsverhältnis im öffentlichen Dienst als auch in der Privatwirtschaft werden bei der »Versorgungsrente« angerechnet. Bei dieser Anrechnungsvorschrift wird folgendes Prinzip angewandt: Das der persönlichen Gesamtversorgung zugrunde liegende gesamtversorgungsfähige Entgelt »als Gesamtsumme« soll zumindest verbleiben.

Damit wird der Versorgungsempfänger finanziell so gestellt, als ob er noch mit vollen Bezügen im öffentlichen Dienst tätig wäre. In jedem Falle bekommt er mindestens die monatliche Versicherungsrente.

Beispiel:

gesamtversorgungsfähiges Entgelt	4000,00 DM
Gesamtversorgung	2500,00 DM
Differenzbetrag	1500,00 DM
Arbeitsentgelt	2000,00 DM

Das Arbeitsentgelt ist in diesem Beispiel um 500,00 DM höher als der Differenzbetrag zwischen Gesamtversorgung und gesamtversorgungsfähigem Entgelt. Dieser »übersteigende« Betrag mindert die Versorgungsrente.

4.10.5 Ruhen der Gesamtversorgung bei der Altersrente für Frauen und Einkommensanrechnung

Vorgezogenes Altersruhegeld für Frauen wird ab dem 60. Lebensjahr gewährt. Die Versorgungsrente »ruht« bis zum 63. Lebensjahr. Bis zum 63. Lebensjahr wird jedoch die Mindestrente gewährt.

Beispiel:

Gesamtversorgung	2500,00 DM
gesetzliche Rente	2000,00 DM
Versorgungsrente	500,00 DM
Versicherungsrente	400,00 DM

Von dieser Vorschrift ist nur das vorgezogene Altersruhegeld für Frauen betroffen. Bei jedem anderen Versicherungsfall, der anstelle dieser Rentenart möglich ist, wird die Versorgungsrente gewährt. Bestünde auch die Möglichkeit, z. B. Rente wegen Erwerbsunfähigkeit oder wegen Schwerbehinderung zu beantragen, so sollte kein vorgezogenes Altersruhegeld für Frauen beantragt werden. Eine Umwandlung von Erwerbsunfähigkeitsrente in vorgezogenes Altersruhegeld sollte unbedingt vermieden werden (zur Einkommensanrechnung s. Kapitel 4.10.3).

4.10.6 Versorgungsähnliche Bezüge

Auch in diesen Fällen wird das Prinzip angewandt, nach dem die insgesamt gezahlten Bezüge, die Aufwendungen eines Arbeitgebers des öffentlichen Dienstes (zugleich Beteiligter der VBL) sind, berücksichtigt werden. Die insgesamt gewährten Leistungen dürfen die persönliche Gesamtversorgung nicht übersteigen.

Derartige Leistungen sind möglich, wenn aus Zeiten vor Einführung der Gesamtversorgung, dem Jahre 1967, Versorgungsansprüche entstanden sind, die zusätzlich zur Versorgung gewährt werden. Dies ist auch für Zeiten nach dem Jahre 1967 möglich, wenn der Arbeitgeber erst zu einem späteren Zeitpunkt eine Beteiligungsvereinbarung mit der Versorgungsanstalt abschloss und zuvor seine Arbeitnehmer z. B. beim Versorgungsverband bundes- und landesgeförderter Unternehmen e.V. (VBLU) versichert hatte.

5. Die Unfallversicherung

Mit der Einführung der gesetzlichen Unfallversicherung wurde die zivilrechtliche Haftpflicht des Unternehmens gegenüber den Arbeitnehmern abgelöst. Die Unfallversicherung ist aber auch eine Versicherung zugunsten der Beschäftigten, da die Unfallversicherung auch dann leistet, wenn den Unternehmer kein Verschulden an einem **Arbeitsunfall** trifft. Der Versicherungsschutz bezieht sich nicht nur auf reine Arbeitsunfälle. Schon seit 1925 stehen auch Wegeunfälle unter Versicherungsschutz. Außerdem werden Leistungen der Unfallversicherung auch bei typischen Berufskrankheiten gewährt, die im Zusammenhang mit der versicherten Tätigkeit eintreten. Auch Tätigkeiten, die nicht mit einem Arbeitsverhältnis in Zusammenhang stehen, werden von der Unfallversicherung erfasst.

Seit April 1971 sind Schüler an allgemein bildenden Schulen, Studenten an wissenschaftlichen Hochschulen und Kinder in Kindergärten versichert. Zum versicherten Personenkreis gehören u. a. auch Personen, die bei Unglücksfällen oder gemeiner Gefahr oder Not Hilfe leisten, bei der Verfolgung oder Festnahme einer Person, die einer strafbaren Handlung verdächtig ist, sich persönlich einsetzen, Blutspender und Spender körpereigener Gewebe und, unter bestimmten Voraussetzungen, ehrenamtlich tätige Personen. Eine ehrenamtliche Tätigkeit bei einer Gewerkschaft ist nicht durch die gesetzliche Unfallversicherung geschützt. Ehrenamtlich als Streikhelfer für die Gewerkschaft tätige Gewerkschaftsmitglieder sind jedoch versichert.

5.1 Versicherungsfälle

Als Arbeitsunfall wird ein körperlich schädigendes, zeitlich begrenztes, unfreiwilliges Ereignis verstanden, das mit der versicherten Tätigkeit in einem inneren, d. h. ursächlichen Zusammenhang steht. Es wird kein augenblickliches Geschehen gefordert. Ein zeitlich eng begrenztes Ereignis liegt auch dann vor, wenn es sich längstens innerhalb einer Arbeitsschicht zugetragen hat. Zwischen dem Unfallereignis und der versicherten Tätigkeit besteht dann ein ursächlicher Zusammenhang, wenn die Verletzung bei der Ausübung der Tätigkeit eingetreten ist. Der Schutz der Unfallversicherung erstreckt sich auf alle im Betrieb vorhandenen Gefahren, denen der Versicherte durch seine Tätigkeit im Betrieb ausgesetzt ist. Hierzu gehören auch die so genannten Gefahren des täglichen Lebens. Die Einnahme von Mahlzeiten ist eine eigenwirtschaftliche, auch dann, wenn sie in der Kantine eingenommen wird, und fällt grundsätzlich nicht unter den Schutz der Unfallversicherung. Unfallversicherungsschutz besteht jedoch dann, wenn die Essenseinnahme in einem wesentlichen inneren Zusammenhang mit der Beschäftigung steht. Dies ist u. a. dann der Fall, wenn eine vom Arbeitgeber gelieferte Verpflegung verdorben war oder weil wegen betrieblich bedingter Eile beim Essen ein Fremdkörper (Gräte) verschluckt wurde.

Betriebssport, Betriebsausflüge, Jubiläumsfeiern, Weihnachtsfeiern usw. genießen ebenfalls den Schutz durch die Unfallversicherung. Mit Billigung des Arbeitgebers kann auch der Betriebsrat Veranstalter sein. Ein gemütliches Beisammensein von Abteilungsleitern auf Einladung der Geschäftsführung ist keine geschützte Gemeinschaftsveranstaltung. Grundsätzlich erstreckt sich der Versicherungsschutz auch auf Dienstreisen. Maßgebend ist hierbei, ob die unfallbringende Betätigung mit dem Beschäftigungsverhältnis in einem rechtlich wesentlichen Zusammenhang steht. Es kommt auf die Umstände des Einzelfalles an. Bei typisch eigenwirtschaftlichen Verrichtungen, z. B. Besuch von Vergnügungsstätten, entfällt der Versicherungsschutz. Grundsätzlich gilt auch, dass die Nachtruhe in einem Hotel dem persönlichen Lebensbereich zuzuordnen ist.

Unfallversicherungsschutz besteht dann grundsätzlich nicht, wenn der Streit oder die Neckerei auf außerbetriebliche, persönliche Gründe zurückzuführen sind (z. B. Politik). Ein Arbeitsunfall liegt aber dann vor, wenn sich die Ursache für den Streit auf z. B. Arbeitsgeräte bezieht. Wird der Unfall durch eine Betriebseinrichtung wesentlich mit verursacht, so kann in besonderen Fällen Versicherungsschutz bestehen.

5.2 Der Wegeunfall

Als Arbeitsunfälle gelten auch Unfälle, die auf einem mit der versicherten Tätigkeit zusammenhängenden Weg nach und von dem Ort der Tätigkeit eintreten. Ausgangspunkt oder Ziel des versicherten Weges ist der Ort der Tätigkeit. Es muss nicht der kürzeste Weg gewählt werden, auch Abweichungen vom Weg zwischen der Wohnung und dem Ort der Tätigkeit können in bestimmten Fällen den Versicherungsschutz erhalten. Der Unfallversicherungsschutz beginnt mit dem Verlassen des häuslichen Wirkungsbereiches. Der häusliche Wirkungsbereich wird erst dann verlassen, wenn die Außentür eines von der/dem Versicherten bewohnten Mehr- oder Einfamilienhauses durchschritten ist. Auf der Vortreppe des Hauses oder im Vorgarten besteht bereits Versicherungsschutz. Der Versicherte ist in der Wahl seines Arbeitsweges grundsätzlich frei. Der Wunsch, den Weg möglichst störungsfrei und zweckmäßig zurückzulegen (z. B. um Baustellen und möglichen Staus auszuweichen) beseitigt den ursächlichen Zusammenhang des Weges mit der versicherten Tätigkeit nicht. Auch die Wahl des Verkehrsmittels ist grundsätzlich freigestellt. Eine Abweichung vom unmittelbaren Weg zwischen der Wohnung und dem Ort der Tätigkeit schließt dann grundsätzlich den Versicherungsschutz nicht aus, wenn mit anderen berufstätigen Personen gemeinsam ein Fahrzeug für den Weg von und nach dem Ort der Tätigkeit benutzt wird. Der Versicherungsschutz besteht aber nur, wenn der Weg zum Zwecke der Arbeitsaufnahme zurückgelegt wird. Wer andere versicherte Personen zur Arbeit fährt, ohne selbst an diesem Tag eine Arbeit aufzunehmen, ist nicht versichert.

Ein Umweg unterliegt dann dem Versicherungsschutz, wenn z. B. eine Tankstelle aufgesucht werden musste, weil ansonsten die Arbeitsstätte nicht erreicht worden wäre. Diese eigenwirtschaftliche Handlung war erforderlich, um die Arbeitsstelle zu erreichen. Berufstätige, die ein Kind während ihrer Arbeitszeit fremder Obhut anvertrauen müssen und den hierzu nötigen Weg mit dem Weg zu ihrer Arbeitsstätte verbinden, sind versichert. Der Versicherungsschutz endet und beginnt an der Außentür des Gebäudes, in dem das Kind fremder Obhut anvertraut wird. Der Weg nach und von der Familienwohnung ist auch dann versichert, wenn der Versicherte wegen der Entfernung seiner ständigen Familienwohnung von dem Ort der Tätigkeit in der Nähe der Arbeitsstelle eine Unterkunft hat. Der Unfallversicherungsschutz ist nicht auf das Gebiet der Bundesrepublik beschränkt. Fahrten ausländischer Arbeitnehmer vom und zum Wohnsitz der Familienangehörigen im Ausland sind versichert.

Wenn nach Beendigung der betrieblichen Tätigkeit der Heimweg nicht innerhalb eines angemessenen Zeitraums angetreten wird, so besteht kein Unfallversicherungsschutz für den Heimweg. Die Länge der Zeitspanne hängt von den Umständen des Einzelfalles ab. Eine Verzögerung von bis zu 2 Stunden schließt den Versicherungsschutz in der Regel nicht aus. Aber auch eine längere Zeitspanne z. B. wegen Verspätung der Straßenbahn oder des Zuges kann den Versicherungsschutz erhalten. Wird vom üblichen Weg von der Arbeitsstätte abgewichen um z. B. in einer Metzgerei einzukaufen, so wird der Versicherungsschutz unterbrochen. Sobald der »normale« Weg erneut erreicht ist, beginnt auch der Versicherungsschutz wieder. Der Versicherungsschutz lebt nur dann nicht wieder auf, wenn die Unterbrechung von so langer Dauer war, dass der Rest des Weges nicht mehr als Weg von der Arbeitsstätte angesehen werden kann. Ein mehrstündiger Gastwirtschaftsbesuch löst in der Regel den Zusammenhang mit der Arbeit, so dass der Heimweg dann nicht mehr als Weg von der Arbeitsstätte anzusehen ist. Kürzere Wirtshausbesuche von ein bis zwei Stunden Dauer führen nicht unbedingt zur Beendigung des Versicherungsschutzes. Der Weg zur Einnahme des Mittagessens ist versichert. Das gilt für Wege sowohl zum häuslichen Wirkungsbereich als auch zu einer nahe liegenden Gaststätte. Auch die zu diesem Zwecke auf dem Betriebsgelände zurückgelegten Wege stehen unter Unfallversicherungsschutz.

Berufskrankheiten sind bestimmte, in einem durch Rechtsverordnung aufgestellten Katalog (Berufskrankheiten-Liste) aufgeführte Erkrankungen. In dieser Liste sind Krankheiten bezeichnet, die nach den Erkenntnissen der medizinischen Wissenschaft durch besondere Einwirkungen verursacht sind, denen bestimmte Personengruppen durch ihre Arbeit in erheblich höherem Grade als die übrige Bevölkerung ausgesetzt sind.

5.3 Die Verletztenrente

Wenn die zu entschädigende Minderung der Erwerbsfähigkeit über die 13. Woche nach dem Arbeitsunfall hinaus andauert, so wird Verletztenrente gewährt, wenn – als weitere Voraussetzung – die Erwerbsfähigkeit des Verletzten infolge des Arbeitsunfalls um mindestens 20 % gemindert ist. Die Verletztenrente wird ab dem Zeitpunkt gewährt, ab dem die/der Versicherte kein Verletztengeld mehr erhält. Ist mit dem Wiedereintritt der Arbeitsfähigkeit nicht zu rechnen, so beginnt die Rente ab dem Zeitpunkt,

Dienstunfall

ab dem die Heilbehandlung soweit abgeschlossen ist, dass die/der Verletzte eine geeignete Berufs- oder Erwerbstätigkeit aufnehmen kann. Kann die/der Verletzte aufgrund der Art oder Schwere der Krankheit nicht mehr ins Berufsleben eingegliedert werden, so erhält sie/er Verletztenrente ab dem Tag, ab dem es zu ersehen ist; jedoch nicht vor dem Ende der stationären Behandlung. Die Verletzten-Vollrente beträgt ⅔ des Jahresarbeitsverdienstes.

Beispiel:
Jahresarbeitsverdienst 42 000 DM
Jahresvollrente 28 000 DM

Bei einer unfallbedingten Minderung der Erwerbsfähigkeit von mindestens 20 % wird eine Teilrente gewährt. Die prozentuale Höhe der Teilrente entspricht dem festgestellten Grad der Minderung. Bei einer unfallbedingten Minderung der Erwerbsfähigkeit um 50 v. H. beträgt die Jahresrente die Hälfte der Vollrente.

Beispiel:
Vollrente 28 000 DM
Teilrente 14 000 DM

Als Jahresarbeitsverdienst gilt das Arbeitseinkommen des Verletzten im Jahr vor dem Arbeitsunfall, und zwar einschließlich einmaliger Zahlungen. Es gilt nicht das Kalenderjahr, sondern das laufende Jahr vor dem Eintritt des Unfalls.

Wurde das 6. Lebensjahr noch nicht vollendet, so gelten 25 v. H. der im Zeitpunkt des Unfalls maßgebenden Bezugsgröße; wurde das 14. Lebensjahr vollendet, ⅓ der Bezugsgröße. Bis zum 18. Lebensjahr gelten 40 v. H., ab dem 18. Lebensjahr 60 v. H. der Bezugsgröße (s. Tabelle 8).

5.4 Der Dienstunfall

Beamte, die aufgrund eines Dienstunfalles dienstunfähig werden, erhalten ein Unfallruhegehalt. Das **Unfallruhegehalt** hat eine ähnliche Funktion wie die Unfallrente in der gesetzlichen Sozialversicherung.

Auch beim Unfallruhegehalt in der Beamtenversorgung bestehen sowohl hinsichtlich des Versorgungssatzes als auch hinsichtlich der ruhegehaltfähigen Dienstbezüge Regelungen, die dazu dienen, den unfallbedingten Mehrbedarf (den so genannten immateriellen Schaden) abzudecken. Zusätzlich wird unterschieden, ob der Dienstunfall bei der Ausübung einer Diensthandlung erfolgte, die mit einer besonderen Lebensgefahr verbunden ist. In diesen Fällen wird ein erhöhtes Unfallruhegehalt gewährt.

Bei der Ermittlung des **Unfallruhegehaltes** wird von dem Grundgehalt ausgegangen, das der Dienstaltersstufe entspricht, die ohne die **Dienstunfähigkeit** erreicht worden wäre. Dies ist in der Regel das Grundgehalt aus der letzten Dienstaltersstufe. Tritt die Dienstunfähigkeit infolge einer Diensthandlung ein, die mit einer besonderen Lebensgefahr verbunden ist und ist die Erwerbsfähigkeit um mindestens 50 % reduziert, so ist bei den ruhegehaltfähigen Dienstbezügen das Grundgehalt der nächsthöheren Besoldungsgruppe und dort die jeweilige Endstufe heranzuziehen. **Bei Dienstunfähigkeit infolge eines Dienstfalles** wird der erreichte Ruhegehaltssatz um 20 % erhöht, die zustehende Zurechnungszeit ($^2/_3$ der Zeit bis zum 60. Lebensjahr) zur Hälfte hinzugerechnet. Der Ruhegehaltssatz beträgt mindestens 66,66 %. Erleidet eine Beamtin/ein Beamter bei Ausübung einer Diensthandlung, mit der für sie/ihn eine besondere Lebensgefahr verbunden ist, einen Dienstunfall, so gilt für das Unfallruhegehalt ein erhöhter Versorgungssatz von 80 % der ruhegehaltfähigen Dienstbezüge.

6. Die private Altersversorgung

Die gesetzliche Rentenversicherung ist das Fundament der Altersversorgung. Sie gewährleistet jedoch selbst im Idealfall nur eine Absicherung, die etwa 62 % eines bisherigen Nettoeinkommens entspricht. Die Versorgungslücke, bezogen auf ein bisheriges Nettoeinkommen, beträgt fast 40 %.

Beispiel:
Bisheriges Nettoeinkommen 3000 DM
Versorgungslücke 1200 DM

Arbeitnehmer müssten während ihres Erwerbslebens in der Lage gewesen sein, auf ein Einkommen in dieser Größenordnung zu verzichten. Der Abstand bezieht sich aber nur auf Einkommen bis zur Beitragsbemessungsgrenze. Bei einem Bruttoeinkommen von jährlich mehr als 104 400 DM (alte Länder) entsteht eine zusätzliche Lücke, die so genannte echte Versorgungslücke.

Die Altersversorgung des öffentlichen Dienstes ermöglicht eine Absicherung, die – nach Abzug von eigenen Beiträgen zur Kranken- und Pflegeversicherung – etwa 83 % eines bisherigen Nettoeinkommens entspricht. Die Altersversorgung von Beamtinnen und Beamten entspricht grundsätzlich der Absicherung wie bei Arbeiterinnen, Arbeitern und Angestellten des öffentlichen Dienstes.

Betriebsrenten in der Privatwirtschaft sind in ihrer materiellen Qualität sehr unterschiedlich. Es sind Versorgungsformen möglich, die der des öffentlichen Dienstes entsprechen, diese teilweise überschreiten, aber in den meisten Fällen erheblich niedriger sind.

Formel zur Ermittlung der Versorgungslücke. Versorgungsbedarf abzüglich Alterseinkünfte = Versorgungslücke.

Beispiel: Bestandsaufnahme

gesetzliche Rente	
Betriebsrente	
Zusatzversorgung/Beamtenversorgung	
Lebensversicherung	
Zinserträge/Vermietung/Verpachtung	
Summe	

Versorgungslücken entstehen in besonders hohem Maße bei **frühzeitiger Erwerbsminderung**. Der Schutz der Sozialversicherung beginnt nach einer Wartezeit von 5 Jahren. Tritt Erwerbs- oder Berufsunfähigkeit in jungen Jahren ein, so ist die monatliche Rente, die gezahlt wird, erheblich niedriger als bei einer normalen Lebensbiografie. Die Rentenversicherung kennt zwar eine soziale Absicherung durch z. B. Zurechnungszeiten. Die Bewertung ist jedoch erheblich geringer als bei eigener Beitragszahlung bis zum normalen Rentenalter (s. Kapitel 1.3.10). Die private Versicherungswirtschaft bietet auch für diese Fälle Versicherungspolicen an, die Prämienzahlung ist jedoch sehr hoch. Bei einem **Arbeitsunfall** besteht Schutz durch die Berufsgenossenschaft. Eine Wartezeit ist hier nicht erforderlich (s. a. Kapitel 5).

6.1 Die Lebensversicherung

Der Staat fördert die private Altersversorgung im Rahmen von Lebensversicherungen durch Berücksichtigung der Beiträge als Sonderausgaben, steuerliche Befreiung der Zinseinkünfte und eine Besteuerung der Rentenleistungen mit dem Ertragsanteil. Die steuerliche Förderung ist von bestimmten Voraussetzungen abhängig.

6.1.1 Die Risikolebensversicherung

Sie ist auf die Absicherung des Todesfalles ausgerichtet. Eine Leistung wird gezahlt, wenn der Versicherte während der Laufzeit des Versicherungsvertrages stirbt. Die Beiträge sind relativ niedrig, da bei dieser Form der Lebensversicherung keine Erlebensfall-Leistung, sondern nur eine

Todesfall-Leistung erbracht wird. Maßgeblich für die Höhe des Beitrages sind vor allem das Eintrittsalter, das Geschlecht und oft der Gesundheitszustand der zu versichernden Person.

Risikolebensversicherungen eignen sich für die Absicherung der Hinterbliebenen. Auch wenn ein größeres Darlehen (z. B. beim Kauf einer Immobilie) aufgenommen wird, ist es vielfach sinnvoll, mit einer Risikolebensversicherung den Tod dessen abzusichern, der mit seinem Einkommen den Kredit tilgt. Risikolebensversicherungen können meist auch mit Bausparverträgen kombiniert werden. Die Prämienzahlung ist häufig erheblich günstiger als bei sonstigen Versicherern.

6.1.2 Die Kapitallebensversicherung

Die Kapitallebensversicherung kombiniert den Schutz der Hinterbliebenen mit einem zusätzlichen Sparvertrag. Sie bildet also nicht nur Vermögen, sondern ermöglicht der Familie ein sicheres Leben, wenn der Hauptenährer ausfällt. Sie ist der Klassiker unter den Angeboten zur privaten Altersvorsorge.

Die Höhe der Prämie richtet sich nach der Versicherungssumme, dem Eintrittsalter, dem Geschlecht und der Laufzeit. Jede Versicherung kalkuliert Lebensalter und Laufzeit anders. Es sollten individuelle Angebote eingeholt werden, wobei der Beitragsvergleich durch unterschiedliche Formen der Gewinnbeteiligung schwierig ist. Der Versicherer zahlt neben seinem Beitrag für die Risikolebensversicherung einen so genannten Sparanteil. Diesen Anteil legt die Versicherung für ihn an. Dafür verspricht sie eine Rendite. Sie muss neben dem garantierten Rechnungszins von meist 4 % noch 1 % als so genannte Direktgutschrift aus den Überschüssen erreichen. Die Überschüsse stammen aus drei Quellen: dem Zinsgewinn, dem Risikogewinn und dem Kostengewinn. Bei Abschluss der Versicherungssumme ist neben der zu schließenden Versorgungslücke u. a. zu beachten, dass der Überschussanteil unsicher ist und der versicherte Kapitalbetrag der Inflation unterliegt. Würde z. B. eine Versicherungssumme von 100 000 DM abgesichert, so beträgt in aller Regel der Anteil des Überschusses ca. 50 %. Relativ sicher sind folglich nur 50 000 DM. Da die Versicherungssumme erst in Jahrzehnten zur Auszahlung gelangt, ist auch der Inflationsverlust zu beachten.

Die Gewinnbeteiligung ist eine unverbindliche Prognose, die lediglich für 2 Jahre garantiert ist. Danach ist die Höhe der Überschussbeteiligung eine unternehmerische Entscheidung der Versicherung. Eine Garantie gibt es nicht.

Die Höhe der Ablaufleistung ist abhängig vom Sterblichkeits- und Kostenverlauf, aber vor allem von den Kapitalerträgen. Die künftige Marktentwicklung ist entscheidend. Die ist aber nicht in eine Beispielrechnung zu packen.

Versicherungsvertreter können zwischen 3,5 und 5 % der Versicherungssumme als Provision einstreichen. Der Versicherer finanziert mit seinen ersten Beiträgen zunächst die Kosten des Vertreters und der Versicherung. Erst dann tragen seine Zahlungen auch Zinsen. Wird vereinbart, dass die Versicherungssumme jährlich anzupassen ist, so erhält der Vertreter jährlich wieder die gesamte Provision für die Erhöhung. Der zusätzliche Beitrag wird auch nicht nach dem Lebensalter bei Abschluss des Vertrages bemessen, sondern nach dem jeweiligen Lebensalter bei Erhöhung der Versicherungssumme.

Wer seine Versicherung in den ersten Jahren kündigt, erhält nicht einmal seine eingezahlten Beiträge zurück. Eine Kapitallebensversicherung ist daher eine langfristige Anlage, die nicht sehr flexibel ist.

Alternativen zur Kündigung sind Beitragsfreistellung, Stundung und Verkürzen der Laufzeit.

Ein Vorteil der Kapitallebensversicherung ist die Steuerfreiheit der Erträge. Als Geldanlageform ist allein die Lebensversicherung steuerlich bevorzugt. Das so genannte Steuerprivileg der Lebensversicherung bedeutet vor allem, dass die Zinserträge nach einer Laufzeit von mindestens 12 Jahren steuerfrei sind. Bei einer Laufzeit von weniger als 12 Jahren unterliegen 25 % der Steuerpflicht. Die Steuerfreiheit der Erträge ist grundsätzlich nur dann gewährleistet, wenn die Laufzeit mindestens 12 Jahre beträgt, mindestens 5 Jahre Beiträge gezahlt werden und wenn ein Versicherungsschutz für den Todesfall eingeschlossen ist, von mindestens 60 % der Versicherungssumme.

Lebensversicherungsbeiträge sind bis zu bestimmten Höchstgrenzen vom Einkommen (**Sonderausgaben**) steuerlich absetzbar. Allerdings sind diese Höchstgrenzen meist schon durch die Aufwendungen für Sozialversicherungen aufgezehrt.

Vorsorgeaufwendungen werden beim laufenden Lohnsteuerabzug während des Kalenderjahres durch eine Vorsorgepauschale abgegolten, die in die Lohnsteuertabelle eingearbeitet ist. Die allgemeine Vorsorgepauschale für rentenversicherungspflichtige Arbeitnehmer beträgt bei den Steuerklassen I, II und IV maximal 3888 DM (Einkommen 37 332 DM und höher), bei der Steuerklasse III maximal 7830 DM (Einkommen 74 663 DM und höher).

Die tatsächlich gezahlten Vorsorgeaufwendungen sind nur im Rahmen bestimmter Höchstbeträge als Sonderausgaben abzugsfähig. Es gelten folgende Grenzen: Für Alleinstehende 6000 DM, für zusammen veranlagte Ehegatten 12 000 DM; jeweils um 16 % des Arbeitslohns gekürzt.
Der Höchstbetrag für **Vorsorgeaufwendungen** beträgt derzeit 2610 DM für Alleinstehende und 5220 DM für Ehegatten. Der diese Höchstbeträge übersteigende Teil der Versicherungs- und Bausparkassenbeiträge ist zur Hälfte anzusetzen. Als Höchstgrenzen gelten: 1305 DM bei Ledigen und 2610 DM bei Verheirateten.

Beispiel:
Jahresarbeitslohn 50 000 DM, Versicherungsbeiträge (Sozialversicherung, Lebensversicherung usw.) 10 000 DM.

Versicherungsbeiträge	10 000 DM	
Vorwegabzug für Einkommen	12 000 DM	
abzüglich 16 % von 50 000 DM	8 000 DM	
verbleibender Vorwegabzug	4 000 DM	4000 DM
Zeile 1 (10 000) abzüglich Zeile 4 (4000)	6 000 DM	
Höchstbetrag für Ehegatten	5 220 DM	5220 DM
den Höchstbetrag übersteigen	780 DM	
hiervon die Hälfte	390 DM	390 DM
abzugsfähige Vorsorgeaufwendungen		9610 DM

6.1.3 Die private Rentenversicherung

Sie ist das direkte Gegenstück zur gesetzlichen Rente. Die Dauer der Rentenzahlung hängt davon ab, wie lange der Versicherte lebt. Er kann darauf vertrauen, dass er lebenslang Rente erhält. Privatversicherungen garantieren nur einen Teil der Rentenzahlungen. Von der Überschussbeteiligung ist nur ein Teil sicher. Die Überschussbeteiligung kann gekürzt werden, denn bei steigender Lebenserwartung müssen länger Renten gezahlt werden und die Versicherten deshalb mit Abschlägen rechnen.

Es gibt sofort beginnende und aufgeschobene Rentenversicherungen. Nach einer Einmalzahlung gibt es eine Sofortrente. Dies ist interessant für Personen, die kurz vor oder im Rentenalter stehen. Nach einer Kapitalüberweisung wird das Geld unmittelbar verrentet.

Bei aufgeschobenen setzen die Rentenzahlungen erst zu einem festgelegten späteren Termin ein. Hier sammeln vorwiegend junge Menschen Beitragszahlungen in einem reinen Sparvertrag ein.

> **Hinweis:**
> Der Versicherte kann selbst den Zeitpunkt einer Kapital- oder Rentenzahlung bestimmen. Auf dieses Kapitalwahlrecht sollten Sie bestehen und sich erst so spät wie möglich festlegen. Auch eine Absicherung durch eine Beitragsrückgewähr ist zu empfehlen.

Es gibt auch konstante und wachsende Rentenbeträge. Bei der konstanten Rente ist die Anfangsrente am höchsten. Es empfiehlt sich eine Rentendynamik zu vereinbaren, um Kaufkraftverluste zumindest teilweise auszugleichen.

Die private Rentenversicherung kann mit Zusatzversicherungen kombiniert werden. Nur so kann z. B. eine **Witwen- oder Witwerrente** in den Versicherungsschutz mit aufgenommen werden. Die Kosten für die Zusatzversicherung bestimmt maßgeblich das Alter des Partners: je jünger, desto teurer.

Bei einem **Auszahlungsplan** erfolgen die Zahlungen während eines vorgegebenen Auszahlungszeitraumes und werden nach dem Tod des Versorgungsberechtigten an die Erben weitergezahlt. Lebt der Versorgungsberechtigte länger als bis zum Ende des Auszahlungsplans, muss er ohne diese Zahlungen auskommen.

An Kosten entstehen für den Kunden Gebühren sowie die Vermittlungsprovision. Die Beiträge können als Vorsorgeaufwendungen steuerlich abgesetzt werden, bis zum Versorgungsfreibetrag. Die Mindestverzinsung des Sparkapitals liegt, wie auch bei der normalen Lebensversicherung, bei 4 %. Dazu kommt eine Direktgutschrift aus dem Überschuss. Die private Rentenversicherung wird steuerlich ähnlich behandelt wie die Kapitallebensversicherung. Einmalabfindungen sind nach einer Laufzeit von 12 Jahren steuerfrei. Bei Rentenzahlungen gelten die Regelungen wie in der gesetzlichen Rentenversicherung.

6.1.4 Die staatlich geförderte Eigenvorsorge

Nicht als Ersatz für die klassische Rente – so der Bundesarbeitsminister –, sondern als spürbare Ergänzung sollen alle Arbeitnehmerinnen und Arbeitnehmer eine ergänzende Eigenvorsorge abschließen. Die Eigenvorsorge wird zwar nicht zur Pflicht, doch wer sich dafür entscheidet, wird ge-

fördert. Wer ab 2002 1 %, ab 2004 2 %, ab 2006 3 % und ab 2008 4 % seines Bruttoeinkommens für die Eigenvorsorge aufwendet, erhält vom Staat die maximale Förderung. Wer für die Eigenvorsorge geringere Mittel aufwendet, erhält entsprechend weniger staatliche Hilfe.
Gefördert werden alle Personen, die in der gesetzlichen Rentenversicherung versichert sind. Dies sind u. a. Arbeitnehmerinnen und Arbeitnehmer, Bezieher von Krankengeld, Arbeitslosengeld (ohne Einschränkung auch bei Anspruch auf Arbeitslosenhilfe), nicht erwerbstätige Eltern in der Phase der Kindererziehung, geringfügig Beschäftigte, die zusätzlich Beiträge zur Rentenversicherung entrichten, und pflichtversicherte Selbständige.
Nicht gefördert werden Beamtinnen und Beamte, Selbständige, die eine eigene private Altersvorsorge aufbauen. Auch Arbeitnehmerinnen und Arbeitnehmer mit Anspruch auf eine beamtenähnliche Zusatzversorgung sind zumindest vorläufig ausgeschlossen. Es ist allerdings zu erwarten, dass nachträglich eine Förderung zumindest im Umfang der Belastung mit eigenen Beiträgen erfolgen wird.

6.1.4.1 Der staatliche Zuschuss

Für gering Verdienende und Bezieher mittlerer Einkommen sind Zulagen zur Eigenvorsorge vorgesehen. Für Bezieher höherer Einkommen ist der Aufwand in Höhe von bis zu 4 % des Bruttoeinkommens bis zur Beitragsbemessungsgrenze in der Rentenversicherung (2001 – 8700 DM monatlich / 7300 DM neue Länder) steuerfrei, wenn dies günstiger ist. Ist die Steuerersparnis durch den Sonderausgabenabzug höher als die Zulage, bekommt die Person eine entsprechend höhere Steuererstattung.
In der Endstufe gewährt der Staat maximal folgende Zulagen:
Grundzulage bis zu 300 DM (154 Euro) je Jahr
Kinderzulage bis zu 360 DM (185 Euro) je Jahr

	Grundzulage	Kinderzulage
2002 bis 2003	38 Euro	46 Euro
2004 bis 2005	76 Euro	92 Euro
2006 bis 2007	114 Euro	138 Euro
ab 2008	154 Euro	185 Euro

Um die maximale Zulage zu erhalten, ist eine **Mindesteigenleistung** vorgesehen. Der jährliche eigene Betrag beträgt ab 2005:

176 DM (90 Euro)   für Alleinstehende ohne Kinder
147 DM (75 Euro)   mit einem Kind
117 DM (60 Euro)   mit zwei und mehreren Kindern
In den Jahren 2002–2004 sind dies 45/38/30 Euro.

Die Mindesteigenbeträge werden ermittelt, indem der Beitrag zu einer zusätzlichen Altersvorsorge um die gewährten Zulagen vermindert wird. Der zu leistende Beitrag beträgt für die Jahre 2002 und 2003 bis zu 1,0 v. H., 2004 und 2005 bis zu 2,0 v. H., 2006 und 2007 bis zu 3,0 v. H. und ab dem Veranlagungszeitraum 2008 jährlich bis zu 4,0 v. H. Wird diese Summe nicht erreicht, wird die Zulage gekürzt.

Bei Familien mit zwei Kindern und einem Jahresbruttoeinkommen bis zu 60 000 DM zahlt der Staat mehr als die Hälfte der Aufwendungen zur Eigenvorsorge. Liegt das jährliche Bruttoeinkommen bei 40 000 DM, übernimmt der Staat mehr als 80 % der Eigenvorsorge.

6.1.4.2 Förderfähige Anlagearten

Die Höhe der Zusatzrente ist individuell unterschiedlich und insbesondere von der gewählten Anlageform abhängig. Nicht jede Form der Anlage wird gefördert. Es werden die Anlageformen gefördert, die im Alter zu einer ergänzenden Absicherung durch lebenslange Einkommensleistungen führen. Das sind z. B. Rentenversicherungen oder auch Fonds- und Banksparpläne, die mit Auszahlungsplänen und Absicherungen für das »hohe Alter« verbunden sind.

Auch betriebliche Altersversorgung in Form der Direktversicherung und der Pensionskassen können gefördert werden. Der Erwerb von **Wohneigentum** ist in diese Förderung nicht direkt einbezogen. Für die Anschaffung von Wohneigentum kann der Altersvorsorgevertrag mit mindestens 10 000 Euro und höchstens 50 000 Euro beliehen werden.

Alle Anlageformen müssen u. a. gewährleisten, dass die Auszahlung der Leistung erst mit Beginn einer Altersrente erfolgt, eine lebenslange Zahlung und mindestens die eingezahlten Beiträge garantiert sind. Die private Rente muss auch vor Abtretung und Pfändung geschützt sein.

Die Anbieter dieser Sparformen sind verpflichtet, bestimmte Informations- und Berichtspflichten einzuhalten. Es muss z. B. sichergestellt sein, dass die Abschluss- und Vertriebskosten über einen Zeitraum von 10 Jahren verteilt werden, der Versicherte unterrichtet wird, wenn der staatliche Förderbetrag nicht voll ausgeschöpft wird. Der Versicherte ist bei Vertragsabschluss über die Kosten der Vermögensverwaltung und der Kosten bei

Wechsel zu einem anderen Produkt zu informieren. Der Versicherte muss jährlich über Beitragsverwendung, Kapitalbildung, Kosten und Erträge unterrichtet werden.

6.1.5 Die Berufsunfähigkeitsversicherung

Die gesetzliche Rente bei Berufsunfähigkeit beträgt nur $^2/_3$ einer Rente wegen Erwerbsunfähigkeit und die Höhe des Hinzuverdienstes wurde erheblich eingeschränkt (s. Kapitel 1.7.7). Eine private Vorsorge wird besonders deswegen immer wichtiger, weil

◆ bei Versicherungsfällen ab dem 1.1.2001 eine **Berufsunfähigkeitsrente** nur noch in Höhe einer halben Erwerbsunfähigkeitsrente Rentenversicherung gezahlt wird und

◆ alle, die zum Stichtag der Rentenreform 2001 – dem 1. April 2001 – das 40. Lebensjahr noch nicht vollendet haben, keine Berufsunfähigkeitsrente mehr erhalten.

Berufsunfähige müssen Tätigkeiten verrichten, die erheblich unterhalb ihres bisherigen beruflichen Status liegen. Ein Ausgleich für diese Einkommensminderung entfällt. Es kann unter diesen finanziellen Bedingungen nicht mehr wie geplant für das Alter vorgesorgt werden. Die finanziellen Mittel fehlen.

Eine Berufsunfähigkeitsversicherung kann für eine bestimmte Versicherungsdauer und Leistungsdauer abgeschlossen werden. Sie kann als selbständige Versicherung oder als Zusatz zu einer Risiko- oder Kapitallebensversicherung geführt werden. Neben der Zahlung einer Rente bietet sie im Leistungsfall die Befreiung von der Beitragszahlung, als Zusatzversicherung auch für die Risiko- oder Kapitallebensversicherung. Die Versicherung zahlt grundsätzlich ab einem bestimmten Grad der Berufsunfähigkeit: bei der Pauschalregelung die volle Rente ab 50 % der Berufsunfähigkeit, bei der Staffelungsregelung ab 25 % bis unter 75 % die Rente in entsprechendem Prozentanteil und die volle Rente ab 75 % der Berufsunfähigkeit.

Die Feststellung der Berufsunfähigkeit kann von der Anerkennung durch die gesetzliche Rentenversicherung abweichen. Die Verweisungsklausel (die Versicherungsgesellschaft kann auf vergleichbare Berufe oder Tätigkeiten verweisen) ermöglicht der Versicherungsgesellschaft unter Umständen einen Ausschluss von der Leistungspflicht.

6.2 Die Direktversicherung

Bei der Direktversicherung schließt der Arbeitgeber für seine Mitarbeiter eine Lebensversicherung ab und zahlt die Beiträge direkt vom Bruttogehalt. Es handelt sich um eine Sparform durch Gehaltsabtretung, meist im Monat, in dem die Zuwendung gezahlt wird. Die Höhe der gesetzlichen Rente wird hierdurch etwas geschmälert, da durch diesen Lohnverzicht geringere Einkommen versichert werden als möglich gewesen wäre.

Im Allgemeinen lohnt die Direktversicherung vor allem bei hohem Steuersatz und wenn die Höchstbeträge für Sonderausgaben bereits ausgeschöpft sind. Die Direktversicherung muss mindestens bis zum 60. Lebensjahr laufen. Wie bei einer normalen Kapitallebensversicherung sind die Kapitalerträge erst nach einer Mindestlaufzeit von 12 Jahren steuerfrei. Als Mindestlaufzeit einer Direktpolice sind 5 Jahre vorgeschrieben. Für abgetretene Gehaltsteile bis zu 3408 DM jährlich müssen nur **20 % Lohnsteuer** gezahlt werden. Diese enorme steuerliche Entlastung wurde mit Wirkung vom 1. April 1999 eingeschränkt. Die vom Arbeitgeber pauschal gezahlte und auf den Arbeitnehmer abgewälzte Lohnsteuer ist nun sowohl steuerpflichtig als auch sozialversicherungspflichtig. Ab 2009 ist die konkrete Beitragsleistung, also die Gesamtsumme, beitragspflichtig zur Sozialversicherung. Für Arbeiter, Angestellte und Beamte des öffentlichen Dienstes sind Direktversicherungen nicht möglich.

> Hinweis:
> Es sollte schriftlich vereinbart werden, dass in jedem Fall die Versicherungsleistungen vollständig und unwiderruflich dem Arbeitnehmer zustehen.

Die betriebliche Altersvorsorge, die aus einer **Gehaltsumwandlung** resultiert, bleibt dem Arbeitnehmer sofort erhalten. Die sofortige Unverfallbarkeit gilt für Verträge, die ab 2002 abgeschlossen werden. Der Arbeitnehmer hat einen Rechtsanspruch auf Abschluss einer Direktversicherung. Der Arbeitgeber schließt zugunsten des Beschäftigten einen Vertrag mit einer Lebensversicherung ab und zahlt die Prämien aus den umgewandelten Löhnen bzw. Gehältern. Die staatliche Förderung (s. Kapitel 6.1.4) setzt allerdings voraus, dass der Arbeitnehmer den Entgeltumwandlungsbetrag aus individuell versteuertem Einkommen leistet.

6.3 Sparen mit Bankprodukten und Bundespapieren

Das **Sparbuch** ist die beliebteste Anlageform. Bei einem Zinssatz von 2 bis 3 % ist die Rendite allerdings sehr gering. Es sollte dort nur die eiserne Reserve liegen. Bei einer vereinbarten längeren Kündigungsfrist der Spareinlage ist die Rendite erheblich höher.

Kapitalerträge müssen versteuert werden. Banken und Sparkassen müssen 30 % der Zinserträge ihrer Kunden an das Finanzamt überweisen. Es gilt allerdings ein **Sparerfreibetrag** in Höhe von 6000 DM für Ledige und 12 000 DM jährlich für Verheiratete (ab 2000: 3000 DM/6000 DM). Der Werbungskostenfreibetrag (z. B. für Depotgebühren, Bankschließfächer) beträgt 100 DM für Alleinstehende und 200 DM für Ehepaare. Höhere Kosten müssen nachgewiesen werden. Den Banken bzw. Bausparkassen sind Freistellungsaufträge zu erteilen. Bis zur Höhe des jeweils erteilten Freistellungsbetrages wird keine Zinsabschlagsteuer einbehalten.

Zur kurzfristigen Geldanlage empfiehlt sich ein **Festgeldkonto**. Es eignet sich zum Halten einer Notreserve oder zum kurzfristigen Geldparken. Mindesteinlagen von 5000 oder 10 000 DM sind erforderlich. Als Termineinlage kann zwischen 1 und 12 Monaten gewählt werden. Für diesen Zeitraum liegen die Gelder fest. Das Zinsniveau ist etwa doppelt so hoch wie auf dem Sparbuch. In einem Festgeldvertrag werden Anlagebetrag, Dauer und Zinssatz festgelegt.

Von vielen Geldinstituten werden **Sparbriefe** angeboten. Die Laufzeit beträgt zwischen 1 und 10 Jahren, die Mindesteinlage 500 bis 5000 DM.

Der Zinssatz beträgt ein Vielfaches eines Sparbuches. Der Sparbrief kann vor Ende der Laufzeit weder zurückgegeben noch an der Börse verkauft werden. Er kann nur beliehen werden.

Zur Altersvorsorge eigenen sich besonders **Papiere des Bundes**. Der Staat gilt als sicherer Schuldner. Die Zinsen liegen meist über den Bankangeboten. Bundespapiere können bei nahezu allen Banken, Sparkassen und der Bundesschuldenverwaltung gekauft werden. Es entstehen keine Kosten und Gebühren. Es besteht eine hohe Flexibilität durch das Umtauschrecht. Über den Börsenhandel können die Papiere wieder verkauft werden.

Bundesschatzanweisungen gibt es ab einem Mindestbetrag von 5000 DM. Sie können täglich über die Börse wieder verkauft werden. Der Zins ist vorab festgelegt, nicht aber der Ausgabekurs.

Für den mittelfristigen Anleger eigenen sich **Bundesobligationen**. Die

Mindestanlage beträgt 100 DM, die Laufzeit 5 Jahre, der Zins (ca. 4,29 %) ist meist etwas geringer als bei lang laufenden Bundesanleihen. Die Zinszahlung erfolgt jährlich. Innerhalb des Ausgabezeitraums wird der Ausgabekurs angepasst, aber nur entsprechend der veränderten Marktsituation. **Bundesschatzbriefe** bieten neben einer festen Laufzeit jährlich wachsende Zinsen. Weil der Zinssatz mit der Laufzeit steigt, ergibt sich erst mit den Jahren eine gute Rendite. Bundesschatzbriefe werden in zwei Varianten ausgegeben: Typ A hat eine Laufzeit von 6 Jahren. Die Zinsen werden jährlich überwiesen. Typ B läuft ein Jahr länger und weist die bessere Rendite auf. Die Zinsen werden während der Laufzeit automatisch mit angelegt und zusammen mit dem Kapital bei Fälligkeit ausbezahlt. Die Quellensteuer ist meist ausschlaggebend, welcher der beiden Typen die bessere Wahl ist. Typ B sollte wählen, wer die Zinsbelastung aufschieben will.

Die Sperrfrist beträgt ein Jahr. Das Kapital in Bundesschatzbriefen ist nach dem ersten Jahr immer verfügbar. Allerdings dürfen innerhalb von 30 Zinstagen nur 10 000 DM eingelöst werden.

Bundesanleihen sind festverzinsliche Wertpapiere, sie laufen meist über einen Zeitraum von 10 Jahren und sind gedacht für die langfristige Anlage. Der Zins richtet sich nach der aktuellen Marktentwicklung und wird jährlich ausbezahlt. Über die Börse kann jederzeit verkauft und damit über das Geld verfügt werden.

Pfandbriefe sind festverzinsliche Wertpapiere. Sie werden an der Börse gehandelt. Dort stellt man den jeweiligen Kurswert fest. Dieser schwankt aufgrund von Angebot und Nachfrage sowie der Zinsentwicklung. Die Zinsen eines Pfandbriefes sind für die gesamte Laufzeit festgelegt. Pfandbriefe eignen sich als Einmalanlage eines größeren Betrages und zwar mit einem langfristigen Anlagezeitraum. Der Mindestbetrag sind 100 DM. Die Rendite ist vergleichbar mit der von Bundesanleihen.

6.4 Die Immobilie

Die beste Altersversorgung bleibt die selbst bewohnte Immobilie. Wohneigentum, das selbst genutzt wird, bietet eine Fülle von Vorteilen. Neben der Mieterspamis und der Anlage in Sachwerte ist dies insbesondere eine geringe bis keine Mietbelastung im Alter. Die Ersparnis der Mietkosten ist der Ertrag. Miete und Mietnebenkosten machen einen nicht unerheblichen Teil der monatlichen Belastungen aus. Für viele ältere Menschen stellen

Mietbelastung und Angst vor Mieterhöhungen im hohen Alter ein erhebliches Problem dar.

Der private Besitzer kann nicht nur mietfrei im eigenen Haus oder Wohnung leben, sondern auch den eigentlichen Wert der Immobilie nutzen: Er kann sie mit einem Darlehen beleihen.

Wohneigentum wird in der Regel über Hypothekendarlehen finanziert. Erforderlich ist meist ein **Eigenkapital** von 25 %. Dies ist sozusagen die Sicherheit für den Kreditgeber. Es erscheint sinnvoll, frühzeitig einen Bausparvertrag abzuschließen, möglichst in jungen Jahren.

Der Staat unterstützt das Bausparen. Eine **Bausparprämie** wird gewährt, wenn das zu versteuernde Einkommen des Sparjahrs 50 000 DM bei Alleinstehenden bzw. 100 000 DM bei Ehegatten nicht übersteigt. Die Prämie beträgt 10 % des jährlich eingezahlten Kapitals. Der Höchstbetrag beträgt 1000 DM für Alleinstehende bzw. 2000 DM für Ehegatten. Die Bausparprämie beträgt also jährlich höchstens **100 DM** für Alleinstehende bzw. **200 DM** für Ehegatten. Anspruch auf Bausparprämie besteht ab dem **16. Lebensjahr.**

Zinsen aus Bausparverträgen sind von der Quellensteuer befreit, wenn der Zinssatz nicht mehr als 1 % beträgt. Keine Versteuerung erfolgt bei **Bausparverträgen,** wenn der Bausparer für das gleiche Jahr oder das Jahr zuvor Anspruch auf Arbeitnehmersparzulage hatte.

Eine **Arbeitnehmersparzulage** erhält ein Alleinstehender, wenn er nicht mehr als 35 000 DM im Jahr verdient, oder ein Verheirateter, dessen Verdienst 70 000 DM nicht übersteigt, und zwar in Höhe von **94 DM.** Der Höchstsatz von 936 DM (davon 10 %) gilt seit 1999 nur noch für Einzahlungen auf Bausparverträgen und Entschuldung von Wohnungseigentum.

Auf die Sparphase folgt die Zuteilung und das Warten darauf. Hat der Bausparer etwa 40 bis 50 % der vereinbarten Bausparsumme angespart, so erfolgt die Zuteilung. Die Auszahlung erfolgt aber meist erst nach 7 bis 10 Jahren. Die ungewisse Wartezeit macht die Planung des richtigen Kaufzeitpunktes schwierig. Erst wenn die Zielbewertungszahl erreicht ist, zahlt die Bausparkasse den gesamten Wohnungsbaukredit. Die Bewertungszahl errechnet die Bausparkasse aus Sparsumme und Spardauer. Die Bausparer mit der höchsten Bewertungszahl haben jeweils als erste Anspruch auf Zuteilung der Bausparsumme.

Die Darlehenszinsen liegen 2 % über dem Sparzins. Die Tilgung orientiert sich an der Zeitspanne der Einzahlung. Die Tilgungsraten betragen zwischen 5 und 8 ‰ der Bausparsumme im Monat.

Ein Bausparvertrag ist grundsätzlich dafür geeignet, zu einem späteren

Zeitpunkt zinsgünstig umzufinanzieren. Der Bausparvertrag kann auch mit einer Lebensversicherung kombiniert werden. Diese Verträge, die von der Bausparkasse direkt durchgeführt werden, sind im Vergleich zu sonstigen Lebensversicherungen äußerst günstig und sichern das Wohneigentum z. B. im Todesfalle ab.

Das Kaufen oder Bauen einer selbst genutzten Wohnung wird **staatlich gefördert**. Jeder Steuerzahler darf die Förderung einmal in seinem Leben in Anspruch nehmen, Ehegatten zweimal, jedoch nicht gleichzeitig und nicht für dasselbe Objekt. Die **Eigenheimzulage** kann nur im Jahr der Fertigstellung oder Anschaffung und in den folgenden 7 Kalenderjahren in Anspruch genommen werden. Der Gesamtbetrag der Einkünfte (Einnahmen abzüglich Werbungskosten) darf im ersten Jahr des Förderzeitraumes zuzüglich der Einkünfte des vorangegangenen Jahres 240 000 DM bei Alleinstehenden und 480 000 DM bei Eheleuten nicht übersteigen. Überschreitet das Einkommen die Grenze in einem späteren Jahr des Förderzeitraums, hat das keinen Einfluss auf die festgesetzte Eigenheimzulage.

Der Grundbetrag der Förderung beträgt bei Neubauten jährlich 5 % der Bemessungsgrundlage, höchstens **5000 DM**. Neben diesem Grundbetrag wird für jedes Kind, für das Kindergeld gezahlt wird, **1500 DM** vom Finanzamt gezahlt. Die Förderung gilt nur für einen Zeitraum von **8 Jahren**. Bei **Altbauten** beträgt der Grundbetrag jährlich 2,5 % der Bemessungsgrundlage, höchstens **2500 DM**. Für jedes Kind erhöht sie sich um **1500 DM**.

Wer die Einkommensgrenzen für die Eigenheimförderung überschreitet, kann lediglich Kosten für eine Modernisierung geltend machen. Für Renovierungskosten vor dem Einzug können bis zu 22 500 DM abgesetzt werden. Dies sind die Kosten für Erwerb, wie Grunderwerbssteuer, Maklergebühren oder Baufachliteratur, oder für Aufwendungen, um die Immobilie bewohnbar zu machen, beispielsweise Material- oder Lohnkosten. Dies gilt letztmals, wenn vor dem 1. 1. 1999 mit der Herstellung des Objekts begonnen wurde oder bei Anschaffung, wenn der Vertrag vor dem 1. 1. 1999 rechtswirksam geschlossen wurde.

Der Erwerb von Wohneigentum ist grundsätzlich eine Geldanlage. Der Ertrag besteht aus der Mietersparnis am Ende des Finanzierungszeitraumes und der möglichen Wertsteigerung des Objekts. Steuerliche Belastungen entstehen nicht.

Unter dem Gesichtspunkt der Kapitalanlage können auch **vermietete Wohnungen** interessant sein. Die Geldanlage bietet als Ertrag Miete und Steuervorteile. Grundsätzlich sind dabei zwei Aspekte entscheidend: Diese Anlageform ist vor allem für besser Verdienende interessant. Denn je höher die Steuerbelastung, desto größer die Steuerersparnis. Wer eine deutlich geringere Steuerbelastung als 50 % im Monat zu tragen hat, sollte sich die Investition einer vermieteten Immobilie gut überlegen. Zudem muss die Miete marktgerecht und langfristig erzielbar sein. Zu bedenken ist, dass die Mieten nicht mehr steigen. Nur der Inflationsausgleich lässt sich auf eine Bestandsmiete aufschlagen.

Nach dem Wegfall der Steuerersparnis kann sich eine anfangs vorteilhafte Investition mittel- und langfristig zu einem Verlustgeschäft entwickeln. Selbst Mietgarantien sind keine Gewähr. Es ist sehr genau zu prüfen, ob die Darstellung der zu finanzierenden Kosten realistisch ist.

Im Immobilienbereich sind die »**Nebenkosten**« bei laufender Bewirtschaftung als auch bei An- und Verkauf zu beachten. In der Ankaufsphase sind dies z. B. die Grunderwerbssteuer und Notargebühren, Maklerkosten, Kosten für eine Zwischenfinanzierung. Im Verkaufs- oder Vererbungsfalle sind dies z. B. Maklerhonorare, Versteuerung von Wertzuwächsen. Bei der laufenden Bewirtschaftung vermieteter Objekte sind dies die Kosten z. B. für die Verwaltung, Instandhaltung und öffentliche Abgaben, Leerstände oder Umbaumaßnahmen. Käufer vermieteter Gebrauchtimmobilien können jährlich nur 2 % der auf den Gebäudeanteil fallenden Anschaffungskosten steuerlich abschreiben. Nicht steuerlich absetzbar ist das Grundstück. Damit sinkt der Abschreibungsanteil auf durchschnittlich 1,6 % der Anschaffungskosten.

Steuerlich berücksichtigt werden auch Instandhaltungs- und Werbungskosten. Instandhaltungskosten sind Kosten für kleinere Reparaturen und Instandhaltungen. Größerer Erhaltungsaufwand ist seit 1999 nicht mehr auf 2 bis 5 Jahre verteilbar, sondern es erfolgt der volle Abzug im Jahr der Zahlung. Werbungskosten sind Fahrten zum vermieteten Objekt, Telefongebühren und sonstige Verwaltungskosten. Ein Werbungskosten-Pauschbetrag (42 DM pro Quadratmeter) war bis 31. 12. 1998 möglich.

Das wichtigste Kriterium beim Erwerb einer nicht selbst genutzten Immobilie ist die Lage (wie z. B. Verkehrsanbindung, Umfeldnutzung). Bei Versteigerungen sind oft sehr günstig gebrauchte Immobilien zu erwerben.

6.5 Die Aktie

Sie ist die bisher erfolgreichste Anlageform. Aktien waren in der Vergangenheit die einzige Anlage, mit der die Substanz nicht nur erhalten, sondern vermehrt werden konnte. Aktien unterliegen starken Kursschwankungen. Sie empfiehlt sich nicht für eine kurzfristige Anlage. Je länger der Anlagezeitraum, desto geringer das Risiko. Aktien sind zwar jederzeit verkäuflich, doch der Wert ist stark veränderbar. Sie eignen sich nicht für Rücklagen, über die zu einem bestimmten Zeitpunkt verfügt werden muss.

Die Aktie ist ein Anteilspapier an einem Unternehmen und somit ein Sachwert. Sie hat einen Nennwert, entweder von 50 oder 5 DM. Dies ist nicht der tatsächliche Wert des Papiers. Gehandelt werden Aktien zu weitaus höheren Kurswerten. Für das eingesetzte Kapital, dem Nennwert, erhält der Aktionär eine Dividende. Die Höhe dieser Rendite ist abhängig vom Unternehmenserfolg. Die Zahlung der Dividende kann ausfallen und der Wert der Aktie kann bei Misserfolg des Unternehmens sinken.

Kursgewinne sind nach einer Spekulationsfrist von 6 Monaten (ab 2000: 12 Monate) steuerfrei. Die Dividendenzahlung wird wie Zinserträge versteuert. Sie wird bis zum Zinsfreibetrag sofort ausbezahlt.

Da die Kursentwicklung sehr schwankend ist, eignen sich Aktien nur für eine langfristige Anlage. Die Anlage in Aktien erfordert regelmäßig reges Interesse für wirtschaftliche Entwicklungen und der von Unternehmen. Wird in Aktienfonds investiert, so übernimmt diese Aufgabe das jeweilige Institut.

Interessant sind auch Zusammenschlüsse von Privatpersonen. Das Aktienpaket wird gemeinsam verwaltet und beraten, welche Werte gekauft und welche abgestoßen werden sollen. Persönliche Kontakte und Einbringung von Wissen werden miteinander verknüpft.

Die wichtigsten deutschen Börsenwerte sind die Grundlage für die Berechnung des DAX, des Deutschen Aktien-Index. Namhafte, alteingesessene oder äußerst erfolgreiche deutsche Konzerne bilden mit ihren Aktienkursen die 30 Standardwerte, die im DAX abgezeichnet werden. **Standardwerte** unterliegen dem allgemeinen Marktrisiko, sind aber zumindest gegen Totalverlust abgesichert. Sie eignen sich am besten, wenn Aktien zur Altersvorsorge für längere Zeit ins Depot gelegt werden sollen.

Spezialwerte sind Aktien aus besonderen Branchen und etwas riskanter. Der Kurs ist stark konjunkturabhängig. Beim Einstieg kommt es auf den richtigen Zeitpunkt an.

Nebenwerte sind Aktien aus kleineren Unternehmen und Newcomer. Der Umsatz an der Börse ist meist gering. Wegen der Marktenge ist allerdings Vorsicht geboten.

Neuemissionen sind Aktien von Unternehmen, die bisher nicht an der Börse waren (z. B. Deutsche Telekom). Die Neuemission wird von einer Bankengruppe (Konsortium) durchgeführt. Der Kaufpreis der Aktie entspricht der Ertragssituation des Unternehmens.

Für Aktientransaktionen müssen Kosten berücksichtigt werden. Das Kreditinstitut will für die Abwicklung Provision. Die Kosten für An- und Verkauf von Wertpapieren an der Börse betragen meist pro Auftrag 1 % vom Kurswert. Bei kleinen Aufträgen wird eine Mindestgebühr zwischen 20 und 50 Mark berechnet. Auch das Aufbewahren im Depot kostet. Als Grundpreis berechnen die Banken üblicherweise jährlich etwa 1‰ des Kurswertes der Aktien.

Aktienfonds haben gewisse Vorteile gegenüber der Direktanlage wegen der Risikostreuung. Sie werden von Kapitalanlagegesellschaften angeboten. Die Anlageschwerpunkte sind im Prospekt dargelegt.

Anleger kaufen mit einer einmaligen Summe oder mit regelmäßigen Sparraten eine bestimmte Anzahl von Fondsanteilen (Investmentzertifikaten). Anteile sind mit 150 oder 200 DM relativ klein. Beim Fondsvergleich ist die Wertentwicklung zu beachten. Diese Renditen resultieren aus der Entwicklung in der Vergangenheit, Prognosen lassen sich deshalb nicht ableiten.

Es werden offene und geschlossene Fonds unterschieden. Bei offenen Fonds können die Gesellschaften ständig neue Anteile ausgeben, aber auch wieder zurückkaufen. Geschlossene Fonds sind in Deutschland nicht erlaubt. Die Investmentgesellschaft verlangt eine Zugangsgebühr, mit Ausgabeaufschlägen von 4 bis 8 %. Bei einer Investition von 1000 DM und einem 5%igen Ausgabeaufschlag werden nur 950 DM angelegt. 50 DM beträgt die Gebühr. Zusätzlich werden Verwaltungsgebühren erhoben, und zwar bis zu 1 % des Fondswertes im Jahr. Die genauen Kosten sind in den Verkaufsprospekten aufgelistet.

7. Der Versorgungsausgleich bei Scheidung

Am 1. Juli 1977 ist das erste Gesetz zur Reform des Ehe- und Familienrechts in Kraft getreten. Die Scheidungsfolgen wurden weitgehend neu gestaltet und um den Versorgungsausgleich ergänzt. Grundidee des Versorgungsausgleichs ist es, die während der Ehe erworbenen Versorgungsrechte gleichmäßig zu verteilen. Was die Ehegatten während der Ehezeit an Anwartschaften für ihre Altersversorgung erwerben, soll geteilt werden. Die während der Ehezeit von beiden Eheleuten erworbenen Versorgungsanwartschaften (Renten, betriebliche Altersversorgung usw.) werden gegenübergestellt und die Hälfte des Wertunterschieds ausgeglichen. Der Versorgungsausgleich gilt für alle Ehen, die nach dem 30. Juni 1977 geschieden wurden. In den **neuen Bundesländern** findet ein Versorgungsausgleich nur für Ehen statt, die nach dem 31. Dezember 1991 geschieden wurden.

Vom Versorgungsausgleich werden erfasst:
- Gesetzliche Rentenversicherung
- Beamtenversorgung
- Zusatzversorgung
- Berufsständische Versorgungen
- Betriebliche Altersversorgung
- Private Rentenversicherung
- Altershilfe für Landwirte
- Höherversicherung
- Auslandsrenten (nur bedingt)

Nicht einbezogen werden insbesondere Leistungen mit Entschädigungscharakter:
- Renten aus der gesetzlichen Unfallversicherung
- Renten nach dem Bundesversorgungsgesetz, -entschädigungsgesetz
- Schadenersatzrenten
- Leistungen der Kindererziehung an Mütter der Geburtsjahrgänge vor 1921

7.1 Versorgungsausgleich in der gesetzlichen Rentenversicherung

Ausgeglichen werden alle in der Ehezeit erworbenen Rentenanwartschaften. Dies gilt sowohl für Beitragszeiten als auch für Berücksichtigungszeiten, Ersatzzeiten, Anrechnungszeiten und Kindererziehungszeiten. Es sind auch die Vorschriften über Mindestentgeltpunkte (z. B. Rente nach Mindesteinkommen) anzuwenden.

Der Versorgungsausgleich ist dem Prinzip des »Zugewinnausgleichs« in der Ehezeit nachgebildet. Alle in der Ehezeit entrichteten Beiträge, auch freiwillige Beiträge für Zeiträume, die außerhalb der Ehe liegen (z. B. Nachentrichtung von Beiträgen wegen Heiratserstattung), fallen in den Zugewinnausgleich.

Die von den Eheleuten während der Ehezeit erworbenen Rentenanwartschaften werden gegenübergestellt und in Höhe der Hälfte des Wertunterschieds ausgeglichen, d. h. auf das Rentenkonto des Ehegatten umgebucht, der die geringeren Rentenanwartschaften hat.

7.1.1 Ermitteln des Zugewinns

In einem ersten Rechenschritt wird der auf die Ehezeit entfallende Monatsbetrag der Rente ermittelt. Dies erfolgt nach der üblichen Rentenformel. Beginn der fiktiven Vollrente wegen Alters ist das Ende der Ehezeit. Der Beginn der Ehezeit ist der Beginn des Monats, in dem die Ehe geschlossen wurde, Ende der Ehezeit ist das Monatsende vor Eingang der Scheidungsklage.

Beispiel:

Heirat am	Beginn der Ehezeit
14. April 1978	1. April 1978
Eingang der Scheidungsklage	Ende der Ehezeit
2. Juli 1993	30. Juni 1993

In diesem exemplarischen Beispiel entfielen auf die Ehezeit 183 Monate (15 Jahre, 3 Monate). Innerhalb dieses Zeitraums wurden folgende Rentenanwartschaften erworben:

Ehemann	Ehefrau
18 Entgeltpunkte	10 Entgeltpunkte

Die Summe der auf die Ehezeit entfallenden Entgeltpunkte wird mit dem aktuellen Rentenwert am Ende der Ehezeit multipliziert. Obwohl die fiktive Rentenberechnung zum 1. Juli 1993 erfolgt und ab Juli 1993 ein aktueller Rentenwert von 44,49 DM gilt, wird der Wert des Monats Juni herangezogen, da es auf den Wert der Anwartschaft zum Ende der Ehezeit ankommt.

	Entgeltpunkte	aktueller Rentenwert	Monatsrente
Ehemann	18	42,63 DM	767,34 DM
Ehefrau	10	42,63 DM	426,30 DM

Der Wertunterschied beträgt:

	767,34 DM	abzüglich 426,30 DM	341,04 DM
die Hälfte des Wertunterschieds			170,52 DM
auszugleichen ist der halbe Wertunterschied			170,52 DM

	Monatsrente vor Versorgungsausgleich	abzüglich/ zuzüglich	Monatsrente nach Versorgungsausgleich
Ehemann	767,34 DM	– 170,52 DM	596,82 DM
Ehefrau	426,30 DM	+ 170,52 DM	596,82 DM

Die übertragenen dynamischen Anwartschaften werden in Entgeltpunkte, d. h. in unveränderliche Werte umgerechnet. Der Monatsbetrag der übertragenen Rente wird durch den aktuellen Rentenwert (s. Tabelle 11) mit dem Wert zum Ehezeitende geteilt. Diese Entgeltpunkte sind als Zu- oder Abschlag im Konto der Ehegatten zu verbuchen.

170,52 DM : 42,63 DM = 4 Entgeltpunkte

	Ehemann	Ehefrau
Entgeltpunkte vor der Ehe	10	8
Entgeltpunkte während der Ehe	18	10

	Ehemann	Ehefrau
abzüglich/zuzüglich	– 4	+ 4
Summe	24	22

Durch das Rentensplitting werden nicht nur Rentenwerte (Entgeltpunkte) übertragen, sondern auch Rentenzeiten. Diese zusätzlichen Rentenzeiten sind für die Wartezeit bedeutsam. Die zusätzliche Wartezeit wird wie folgt ermittelt:

übertragene Entgeltpunkte	geteilt durch 0,0625*	zusätzliche Wartezeit
4		64 Monate

* 0,0625 EP entsprechen 0,75 EP für ein Jahr (0,0625 mal 12)

Die insgesamt in der Ehezeit zurückgelegte Zeit darf aber zusammen mit eigener Versicherungszeit nicht überschritten werden!

7.2 Versorgungsausgleich in der betrieblichen Altersversorgung

Die Formen der betrieblichen Altersversorgung sind sehr unterschiedlich. Die Anwartschaften variieren zwischen konstanten DM-/Euro-Beträgen je Beschäftigungsjahr (in vielen Fällen verbunden mit einem Grundbetrag), über Prozentsätze je Beschäftigungsjahr (bezogen auf ein rentennahes Durchschnittseinkommen) bis hin zu Gesamtversorgungssystemen. Auch die Rechtsgrundlage kann auf unterschiedlichsten Regelungen beruhen, einem Einzelvertrag, einer Ruhegeldordnung, einer Betriebsvereinbarung oder einem Tarifvertrag.

In den Versorgungsausgleich einbezogen werden nur Anwartschaften, die unverfallbar sind. Unverfallbar sind Betriebsrenten dann, wenn die Versorgungszusage mindestens 10 Jahre bestanden hat oder der Beginn der Betriebszugehörigkeit mindestens 12 Jahre zurückliegt und die Versorgungszusage mindestens 3 Jahre bestanden hat und wenn der Arbeitnehmer bei Beendigung des Arbeitsverhältnisses das 35. Lebensjahr vollendet hat. Maßgebend für die Feststellung der Unverfallbarkeit ist nicht das Eheende, sondern der Zeitpunkt der Tatsachenentscheidung des Familiengerichts.

Noch verfallbare Anwartschaften auf eine betriebliche Altersversorgung können **schuldrechtlich** ausgeglichen werden. Dies ist erst dann möglich, wenn der Rentenfall eingetreten ist.

Versorgungsausgleich bei Scheidung

Hinweis:
Der Ausgleichsberechtigte kann beim Amtsgericht (Familiengericht) beantragen, den Versorgungsausgleich unter Berücksichtigung des konkret erworbenen Anspruches der Ausgleichsberechtigten neu zu berechnen.

Ist ein Arbeitnehmer zum Zeitpunkt der Scheidung bereits aus dem Betrieb ausgeschieden, so steht die konkrete Höhe seiner unverfallbaren Ansprüche fest. Der Versorgungsausgleich bezieht sich auf den Teil der Ansprüche, der auf die Ehezeit entfällt. Gehört ein Arbeitnehmer dem Betrieb noch an, so muss der »zukünftige« Anspruch fiktiv ermittelt werden. Die Berechnung erfolgt in mehreren Schritten.

1. Berechnung der vollen Versorgung

Es wird unterstellt, dass der Arbeitnehmer dem Betrieb noch bis zur Altersgrenze (regelmäßig das 65. Lebensjahr) angehören wird. Die volle Versorgung, die er in diesem Fall erreichen würde, ist für die Bemessung des Versorgungsausgleichs maßgebend.

Beispiel: Anwartschaft mit konstanten DM-Beträgen

Anspruch bis Ehezeitende	Anspruch vom Ehezeitende bis zum 65. Lebensjahr	Summe insgesamt
15 × 10 DM	20 × 10 DM	350 DM

Steigt der Prozentsatz einer gehaltsbezogenen Versorgungszusage mit der Zahl der Jahre der Betriebszugehörigkeit, so geht die Berechnung vom höchsten erreichbaren Prozentsatz aus. Er wird auf das Gehalt zum Ende der Ehezeit angerechnet, wodurch sich der fiktive Versorgungsbetrag ergibt, der dem Versorgungsausgleich zugrunde gelegt wird. Zukünftige Änderungen (z. B. Höhergruppierung) werden nicht berücksichtigt.

Beispiel: Anwartschaft mit steigendem Prozentsatz; pro Jahr 0,7 %; bei einem erreichbaren höchsten Prozentsatz von 21 %

Anspruch bis Ehezeitende	Anspruch vom Ehezeitende bis zum 65. Lebensjahr	Summe insgesamt
15 × 0,7	20 × 0,7	24,5 Prozent*

* Da die Summe über dem Höchstsatz liegt, wird sie auf 21 % reduziert

Anrechnung:
4000 DM   davon 21 % = 840 DM

2. *Berechnung des auf die Ehezeit entfallenden Teils*

Der fiktiv errechnete Versorgungsbetrag wird dann um den Faktor gekürzt, der sich aus dem Verhältnis der Ehezeit zur gesamten möglichen Betriebszugehörigkeit ergibt. Das Ergebnis ist der auf die Ehezeit entfallende Teil der Versorgung.

$$\text{Versorgungsbetrag} \quad \text{mal} \quad \frac{\text{Betriebszugehörigkeit während der Ehe}}{\text{gesamte Betriebszugehörigkeit}} = \text{Anteil für die Ehezeit}$$

Beispiel:

$$840 \text{ DM} \quad \times \quad \frac{10 \text{ Jahre}}{35 \text{ Jahre}} \quad = \quad 240 \text{ DM}$$

Der auf die Ehezeit entfallende Anteil der betrieblichen Altersversorgung beträgt in diesem Beispiel 240 DM. Der zu übertragende Teil der monatlichen Versorgung ist nun unter Berücksichtigung der zu übertragenden Anwartschaften zu ermitteln (s. nachfolgende Berechnungsschritte).

Umrechnung auf eine nicht voll dynamische Anwartschaft. Leistungen der betrieblichen Altersversorgung werden regelmäßig nicht voll dynamisiert. Nach dem Betriebsrentengesetz besteht lediglich die Verpflichtung, jeweils nach 3 Jahren zu prüfen, ob eine Anpassung vorzunehmen ist. Um die Anrechte qualitativ vergleichbar zu machen, ist eine Umrechnung der Anwartschaft vorzunehmen. Der auf die Ehezeit entfallende Teil der Versorgung wird in Anwartschaften in der gesetzlichen Rentenversicherung umgerechnet. Hierzu wird der Barwert der Versorgung zum Ende der Ehezeit ermittelt.

In einem ersten Rechenschritt wird die errechnete Teilversorgung in einen Jahreswert umgerechnet (240 DM × 12 = 2880 DM). Dieser Jahreswert wird mit einem Faktor multipliziert, den die Barwertverordnung bereit hält und der sich am Lebensalter des Ausgleichspflichtigen zum Ende der Ehezeit orientiert. Bei einem Lebensalter 40 und einer nicht volldynamischen Anwartschaft beträgt dieser 1,7 (s. Tabelle 18).

Jahreswert	Umrechnungsfaktor	Barwert
2280 DM	1,7	4896 DM

Ein gezahlter Beitrag in Höhe von 4896 DM und einem Beitragssatz von 17,5 % entspricht einem erzielten Jahresentgelt von 27977,14 DM (4896 : 17,7 mal 100). Entsprechend der Methode zur Ermittlung von Entgeltpunkten wird dieses Jahreseinkommen mit dem Durchschnittsentgelt aller Versicherten verglichen. Für 1993 ergibt dies folgende Entgeltpunkte:

27977,14 DM	:	49663 DM	=	0,5633 Entgeltpunkte

Die hier verwendete, gedanklich nachvollziehbare »Formel« gilt seit 1992 nicht mehr. Die Entgeltpunkte werden nun – ausgehend vom Barwert – mittels Faktoren direkt ermittelt. Das Ergebnis ist identisch.

Barwert		Faktor 1993*		Entgeltpunkte
4896 DM	mal	0,0001150612	=	0,5630

* Umrechnungsfaktor von Barwerten 1993

Umrechnung in eine volldynamische Versorgung

Entgeltpunkte werden in eine volldynamische Versorgung umgerechnet, indem sie mit dem im Zeitpunkt des Eheendes maßgebenden aktuellen Rentenwertes vervielfältigt werden.

0,5630 EP	mal	42,63 DM	=	24,00 DM

Dieser Betrag ist in den Versorgungsausgleich mit einzubeziehen, also ebenso auszugleichen wie während der Ehezeit erworbene Versorgungsansprüche.

7.3 Versorgungsausgleich in der Beamtenversorgung

Im Rahmen des Versorgungsausgleichs sind auch Versorgungsansprüche und Versorgungsanwartschaften der Beamten auszugleichen. Auch hier gilt, dass nur der Anteil auszugleichen ist, der auf die Ehedauer entfällt. Es werden die ruhegehaltfähigen Dienstbezüge aus dem Monat vor dem Eingang der Scheidungsklage herangezogen. Als Familienzuschlag gilt die Stufe 1 (ledig); gleichfalls werden Zuschläge, die aufgrund der Ehe gewährt werden (Kindergeldzuschläge) nicht berücksichtigt. Als Altersgrenze gilt das vollendete 65. Lebensjahr. Die bisher erreichte ruhegehaltfähige Dienstzeit wird fiktiv hochgerechnet bis zum 65. Lebensjahr. Der aus dieser Gesamtdienstzeit resultierende Ruhegehaltssatz ist für den Versorgungsausgleich maßgebend. Dass der höchstmögliche Ruhegehaltssatz bereits nach 35 bzw. 40 Jahren erreichbar ist, spielt bei der Berechnung keine Rolle, d. h., die volle zu erwartende Dienstzeit geht in die Berechnung ein.

7.3.1 Berechnen der erworbenen Anwartschaften

Der auf die Ehezeit entfallende Teil des erworbenen Pensionsanspruchs wird wie folgt berechnet:

Beispiel:
Angenommene Ehezeit von 7 Jahren

		Ehezeit	7	
3 488,24 DM				542,61 DM
		Gesamtdienstzeit	45	

Dieser auf die Ehezeit entfallende Anteil ist in den Versorgungsausgleich einzubeziehen. Hat der Ehegatte während der Ehezeit keine eigenen Versorgungsanwartschaften erworben, so hat er einen Ausgleichsanspruch auf die Hälfte dieses Betrages (271,30 DM).
Bei dem hier angeführten Fall kommt es zu einer Form des Versorgungsausgleichs, der als Quasi-Splitting bezeichnet wird, d. h., die Pensionsanwartschaft des ausgleichspflichtigen Beamten wird gekürzt, der ausgleichsberechtigte Ehegatte wird in der gesetzlichen Rentenversicherung

nachversichert. Hierzu muss der auszugleichende Betrag in Entgeltpunkte umgerechnet werden.

| 271,30 DM | : | 42,63 DM* | = | 6,3641 EP |

* aktueller Rentenwert bis zum 30. 6. 1993

Bei einem Versorgungsausgleich zwischen Beamten wird der Ausgleichsbetrag in unveränderliche Werte umgerechnet, um welche die jeweilige Pensionsanwartschaft gekürzt bzw. erhöht wird. Wenn beide Ehegatten während der Ehezeit eigene Ansprüche (Rente, Beamtenversorgung, Betriebsrente) erworben haben, dann müssen – anders als im vorangegangenen Beispiel – in einem ersten Schritt die Anteile der jeweiligen fiktiven Ansprüche, die auf die Ehezeit entfallen, einander gegenübergestellt werden. Der Ausgleichsanspruch besteht dann in Höhe der Hälfte des Unterschiedsbetrages.

7.3.2 Kürzung der Versorgung

Der auszugleichende Wertunterschied (Kürzungsbetrag) wird entsprechend der zwischenzeitlich erfolgten Anpassungen der Beamtenversorgung erhöht. Der sich ergebende und fortgeschriebene (erhöhte) Wert mindert die zum Eintritt des Versorgungsfalles errechnete konkrete Versorgung.

7.4 Versorgungsausgleich in der Zusatzversorgung

Das Familiengericht kann nur unverfallbare Ansprüche übertragen. Die Satzungen der Versorgungsanstalten kannten bis Ende 2000 folgende unverfallbare Ansprüche:
- eine Versicherungsrente aufgrund fiktiver Beiträge,
- eine Versicherungsrente in der Qualität eines so genannten Endgehaltsplans (Betriebsrente), d. h. 0,4 % je 12 Umlagemonate des letzten Gehaltes.

Mit Wirkung vom 1. 1. 2001 wurde das Betriebsrentengesetz geändert. Unverfallbar ist nun nicht mehr die 0,4 % Betriebsrente, sondern eine anteilige Versorgungsrente.

Der Anspruch auf die Gesamtversorgung entfällt bei Ausscheiden aus dem öffentlichen Dienst vor Rentenbeginn seit dem 1. 1. 2002 nicht mehr. Es besteht nun ein unverfallbarer Anspruch auf eine anteilige Versorgungsrente
Dieser anteilige Anspruch wird wie folgt ermittelt:
In einem pauschalen Verfahren wird eine Vollleistung auf der Grundlage des höchstmöglichen Versorgungsprozentsatzes (91,75 %) ermittelt. Hiervon wird eine im Annäherungsverfahren ermittelte gesetzliche Rente abgezogen. Von dieser Differenz, der Versorgungsrente, erhält der ausgeschiedene Versicherte pro Jahr der Versicherung 2,25 %.

Beispiel:
Nettoarbeitsentgelt 2800 DM; 20 Versicherungsjahre
2800 DM Nettoarbeitsentgelt
 (zum Zeitpunkt des Ausscheidens ermittelt)
2569 DM (91,75 %)
2000 DM gesetzliche Rente
 569 DM Versorgungsrente
 128 DM anteilige Versorgungsrente (10 × 2,25 %)

Mit der Änderung des Betriebsrentengesetz ist der Anspruch auf die in Kapitel 4.3.2 beschriebene Versicherungsrente für vor dem Rentenbeginn ausgeschiedene Versicherte entfallen. Es besteht für diesen Personenkreis grundsätzlich nur ein anteiliger Anspruch auf eine Versorgungsrente.
Bei Drucklegung war noch nicht entschieden, wie und welche Ansprüche als unverfallbare Ansprüche dem Familiengericht zu melden sind. Es wird deshalb der Rechengang dargelegt, wie er bisher zugrunde gelegt wurde.

7.4.1 Ermittlung der Versicherungsrente aufgrund von (fiktiven) Beiträgen

Diese Versicherungsrente kann mit ihrem konkreten Wert unmittelbar errechnet werden. Die während der Ehezeit erzielten zusatzversorgungspflichtigen Entgelte werden mit dem Faktor 0,0003125 multipliziert.

640 000 DM	mal	0,0003125	=	200 DM

Diese Anwartschaft kommt regelmäßig nur dann zum Tragen, wenn weniger als 10 Umlagejahre erreicht wurden und das Ehezeitende (Entscheidung des Gerichts) vor dem 35. Lebensjahr beendet wurde. Die zweite Form einer Versicherungsrente ist regelmäßig erheblich höher.

7.4.2 Ermittlung der Versicherungsrente nach dem Betriebsrentengesetz

Nach § 18 BetrAVG alter Fassung (bzw. § 44a VBL-S) wird ein Anspruch von 0,4 % je 12 Umlagemonate erworben, wenn das 35. Lebensjahr vollendet ist und beim selben Arbeitgeber eine Beschäftigungszeit von mindestens 10 Jahren erreicht wurde. Grundlage dieser Prozentsätze ist das zusatzversorgungspflichtige Entgelt zum Ende der Beschäftigung bzw. vor Rentenbeginn.

7.4.3 Berechnen der erworbenen Anwartschaft

Ist der Arbeitnehmer zum Zeitpunkt der Scheidung bereits aus dem Betrieb ausgeschieden, so steht die konkrete Höhe seiner unverfallbaren Ansprüche fest. Diese werden entsprechend der auf die Ehezeit entfallenden Zeit ausgeglichen. Gehört der Arbeitnehmer dem Betrieb noch an, so muss der »zukünftige« Anspruch fiktiv ermittelt werden. Die Berechnung erfolgt in mehreren Schritten.

Berechnung der vollen Versorgung. Es wird unterstellt, dass der Arbeitnehmer dem Betrieb noch bis zur Altersgrenze (regelmäßig das 65. Lebensjahr) angehören wird. Die bis zu diesem Zeitpunkt erreichbare »volle Versorgung« ist für die Bemessung des Versorgungsausgleichs maßgebend.

Anspruch bis zum Ehezeitende	Anspruch vom Ehezeitende bis zum 65. Lebensjahr	Summe
15 mal 0,4 v. H.	20 mal 0,4 v. H.	14 v. H.

Dieser Prozentsatz wird auf das Gehalt am Ehezeitende angerechnet. Die fiktive volle Versorgung beträgt:

| 4000 DM | davon 14 % | ergibt | 560 DM |

Die fiktive Versorgung wird im Verhältnis der Ehezeit zur gesamten »möglichen« Betriebszugehörigkeit geteilt. Das Ergebnis ist der auf die Ehezeit entfallende Teil der Versorgung.

Beispiel:

560 DM × 10 Jahre / 35 Jahre = 160 DM

Der auf die Ehezeit entfallende Anteil beträgt in diesem Beispiel 160 DM. Durch Umrechnung auf eine dynamische Anwartschaft werden 21,65 DM in den Versorgungsausgleich einbezogen. Der zu übertragende hälftige Wertunterschied ist unter Berücksichtigung der zu übertragenden Anwartschaft insgesamt zu ermitteln.

7.4.4 Ermittlung einer dynamischen Anwartschaft

Die Versicherungsrente der VBL wird nicht dynamisiert. Um die Anrechte qualitativ mit der dynamischen gesetzlichen Rente vergleichbar zu machen, ist eine Umrechnung der Anwartschaft vorzunehmen. Der auf die Ehezeit entfallende Teil der Versorgung wird in Anwartschaften in der gesetzlichen Rentenversicherung umgerechnet. Hierzu wird der Barwert der Versorgung zum Ende der Ehezeit ermittelt. In einem ersten Rechenschritt wird die errechnete Teilversorgung in einen Jahreswert umgerechnet (160 DM × 12 = 1920 DM). Aus der Tabelle der Barwert-Verordnung wird ein Vervielfältiger entnommen. Dieser orientiert sich am Lebensalter des Ausgleichspflichtigen zum Ende der Ehezeit. Bei einem Lebensalter 40 und einer nicht volldynamischen Anwartschaft auf eine lebenslange Versorgung wegen Alters und Berufs- oder Erwerbsunfähigkeit beträgt dieser 2,3 (s. Tabelle 18).

Das auszugleichende Altersruhegeld ist der Betrag, der sich ergäbe, wenn dieser Barwert (4416 DM) am Ende der Ehezeit als Beitrag in der gesetz-

Versorgungsausgleich bei Scheidung

lichen Rentenversicherung entrichtet worden wäre. Ein gezahlter Beitrag in Höhe von 4416 DM bei einem geltenden Beitragssatz von 17,5 % entspricht einem erzielten Jahresentgelt von 25 234,29 DM (4416 : 17,5 mal 100). Entsprechend der Methode zur Ermittlung von Entgeltpunkten wird dieses Jahreseinkommen mit dem Durchschnittsentgelt aller Versicherten verglichen. Für 1993 ergibt dies folgende Entgeltpunkte:

| 25 234,29 DM | geteilt durch | 49 663 DM | = | 0,5081 EP |

Ab 1992 ist folgende Formel anzuwenden:

Barwert	mal	Faktor 1993*	Entgeltpunkte
4416 DM		0,0001150612	0,5078

* Umrechnungsfaktor von Barwerten

Die Entgeltpunkte werden in eine volldynamische Versorgung umgerechnet, indem sie mit dem im Zeitpunkt des Eheendes maßgebenden aktuellen Rentenwertes vervielfältigt werden.

| 0,50780 | mal | 42,63 | ergibt | 21,65 DM |

Dieser Betrag ist in den Versorgungsausgleich mit einzubeziehen.

7.4.5 Rückrechnung in einen statischen Kürzungsbetrag

Die Hälfte der der Ehezeit zuzurechnenden Anwartschaft ist in den Versorgungsausgleich einzubeziehen. Die Hälfte der Anwartschaft beträgt 10,83 DM (21,65 DM geteilt durch 2). Dieser dynamische Kürzungsbetrag (10,83 DM monatlich) ist in einen statischen Kürzungsbetrag umzurechnen.

Berechnungsschritte

1. Umrechnung in Entgeltpunkte (EP) mit dem aktuellen Rentenwert für 1993 (Ende der Ehezeit)

| 10,83 DM | geteilt durch | 42,63 DM | = | 0,2540 EP |

2. Umrechnung der Entgeltpunkte in einen Barwert mit dem Umrechnungsfaktor für 1993

| 0,2540 EP | geteilt durch | 0,0001150612 | = | 2207,57 DM |

3. Umrechnung des Barwertes in einen Jahresbetrag mit Lebensaltersfaktor (s. Tabelle 18)

| 2207,57 DM | geteilt durch | 2,3 | = | 959,79 DM |

4. Umrechnung in einen Monatsbetrag

| 959,79 DM | geteilt durch | 12 | = | 79,98 DM |

Der monatliche Kürzungsbetrag beträgt 79,98 DM.

7.4.6 Kürzung der Versorgungsrente

Dem Ausgleichsverpflichteten wird der Versorgungsanspruch in der Höhe seiner Ausgleichsverpflichtung gekürzt. Die Versorgungsanstalt stellt zum Zeitpunkt des Beginns einer Versorgungsrente (bzw. Versicherungsrente) den an den Rentenversicherungsträger abzuführenden Versorgungsausgleich fest. Dieser Wert hat sich zwischenzeitlich mittels dynamischem aktuellem Rentenwert erhöht. Dieser aktuelle Wert wird auf die Versorgungsrente (bzw. Versicherungsrente) angerechnet, d. h. diese vermindert. Zukünftige Änderungen der Höhe der Versorgungsrente werden von der VBL in der Form berücksichtigt, indem zum Zeitpunkt der Erstberechnung ein Verhältniswert zwischen Versorgungsausgleich und Versorgungsrente ermittelt wird.

Beispiel:

Versorgungsrente	400 DM
Versorgungsausgleich	100 DM
der Anteil beträgt	25 %

Bei zukünftigen Veränderungen der Höhe des Anspruchs gegenüber der VBL wird die ohne Versorgungsausgleich zustehende VBL-Rente um den DM-Betrag gekürzt, der diesem Verhältniswert entspricht.

Beispiel:

Versorgungsrente (neu)	440 DM
Kürzung (25 v. H. von 440 DM)	110 DM
Versorgungsrente	330 DM

Ist die Versorgungsrente (Differenz zwischen Gesamtversorgung und gesetzlicher Rente) niedriger als die Versicherungsrente, so wird der Verhältniswert zur Versicherungsrente gebildet.

Beispiel:

Persönliche Gesamtversorgung	2500 DM
Gesetzliche Rente	2400 DM
Versorgungsrente	100 DM
Versorgungsausgleich	60 DM
Prozentualer Anteil des höheren Wertes (in diesem Beispiel 60 DM zu 300 DM)	20 v. H.
Versicherungsrente	300 DM
Zahlbetrag der VBL	240 DM

7.4.7 Nachträgliches Quasi-Splitting

Besteht das zusatzversorgungspflichtige Beschäftigungsverhältnis bis zum Rentenbeginn, so kann vom Ausgleichsberechtigten – entsprechend § 10a VAHRG – Antrag auf Änderung der Versorgungsausgleichsentscheidung beim Familiengericht gestellt werden. Die VBL stellt neuerdings diesen Antrag nicht mehr selbst.

7.5 Versorgungsausgleich in der Unfallversicherung

Leistungen mit Entschädigungscharakter werden in den Versorgungsausgleich nicht mit einbezogen. Grundsätzlich erfolgt der Versorgungsausgleich nur über die gesetzliche Rentenversicherung.

Hinweis:
Verletztenrente und gesetzliche Rente werden nicht nebeneinander gewährt. Die Leistung aus der Unfallversicherung mindert den Anspruch aus der gesetzlichen Rentenversicherung. Es verbleibt nur der so genannte immaterielle Teil der Verletztenrente zusätzlich.

7.6 Versorgungsausgleich in der privaten Altersversorgung

Im Falle der Scheidung unterliegen die von einem Ehepartner erworbenen Ansprüche aus einer Lebensversicherung einem Ausgleichsanspruch des anderen Ehegatten. **Kapitallebensversicherungen** unterliegen dem Zugewinnausgleich. Maßgeblich ist hierbei der Rückkaufswert der Versicherung. Dieser liegt aufgrund von Abschlägen oft unter dem wirtschaftlichen Wert der Versicherung. Ist mit einer Fortsetzung des Vertrages zu rechnen, ist vom Zeitwert auszugehen.

Bei **Rentenleistungen** findet ein Versorgungsausgleich statt. Der Anspruch des Ausgleichsberechtigten orientiert sich an den auf die Ehezeit entfallenden Versorgungsrechten.

Sonstiges Vermögen wird im Rahmen des Zugewinnausgleichs übertragen.

8 Die Versorgung der Hinterbliebenen

Der Versicherte ist regelmäßig verpflichtet, seinen Angehörigen Unterhalt zu leisten. Aus dieser Verpflichtung zum Unterhalt ergibt sich indirekt die zu gewährende Hinterbliebenenversorgung. Die Hinterbliebenen haben einen Anspruch aus der Altersversorgung des Verstorbenen, und zwar im Sinne eines Unterhaltsersatzes. Die Versorgung der Hinterbliebenen ist geringer als die, die der Versicherte erhielt oder erhalten hätte. Die Witwen-/Witwerversorgung beträgt zwischen 50 und 60 % der Rente des Verstorbenen. Waisen erhalten 10 bis 12 %, Vollwaisen 20 %. Eigene Einkünfte, die einen Freibetrag übersteigen, mindern den Anspruch. Die Leistungen für Hinterbliebene dürfen insgesamt die Rente bzw. Versorgung des Versicherten nicht übersteigen.

8.1 Die Hinterbliebenenversorgung in der gesetzlichen Rentenversicherung

Nach dem Tode eines Versicherten haben bestimmte Angehörige Anspruch auf Leistungen, die sich aus den Ansprüchen des Versicherten ableiten. Die Hinterbliebenenrenten werden nur auf **Antrag** gewährt.
Folgende Arten an Hinterbliebenenrenten werden unterschieden:
◆ Große Witwen-/Witwerrente,
◆ Kleine Witwen-/Witwerrente,
◆ Hinterbliebenenrente an die geschiedene Ehefrau/an den geschiedenen Ehemann (bei Ehescheidungen vor dem 1.7.1977),
◆ Erziehungsrente an die geschiedene Ehefrau/Ehemann aus eigener Versicherung (bei Ehescheidungen nach 30.6.1977),
◆ Vollwaisenrente,
◆ Halbwaisenrente.

8.1.1 Die Witwen-/Witwerrente

Witwen bzw. Witwer haben nach dem Tod des Ehegatten Anspruch auf Witwen-/Witwerrente.

Ab 2002 ist zu beachten:
Hat die Ehe nicht **mindestens ein Jahr** gedauert, besteht kein Anspruch. Es kann aber die Vermutung widerlegt werden, dass es der alleinige oder überwiegende Zweck der Heirat war, einen Anspruch auf Hinterbliebenenversorgung zu begründen (z. B. Tod durch einen Unfall). Die kleine Witwen-/Witwerrente wird längstens für 2 Jahre gezahlt.

> **Wichtig:**
> Bei einer Wiederverheiratung entfällt die Witwen- oder Witwerrente. Wird auch die nächste Ehe aufgelöst – das kann durch Tod oder Scheidung geschehen –, kann der Anspruch auf die alte Rente erneut aufleben.

Im Hinterbliebenenrecht der gesetzlichen Rentenversicherung gilt seit 1986, dass ein Anspruch sowohl auf Witwenrente als auch auf Witwerrente ohne Unterschied besteht. Bis zum 31.12.1985 bestand nur ein genereller Anspruch auf Witwenrente. Witwer erhielten nur dann eine Hinterbliebenenrente, wenn die Ehefrau den Unterhalt der Familie überwiegend bestritten hatte. Dies musste im letzten wirtschaftlichen Zeitraum vor dem Tode konkret gegeben sein.

Die große Witwen-/Witwerrente beträgt 60 %, die kleine Witwen-/Witwerrente 25 % der Rente des verstorbenen Ehegatten bzw., falls noch keine Rente bezogen wurde, 60 % (bzw. 25 %) der zum Zeitpunkt des Todestages ermittelten Erwerbsunfähigkeitsrente. Dies wird beim Rentenartfaktor (s. auch Kapitel 1.1) berücksichtigt. Der volle Betrag steht Witwen/Witwern nur dann zu, wenn kein eigenes anrechenbares Einkommen vorhanden ist.

Rentenformel große Witwen-/Witwerrente:
Entgeltpunkte mal 0,6 (0,55) mal aktuellem Rentenwert ergibt die Monatsrente.

Rentenformel kleine Witwen-/Witwerrente:
Entgeltpunkte mal 0,25 mal aktuellem Rentenwert ergibt die Monatsrente.

Die »große« Witwen-/Witwerrente wird gewährt, wenn der rentenberechtigte Ehegatte das 45. Lebensjahr vollendet hat oder berufs- oder erwerbsunfähig ist oder mindestens ein waisengeldberechtigtes Kind erzieht oder für ein Kind sorgt, das wegen körperlicher oder geistiger Gebrechen Waisenrente erhält. Sind diese Voraussetzungen nicht erfüllt, bestehen diese besonderen Belastungen also nicht, so besteht ein Anspruch auf die niedrigere, **kleine Witwen-/Witwerrente.**

8.1.1.1 Das neue Recht

Mit der Rentenreform 2001 wurde die Hinterbliebenenversorgung in wesentlichen Punkten verändert. Die Hinterbliebenversorgung wird um 5 Prozentpunkte von bisher 60 % auf 55 % abgesenkt. Im Ausgleich dazu werden Zeiten der Kindererziehung aufgewertet. Für das erste Kind werden 2 Entgeltpunkte, für jedes weitere Kind 1 Entgeltpunkt hinzugerechnet.

Die Anrechnung von eigenen Einkünften während des Bezuges von Hinterbliebenenrenten wird erweitert. Zukünftig wird auch Vermögenseinkommen angerechnet.

Ergebnis dieser Änderungen ist, dass zukünftig kaum eine ins Gewicht fallende Zahlung einer Witwen-/Witwerrente erfolgen wird.

Folgende Änderungen gelten ausschließlich für **nach 2002 neu geschlossene Ehen sowie** für bestehende, in denen beide Partner **nach 1962** geboren sind.

- Die Witwen-/Witwerrente beträgt 55 % der Rente des Verstorbenen.
- Kinder Erziehende erhalten einen Zuschlag in Höhe 1 Entgeltpunktes, für das erste Kind 2 Entgeltpunkte (1 Entgeltpunkt entspricht ab dem 1. Juli 2001 49,51 DM; alte Länder).
- Vermögenseinkommen wird auf die Hinterbliebenenrente angerechnet.

Ziel dieser Regelungen ist es, zum einen alle Einkommensarten heranzuziehen, zum anderen die klassische Hinterbliebenenrente zu mindern und im Gegenzug Zeiten der Kindererziehung stärker zu berücksichtigen. Während der Zeit des so genannten Erziehungsurlaubs erhält derjenige, der das Kind erzieht, für jeden Kalendermonat 0,0505 Entgeltpunkte. Dies ergibt, bezogen auf 36 Kalendermonate, 48,58 DM; alte Länder (36 mal 0,0505 ergibt 1,818 persönliche Entgeltpunkte mal Rentenartfaktor 0,55 ergibt 0,9999 mal aktuellem Rentenwert 49,51 ergibt 49,51 DM).

8.1.2 Anrechnung von eigenem Einkommen

Grundsätzlich wird jedes Erwerbseinkommen oder Lohnersatzleistungen wie z. B. Krankengeld, Arbeitslosengeld angerechnet. Neben dem Arbeitsentgelt und Arbeitseinkommen gilt dies auch für die eigene Rente oder das eigene Ruhegehalt (Pension).

Ab dem 1. Januar 2002 sind grundsätzlich auch die nachfolgend aufgezählten Einkommensarten anzurechnen:

- Vermögenseinkommen
  Sämtliche Einkünfte aus Kapitalvermögen im steuerrechtlichen Sinne, Einnahmen aus Vermietung und Verpachtung, soweit diese der Besteuerung unterliegen, Gewinne aus Spekulationsgeschäften im steuerrechtlichen Sinne,
- Betriebsrenten,
- Renten aus privaten Lebens- und Rentenversicherungen, mit Ausnahme der staatlich geförderten privaten Vorsorge.

> Beachte:
> Dies gilt nicht, wenn der versicherte Ehegatte vor dem 1. Januar 2002 verstorben ist oder die Ehe vor diesem Tag geschlossen wurde und mindestens ein Ehegatte vor dem 2. Januar 1962 geboren ist.

Einkommen wird nicht in voller Höhe berücksichtigt. Zum einen werden nur Nettobeträge angerechnet (durch fiktive Abzüge), zum anderen gibt es einen Freibetrag. Der Freibetrag beträgt ab 1. Januar 2002 675 Euro (zuvor das 26,4fache des aktuellen Rentenwertes). Für jedes waisengeldberechtigte Kind erhöht sich der Freibetrag um das 5,6fache des aktuellen Rentenwertes.

Für den Zeitraum vom 1. Juli 2000 bis 30. Juni 2001 gelten folgende Freibeträge:

	Bundesländer	
	alte	neue
Witwe/Witwer	1282,51 DM	1115,66 DM
je Kind	272,05 DM	236,66 DM

Eigenes Einkommen, das den Freibetrag übersteigt, wird mit einem Anteil von 40 % auf die Hinterbliebenenrente angerechnet.

Hinweis:
Nicht angerechnet werden Leistungen mit Ausgleichs- und Entschädigungscharakter (z. B. Wohngeld, Arbeitslosenhilfe).

Die Einkommensanrechnung erfolgt nach folgendem Schema:
1. Das Bruttoeinkommen ist in einen Nettobetrag umzurechnen. Das Jahreseinkommen, einschließlich der Zuwendung, wird durch 12 geteilt. Dieser monatliche Bruttobetrag wird um folgende Prozentsätze gekürzt:

bei Arbeitsentgelt	35,00 v. H. (40,00 v. H.)
bei Beamtenbezügen	27,50 v. H.
Ruhegehalt (Beamte)	37,50 v. H. (23,7 v. H.)
Vermögenseinkommen	25,00 v. H.
bei Renten	Krankenversicherungsbeitrag

Ab dem 1.1.2002 erhöht sich der Abzugsbetrag für Arbeitsentgelte auf 40 %. Bei Ruhegehältern beträgt der %satz ab dem 1. Januar 2002 23,7 %.

Bei Renten wird künftig der individuelle Eigenanteil zur Sozialversicherung abgezogen.

Besteht am 31. Dezember 2001 bereits ein Anspruch auf eine Rente wegen Todes, so gelten bis zum 30. Juni 2002 die bisherigen Prozentsätze.

Bei Ruhegehältern gilt ein Prozentsatz von 42,7, wenn der versicherte Ehegatte vor dem 1. Januar 2002 verstorben ist oder die Ehe vor diesem Tag geschlossen wurde und mindestens ein Ehegatte vor dem 2. Januar 1962 geboren ist.

2. Das bereinigte »Nettoeinkommen« wird um einen Freibetrag gemindert. Der Freibetrag ist ein dynamischer Wert. Er beträgt das 26,4fache des aktuellen Rentenwertes (1.7.2000 bis 30.6.2001 – 48,58 DM/42,26 DM neue Länder). Ist ein waisengeldberechtigtes Kind vorhanden, so erhöht sich der Freibetrag um das 5,6fache des aktuellen Rentenwertes.

3. Neben dem Freibetrag werden 60 v. H. des Einkommens nicht angerechnet, sondern verbleiben zusätzlich.

Bruttoeinkommen	3500,00 DM
abzüglich 35 %	1225,00 DM
Nettoeinkommen	2275,00 DM
abzüglich Freibetrag	1282,51 DM
Summe	992,49 DM
abzüglich 60 %	595,49 DM
anrechenbares Einkommen	397,00 DM

Besteht kein Anspruch auf Hinterbliebenenrente wegen der Höhe des eigenen Einkommens, sollte in jedem Fall **Antrag** auf Hinterbliebenenrente gestellt werden. Es wird dann zumindest für die ersten 3 Monate (**Sterbevierteljahr**) eine Hinterbliebenenrente gezahlt. Eigenes Einkommen wird nicht angerechnet.

8.1.3 Das Rentensplitting

Ab dem 1. Januar 2002 können Ehegatten durch eine übereinstimmende Erklärung ein Rentensplitting der gemeinsam in der Ehezeit erworbenen Rentenanwartschaften wählen. Das Rentensplitting wird durch Zuschläge oder Abschläge an Entgeltpunkten (analog einem Versorgungsausgleich) berücksichtigt.

8.1.4 Wiederheirat und Abfindung

Bei Wiederheirat erhält der Rentner/die Rentnerin eine Abfindung. Die Abfindung beträgt das 24fache des Betrages, der in den letzten 12 Monaten vor dem Rentenwegfall im Durchschnitt monatlich gezahlt wurde. Die Zahlung der Rentenabfindung ist nach der erneuten Eheschließung formlos unter Vorlage der Heiratsurkunde zu beantragen.

Nach Auflösung der neuen Ehe – z. B. durch Tod des Ehegatten – entsteht der Anspruch auf die durch die Wiederheirat weggefallene Rente erneut.

Beachte:
Ab 2002 vermindert sich der Abfindungsfaktor bei der Witwen-/Witwerrente entsprechend der Anzahl der Monate des Rentenbezuges.

8.1.5 Die Erziehungsrente/Geschiedenenrente

Witwen- oder Witwerrente ist auch an den geschiedenen Ehegatten zu zahlen, deren Ehe nach dem 1. Juli 1977 geschieden wurde, die nicht wieder geheiratet haben, die im letzten Jahr vor dem Tod des geschiedenen Ehegatten von ihm in den alten Bundesländern Unterhalt erhalten haben oder Anspruch darauf hatten. Diese Rente wird als **Geschiedenenrente** bezeichnet. Bei Scheidungen vor dem 1. Juli 1977 kann sich beim Tod des geschiedenen Ehegatten lediglich ein Anspruch auf **Erziehungsrente** ergeben.

Anspruch auf **Erziehungsrente** besteht bis zur Vollendung des 65. Lebensjahres, wenn

- die Ehe nach dem 30. Juni 1977 geschieden und der geschiedene Ehegatte gestorben ist,
- ein eigenes Kind oder ein Kind des geschiedenen Ehegatten erzogen wird,
- er/sie nicht wieder geheiratet hat und
- bis zum Tode des geschiedenen Ehegatten die allgemeine Wartezeit erfüllt hat oder
- wegen der Kindererziehung die Aufnahme einer Erwerbstätigkeit nicht erwartet werden kann.

Es handelt sich um keine Hinterbliebenenrente, sondern um eine **Rente aus eigener Versicherung**. Die Höhe der Erziehungsrente ist abhängig von den eigenen rentenrechtlichen Zeiten einschließlich einer Zurechnungszeit. Hinzu kommen die im Wege des Versorgungsausgleichs übertragenen Rentenanwartschaften.

8.1.6 Die Waisenrente

Anspruch auf Waisenrente haben die Kinder des verstorbenen Versicherten, wenn sie auf Unterhaltsleistung angewiesen sind. Auch hier kann eigenes Einkommen angerechnet werden. Die Halbwaisenrente beträgt 10 %, die Vollwaisenrente 20 % der Rente des Verstorbenen. Dieser Betrag wird um einen Zuschlag erhöht, abhängig vom Versicherungsverlauf des Verstorbenen.

Rentenformel:

Entgeltpunkte $\times$ 0,1 (0,2) $\times$ aktuellem Rentenwert = Monatsrente

8.1.6.1 Die Halbwaisenrente

Maßgeblich sind nicht nur die Entgeltpunkte, die einer Erwerbsunfähigkeitsrente des Verstorbenen entsprechen, sondern auch die erreichten Beitragsmonate. Für jeden Beitragsmonat werden 0,0833 Entgeltpunkte (EP) hinzugerechnet.

Beispiel:
Zuschlag an Entgeltpunkten

Beitragsmonate	zusätzliche EP	Zuschlag
400	0,0833	33,32 EP

Summe der anzurechnenden Entgeltpunkte

Entgeltpunkte des verstorbenen Elternteils	40,00 EP
zusätzliche Entgeltpunkte	33,32 EP
Entgeltpunkte für die Waisenrente	73,32 EP

EP	mal	0,1	mal	aktueller Rentenwert	Monatsrente
73,32		7,332		48,58 DM	356,19 DM

8.1.6.2 Die Vollwaisenrente

Grundsätzlich wird die Vollwaisenrente in gleicher Weise berechnet wie die Halbwaisenrente. Es werden die Renten **beider** Elternteile berücksichtigt. Im Ausgleich dazu verringert sich der Zuschlag an zusätzlichen Entgeltpunkten. Bei der Berechnung werden zunächst die Entgeltpunkte des verstorbenen Elternteils, für den eine höhere Rente angesetzt werden kann, herangezogen. Diesem Elternteil werden für jeden erreichten Beitragsmonat 0,075 Entgeltpunkte angerechnet, die Summe dann aber um die Entgeltpunkte des Elternteils, für den die niedrigere Rente anzusetzen ist, gemindert. Der höhere Satz der Vollwaisenrente von 20 % geht über den Rentenartfaktor in die Berechnung ein.

Beispiel:
Zuschlag an Entgeltpunkten

Beitragsmonate	zusätzliche EP	Zuschlag
400	0,075	30 EP

Hinterbliebenenversorgung

Elternteil mit höherer Rente

Zuschlag	abzüglich EP aus der zweithöchsten Rente	Zuschlag
30 EP	25 EP	5 EP

Summe der anzurechnenden Entgeltpunkte

EP des verstorbenen Elternteils	40 EP
EP des verstorbenen Elternteils mit den geringeren Ansprüchen	25 EP
zusätzliche Entgeltpunkte	5 EP
Summe an Entgeltpunkten	70 EP

EP	mal	0,2	mal	aktueller Rentenwert	Monatsrente
70		14		48,58 DM	680,12 DM

Die Summe der Hinterbliebenenrenten darf insgesamt die Rente des Verstorbenen nicht übersteigen. Hat der Verstorbene mehrere Kinder, kann dies bedeuten, dass die Rentenanteile entsprechend zu kürzen sind.

8.1.6.3 Altersbegrenzung und Hinzuverdienst

Ein grundsätzlicher Anspruch besteht nur bis zur Vollendung des 18. Lebensjahres.

Die Anspruchsdauer kann längstens bis zum 27. Lebensjahr ausgedehnt werden, wenn Schul- oder Berufsausbildung besteht, ein freiwilliges soziales Jahr (im Sinne des Gesetzes zur Förderung eines freiwilligen sozialen Jahres) geleistet wird, der Hinterbliebene infolge körperlicher oder geistiger Gebrechen außerstande ist, sich selbst zu unterhalten, die Schul- oder Berufsausbildung wegen Erfüllung der gesetzlichen Wehr- oder Zivildienstpflicht unterbrochen wurde. Die Leistungen können (entsprechend der Dauer der Unterbrechung) über das 27. Lebensjahr hinaus gewährt werden. Die Ausbildung muss aber im unmittelbaren Anschluss an diese Unterbrechung erfolgen.

Bis zur Vollendung des 18. Lebensjahres kann unbegrenzt hinzuverdient werden. Wurde das 18. Lebensjahr vollendet, so wird erzieltes Einkommen angerechnet.

Anrechenbar ist prinzipiell jedes Einkommen. Nicht berücksichtigt wird aber u. a. die Ausbildungsförderung nach dem Bundesausbildungsförderungsgesetz (BaföG). Auch bei der Einkommensanrechnung der Waisenrente gilt ein Freibetrag. Dieser beträgt das 17,6fache des aktuellen Rentenwertes. Vom 1. 7. 2000 bis 30. 6. 2001 sind dies 855,01 DM (743,78 DM neue Länder). Einkommen, das über diesem Freibetrag liegt, wird zu 40 % angerechnet.

8.2 Die Hinterbliebenenversorgung in der betrieblichen Altersversorgung

Der Dotierungsrahmen wird regelmäßig zwischen Arbeitgeber und Betriebsrat vereinbart. Sowohl eine Rente wegen verminderter Erwerbsunfähigkeit als auch eine Hinterbliebenenversorgung kann in den Leistungsplan mit aufgenommen werden, muss aber nicht. Bei Verzicht auf eine Hinterbliebenenversorgung besteht in der Regel mehr Spielraum für den Dotierungsrahmen des Beschäftigten. Der Dotierungsrahmen wird durch eine Hinterbliebenenversorgung mit ca. 10 % belastet.

Sieht die Versorgungsordnung vor, dass auch für Hinterbliebene anteilig eine Betriebsrente zu zahlen ist, so gilt dies gleichermaßen für Witwen und Witwer.

Der Ausschluss der Witwerversorgung verstößt gegen den Grundsatz der Lohngleichheit von Männern und Frauen. Für eheliche und nicht eheliche Kinder dürfen keine unterschiedlichen Voraussetzungen gelten.

Die Festlegung der Höhe der Hinterbliebenenrenten ist ebenfalls mitbestimmungspflichtig. Üblicherweise orientieren sich die Leistungspläne an der gesetzlichen Rentenversicherung und sehen für Witwen-/Witwerrenten 60 % der Rente, für Halbwaisen 10 % und für Vollwaisen 20 % der Rente des Verstorbenen vor.

Bei der Hinterbliebenenversorgung enthalten viele Leistungspläne einschränkende Klauseln, z. B. hinsichtlich einer Mindestehezeit, für Spätehen und bezüglich einer Altersdifferenz. Bei der Altersdifferenz werden meist ähnliche Regelungen vereinbart, wie in der Beamtenversorgung geregelt (s. Kapitel 8.3).

> **Beachte:**
> Rechtsunwirksam sind so genannte Selbstmordklauseln, da sie nicht den Selbstmörder, sondern nur die Hinterbliebenen bestrafen.

8.3 Die Hinterbliebenenversorgung in der Beamtenversorgung

Die Fürsorgepflicht des Dienstherrn erstreckt sich nicht allein auf Beamte, sondern auch auf deren Familien. Daher sind auch Hinterbliebene in die Versorgung eingeschlossen. Die Hinterbliebenenversorgung umfasst Bezüge für den Sterbemonat, Sterbegeld, Witwen-/Witwergeld und Waisengeld und Unterhaltsbeiträge.

Bei der Hinterbliebenenversorgung sind Witwen und Witwer völlig gleichgestellt. Die Vorschriften für Witwen gelten sinngemäß auch für Witwer. Für den Anspruch auf Witwengeld/Witwerversorgung ist erforderlich, dass der überlebende Ehegatte in »rechtsgültiger Ehe« gelebt hat. Rechtsgültig ist eine Ehe, solange eine Ehescheidung nicht vollzogen wurde. Das Getrenntleben der Ehegatten steht dem Anspruch nicht entgegen. Die Zahlung des Witwengeldes/der Witwerversorgung beginnt mit dem Ablauf des Sterbemonats. Für den Sterbemonat werden die bisherigen Bezüge bzw. das Ruhegehalt weiter gewährt.

Kein Anspruch besteht, wenn
- die Ehe mit dem Verstorbenen weniger als drei Monate gedauert hat, es sei denn, dass nach den besonderen Umständen des Falles der Verdacht widerlegt werden kann, alleiniger Zweck der Ehe sei es gewesen, einen Versorgungsanspruch zu verschaffen (Versorgungsehe),
- die Ehe erst nach dem 65. Lebensjahr des/der Ruhestandsbeamten/in geschlossen wurde, d. h. Versorgung bereits bezogen wird und das 65. Lebensjahr vollendet ist. In diesem Fall kann dem überlebenden Ehegatten ein Unterhaltsbeitrag bewilligt werden; eigene Einkünfte sind hierbei in angemessener Weise anzurechnen.

Der Anspruch auf Hinterbliebenenversorgung **erlischt**
- mit dem Ende des Monats, in dem die Witwe sich verheiratet,
- wenn die Witwe/der Witwer durch ein deutsches Gericht wegen eines Verbrechens zu einer Freiheitsstrafe von mindestens zwei Jahren oder wegen einer vorsätzlichen Tat, die nach den Vorschriften über Friedens-

verrat, Hochverrat, Gefährdung des demokratischen Rechtsstaates oder Landesverrat und Gefährdung der äußeren Sicherheit strafbar ist, zu einer Freiheitsstrafe von mindestens sechs Monaten verurteilt worden ist, mit der Rechtskraft des Urteils.

Eine **Kürzung** des Witwengeldes erfolgt, wenn die Witwe mehr als 20 Jahre jünger ist als der Verstorbene. Für jedes angefangene Jahr des Altersunterschiedes von mehr als 20 Jahren erfolgt eine Kürzung um 5 v. H., höchstens jedoch 50 v. H. Bestand die Ehe mehr als 5 Jahre, so werden für jedes darüber hinausgehende Jahr 5 v. H. hinzugerechnet, bis der volle Betrag wieder erreicht ist.

Beispiel:

Altersunterschied	Ehedauer	Kürzung
28 Jahre	10 Jahre	
(8 mal 5)	(5 mal 5)	
40 %	25 %	15 %

volles Witwengeld	Kürzungsbetrag	Witwengeld
1800 DM	270 DM	1530 DM

8.3.1 Das Witwengeld/die Witwerversorgung

Das Witwengeld/die Witwerversorgung beträgt **60 %** des Ruhegehaltes, das der Verstorbene erhalten hat oder hätte erhalten können, wenn er am Todestag in den Ruhestand getreten wäre. Dieser Prozentsatz entspricht der Regelung, wie sie auch in der gesetzlichen Rentenversicherung gilt. Dieses Witwengeld wird, wie beim Ruhestandsbeamten, im Monat Dezember zusätzlich als Sonderzuwendung gewährt.

8.3.1.1 Die Mindestversorgung

Auch für die Hinterbliebenenversorgung gelten die Vorschriften über die Mindestversorgung. Die Witwe/der Witwer erhält zumindest 60 % aus der Mindestversorgung (s. auch Kapitel 3.5).

8.3.2 Ruhen der Versorgung

Die Versorgung der Hinterbliebenen ist ein aus der Unterhaltsverpflichtung des Verstorbenen abgeleitetes Recht. Haben Hinterbliebene eigene Einkünfte, so ist eine volle Versorgung nicht erforderlich. Insbesondere werden aber Einkünfte auf die Hinterbliebenenversorgung angerechnet, die grundsätzlich zweckidentisch sind und wenn diese aus öffentlichen Haushalten finanziert werden.

Mit den Ruhensregelungen wird grundsätzlich bezweckt, eine »Überversorgung« zu vermeiden. Es wird aber auch berücksichtigt, dass Mindestansprüche erhalten bleiben müssen.

8.3.2.1 Ruhen der Hinterbliebenenversorgung bei Einkommen aus einer Beschäftigung im öffentlichen Dienst

Wird neben dem Ruhegehalt Einkommen aus einer Verwendung im öffentlichen Dienst erzielt, so ruhen die Versorgungsbezüge, wenn bestimmte Höchstgrenzen überschritten werden.

Seit 1992 wird neben einem Verwendungseinkommen Witwengeld bzw. Witwerversorgung nur bis zu dem Betrag gewährt, der den ruhegehaltfähigen Dienstbezügen aus der Endstufe der Besoldungsgruppe, nach der sich das Ruhegehalt berechnet, entspricht. Wenn Einkommen aus einer Verwendung und Witwengeld/Witwerversorgung die festgelegten Höchstgrenzen überschreiten, werden die Versorgungsbezüge um den übersteigenden Betrag gekürzt.

Da die Einkünfte insgesamt nicht höher sein dürfen als die letzten Bezüge – genauer fiktive Bezüge aus der Endstufe der Besoldungsgruppe – ist ein Hinzuverdienst nur in Höhe dieser Differenz möglich. Wird diese Summe überschritten, so ruht das Ruhegehalt in der übersteigenden Summe.

Beispiel:

Dienstbezüge	Ruhegehalt z. B. 60 %	Differenz
4000 DM	2400 DM	1600 DM

Beachte:
Es gilt ein Mindestbetrag in Höhe des 1,25fachen der ruhegehaltfähigen Dienstbezüge aus der Endstufe der Besoldungsgruppe A 3 und es müssen mindestens 20 v.H. des Versorgungsbezuges verbleiben.

Grundsätzlich werden alle Einkünfte in und außerhalb des öffentlichen Dienstes (Privatwirtschaft) angerechnet. Mit Vollendung des 65. Lebensjahres bleiben Einkünfte aus der Privatwirtschaft anrechnungsfrei. Die Regelung, dass auch Einkünfte aus der Privatwirtschaft anzurechnen sind, wurde mit Wirkung vom 1.1.1999 eingeführt. Für eine Übergangszeit bis Ende 2005 gilt: keine Anrechnung von Einkünften aus der Privatwirtschaft vor dem 65. Lebensjahr, wenn diese Einkünfte bereits am 1.1.1999 erzielt wurden.

8.3.2.2 Das eigene Ruhegehalt wird auf die Hinterbliebenenversorgung angerechnet

Das Witwengeld oder die eigene Versorgung verbleibt nicht in voller Höhe, wenn zusätzlich Anspruch auf ein eigenes Ruhegehalt besteht.

Diese Ruhensvorschrift betrifft jeweils die Versorgung, die bisher gewährt wurde. Die neu hinzukommende Versorgung bleibt in voller Höhe erhalten. Die genannte Höchstgrenze gilt auch im Falle des Zusammentreffens von Witwengeld mit eigenem Ruhegehalt.

Beispiel: zu einem eigenen Ruhegehalt tritt ein Witwengeld hinzu

fiktives Ruhegehalt	davon 60 % (Höchstgrenze)	Witwengeld	Differenzbetrag
4000 DM	2400 DM	1800 DM	600 DM

Witwengeld	Ruhegehalt	Ruhensbetrag
1800 DM	1900 DM	1300 DM*

* Witwengeld 1900 DM abzüglich 600 DM

Die Versorgung ergibt insgesamt: Witwengeld 1800 DM; Ruhegehalt 600 DM (gekürzt); Summe (Höchstgrenze) 2400 DM.

Da ein persönlich erworbener Anspruch nicht völlig entfallen darf, verbleiben mindestens 20 v. H. der »früheren« Versorgungsbezüge (eigenes Ruhegehalt). Der vor dem Tode des Ehepartners bestehende Anspruch auf Ruhegehalt (1900 DM) muss in Höhe von zumindest 480 DM verbleiben. Da nach Anwendung der Ruhensvorschrift tatsächlich 600 DM verbleiben, findet diese Bestimmung in diesem exemplarischen Beispiel keine Anwendung.

8.3.2.3 Die gesetzliche Rente wird angerechnet

Hat ein verstorbener Ruhestandsbeamter sein Arbeitsleben teils im Beamtenverhältnis, teils in einem rentenversicherungspflichtigen Beschäftigungsverhältnis verbracht, so erhält die Witwe/der Witwer neben dem Witwengeld/der Witwerversorgung zusätzlich eine Hinterbliebenenrente. In diesen Fällen treffen Leistungen aufeinander, die grundsätzlich zweckidentisch sind. Die zusätzlich gewährte gesetzliche Rente wird nur insoweit auf die Versorgungsbezüge angerechnet, als Witwengeld/Witwerversorgung und Hinterbliebenenrente eine bestimmte Obergrenze überschreiten. Unterschreiten Witwengeld/Witwerversorgung und gesetzliche Rente diese fiktive Obergrenze, so erfolgt keine Kürzung der Versorgung. Nur dann, wenn eine »Gesamtversorgung« (Witwengeld/Witwerversorgung und gesetzliche Rente) erzielt würde, die eine höhere Versorgung ergäbe als bei Hinterbliebenen eines »Nur-Beamten«, wird die Versorgung entsprechend gekürzt.

8.3.2.4 Die Betriebsrente einer Versorgungsanstalt des öffentlichen Dienstes (VBL/ZVK) wird angerechnet

Leistungen einer Versorgungsanstalt des öffentlichen Dienstes sind grundsätzlich zweckidentische Leistung. Das Witwengeld wird um den Betrag vermindert, der von einer Versorgungsanstalt des öffentlichen Dienstes gezahlt wird.

Beispiel:
Gesamtversorgung: 3000 DM; gesetzliche Rente: 2400 DM
Witwengeld 3000 DM

Die Differenz zwischen der gesetzlichen Rente (2400 DM) und der Gesamtversorgung (3000 DM) wird von der Versorgungsanstalt als Versorgungsrente gezahlt. Dies sind 600 DM. Um diese Summe mindert sich das Witwengeld, das ungekürzt 3000 DM beträgt. Das gekürzte Witwengeld beträgt 2400 DM (3000 DM abzüglich 600 DM). An Gesamteinkünften verbleiben die eigene gesetzliche Rente in Höhe von 2400 DM, die Versorgungsrente von der Versorgungsanstalt in Höhe von 600 DM und das Witwengeld in Höhe von 2400 DM. Dies ergibt eine Gesamtsumme von 5400 DM.

8.3.3 Wiederheirat und Abfindung

Im Falle einer Wiederverheiratung entfällt das Witwen- oder Witwergeld mit Ablauf des Monats der Wiederverheiratung. Sodann erhalten Witwe oder Witwer mit Anspruch auf Hinterbliebenenversorgung eine Abfindung in Höhe des 24fachen des für den Monat der Wiederverheiratung zu zahlenden Witwen- oder Witwergeldes.

Der Anspruch auf Witwengeld lebt wieder auf, wenn die neue Ehe aufgelöst wird. Aus dieser Ehe erworbene Ansprüche sind auf das Witwengeld anzurechnen.

8.3.4 Das Sterbegeld

Das Sterbegeld beträgt das **Zweifache** der Dienstbezüge/Ruhegehalt bzw. im Falle des Todes der Witwe des Witwengeldes. Ein Antrag der Berechtigten ist nicht erforderlich. Das Sterbegeld gehört nicht zum Nachlass; es kann weder gepfändet noch verpfändet noch abgetreten werden. Es handelt sich hier um eine Versorgungsleistung eigener Art, die dazu dienen soll, die Kosten der letzten Krankheit oder Beerdigung des Verstorbenen zu decken. Für den überlebenden Ehegatten und die Abkömmlinge ist diese Leistung nicht daran gebunden, dass konkrete Aufwendungen entstanden sind. Somit hat das Sterbegeld in diesen Fällen die zusätzliche Funktion, den Hinterbliebenen die Umstellung auf die veränderten Lebensverhältnisse infolge des Todesfalles zu erleichtern. Sterbegeld wird auch beim Tode der Witwe oder früheren Ehefrau eines Beamten, der zu diesem Zeitpunkt Witwengeld oder ein Unterhaltsbeitrag zustand, gewährt. Anspruchsberechtigt sind nur die leiblichen Kinder des anspruchsvermittelnden Bediensteten. Das Sterbegeld kann auch Verwandten der aufsteigenden Linie gewährt werden, wenn sie zum Zeitpunkt des Todes mit diesem in häuslicher Gemeinschaft gelebt haben oder wenn der Verstorbene ganz oder überwiegend deren Ernährer gewesen ist und weder ein überlebender Ehegatte oder leibliche Kinder vorhanden sind. Sonstigen Personen kann Sterbegeld gewährt werden, wenn sie die Kosten der letzten Krankheit getragen haben und/oder die Kosten der Bestattung getragen haben, und zwar bis zur Höhe der Aufwendungen. In diesem Falle ist das Sterbegeld steuerfrei.

8.3.5 Die Waisenversorgung

Ein angemessener Lebensunterhalt ist auch für unterhaltsberechtigte Waisen sicherzustellen. Der Anspruch auf Waisengeld steht der Waise zu, nicht der Witwe. Anspruchsberechtigt sind die leiblichen und die adoptierten Kinder bis zur Vollendung des **18. Lebensjahres**. Auf Antrag nach Vollendung des 18. Lebensjahres, wenn die Voraussetzungen für den Bezug von

Kindergeld gegeben sind. Eine Überschreitung des 27. Lebensjahres ist nur in wenigen Ausnahmefällen (Behinderung) möglich.

Adoptierte Kinder, deren Kindschaftsverhältnis erst dann begründet wurde, nachdem der Ruhestand bereits eingetreten war und der Ruhestandsbeamte das 65. Lebensjahr vollendet hatte, erhalten kein Waisengeld. In diesen Fällen kann ein Unterhaltsbeitrag bis zur Höhe des Waisengeldes bewilligt werden.

Halbwaisen erhalten **12 %** des Ruhegehaltes, Vollwaisen **20 %**. Das Vollwaisengeld erhält eine Halbwaise dann, wenn der überlebende Elternteil nicht zum Bezug von Witwengeld berechtigt ist (Wiederheirat, Versorgungsehe, Nachheirat).

An Hinterbliebene darf insgesamt nur das Ruhegehalt des Verstorbenen gewährt werden. Ergibt die Versorgung für die Hinterbliebenen insgesamt einen höheren Betrag als das Ruhegehalt, so sind die Hinterbliebenenbezüge im anteiligen Verhältnis zu kürzen.

Auch für Waisen gilt, dass zumindest der entsprechende Prozentsatz aus der Mindestversorgung zu zahlen ist. Das Waisengeld ruht unter den gleichen Bedingungen, wie dies bei Witwen/Witwern beschrieben wurde. Eine versorgungsberechtigte Waise, die aus einer Verwendung im öffentlichen Dienst Einkommen bezieht, erhält daneben Waisengeld nur bis zum Erreichen bestimmter Höchstgrenzen.

Besteht auch ein Anspruch aus der gesetzlichen Rentenversicherung, so gelten grundsätzlich die Regelungen, wie in Kapitel 8.3.2.3 beschrieben. Als Höchstgrenze gilt für die Halbwaise 12 % des fiktiven Ruhegehaltes, für die Vollwaise 20 %. Nur der Teil der Rente, der diese fiktive Höchstgrenze zusammen mit dem Waisengeld überschreitet, mindert das konkret zustehende Waisengeld.

8.4 Die Versorgung der Hinterbliebenen in der Zusatzversorgung des öffentlichen Dienstes

Die zusätzliche Altersversorgung des öffentlichen Dienstes begünstigt auch die Hinterbliebenen. Die Anspruchsvoraussetzungen sind mit den Bestimmungen der gesetzlichen Rentenversicherung eng verknüpft. Grundsätzlich ist für die Gewährung von Leistungen erforderlich, dass in der Person des Versicherten ein Anspruch erworben wurde. Für die Hinterbliebenen gelten folgende Prozentsätze: Witwe/Witwer 60 v. H., Halbwaise

12 v. H., Vollwaise 20 v. H. Grundlage dieser Prozentsätze ist die Gesamtversorgung des Versicherten (oder die Versicherungsrente). Bei mehreren Hinterbliebenen wird insgesamt höchstens der Betrag gewährt, der dem Versicherten zugestanden hätte (z. B. die Gesamtversorgung). Würde insgesamt die Gesamtversorgung überschritten, so werden die einzelnen Ansprüche anteilmäßig gekürzt.

8.4.1 Die Witwen-/Witwerversorgung

Ein Anspruch auf Witwen-/Witwerversorgung besteht, wenn der Verstorbene einen Anspruch auf Versorgungsrente hatte und eine Witwen-/Witwerrente aus der gesetzlichen Rentenversicherung gewährt wird. Wird vom Rentenversicherungsträger keine Rente gewährt, so kann auch die VBL keine Versorgung gewähren.

Die Witwe/der Witwer erhält **60 %** der Gesamtversorgung oder einer Versicherungsrente. Ausgangspunkt für die Ermittlung der Witwen-/Witwerversorgung ist nicht die bisherige Versorgungsrente des Versicherten, sondern die Gesamtversorgung, die dem Versicherten zustehen würde. Angerechnet wird die Witwen-/Witwerrente aus der gesetzlichen Rentenversicherung. Kürzungen aufgrund von eigenem Einkommen (s. Kapitel 8.1.1.1) bleiben unberücksichtigt. Es wird die Rente angerechnet, die ohne Einkommensanrechnung gezahlt würde.

Nettogesamtversorgung des Verstorbenen	2486,73 DM
davon 60 %	1492,04 DM
Witwen-/Witwerrente (ohne Kürzung aufgrund der Einkommensanrechnung)	1200,00 DM
Versorgungsrente für Witwen/Witwer	292,04 DM

Von der VBL wird bei der Hinterbliebenenversorgung der Rentenbetrag berücksichtigt, der ohne eigenes Einkommen gewährt werden würde. Die Einkommensanrechnung wird von der VBL nicht ausgeglichen!

Neben oder anstelle der gesetzlichen Rente gewährte Leistungen werden ebenfalls auf die »reduzierte« Gesamtversorgung angerechnet.

Bei Bezug einer so genannten »**kleinen Witwen-/Witwerrente**« wird die Gesamtversorgung für Witwen/Witwer auf 70 v. H. reduziert. Eine entsprechende Reduzierung gilt auch in der gesetzlichen Rentenversicherung.

Gesamtversorgung des Versicherten	2486,73 DM
Witwen-/ Witwerversorgung 60 %	1492,04 DM
davon 70 %	1044,43 DM

8.4.1.1 Kein Anspruch auf Witwen-/Witwerversorgung

Es besteht kein Anspruch auf Witwen-/Witwerversorgung, wenn die gesetzliche Rentenversicherung keine Leistungen gewährt. Leistungen werden auch dann nicht gewährt, wenn zu vermuten ist, dass es vorrangiger Zweck der Ehe gewesen ist, Ansprüche auf Hinterbliebenenversorgung zu verschaffen.

Versorgungsehe: Hat die Ehe nicht mindestens 3 Monate bis zum Tode des Versicherten bestanden, so besteht kein Anspruch. Kann der Verdacht der »Versorgungsehe« von der Witwe/dem Witwer widerlegt werden, so sind Leistungen zu gewähren. Eine Versorgungsehe (alleiniger oder überwiegender Zweck der Heirat, eine Rente zu verschaffen) ist dann zu verneinen, wenn der Tod unfallbedingt eintrat.

Heirat nach dem 65. Lebensjahr des Versicherten: Wurde die Ehe erst nach dem 65. Lebensjahr des Versicherten geschlossen und ist der Versicherungsfall bereits eingetreten, so besteht kein Anspruch.

Sollte in Ausnahmefällen zum Zeitpunkt des 65. Lebensjahres noch keine Rente bezogen werden, so kann eine Eheschließung nach dem 65. Lebensjahr zu einem Anspruch auf Witwen-/Witwerversorgung führen.

Tod wurde vorsätzlich herbeigeführt: Wurde der Tod des Versicherten von dem/der Hinterbliebenen vorsätzlich herbeigeführt, so besteht kein Anspruch. Dies gilt nur für den Verursacher, nicht für sonstige Hinterbliebene.

Absichtliche Minderung der Erwerbsfähigkeit: Wurde die für die Rentenleistung erforderliche gesundheitliche Beeinträchtigung absichtlich herbeigeführt, so besteht kein Anspruch auf Versorgungsrente. Dies bezieht sich auf den Versicherungsfall der großen Witwen-/Witwerrente. Wurde die gesundheitliche Beeinträchtigung bei einer Handlung zugezogen, die nach strafgerichtlichem Urteil ein Verbrechen oder vorsätzliches Vergehen ist, so kann die Versorgungsrente ganz oder teilweise versagt werden.

8.4.2 Anrechnung von Einkünften

Die Versorgung der Hinterbliebenen ist ein aus der Unterhaltsverpflichtung des Verstorbenen abgeleitetes Recht. Haben Hinterbliebene eigene Einkünfte, so ist eine volle Versorgung nicht erforderlich. Insbesondere werden aber Einkünfte angerechnet, die grundsätzlich zweckidentisch sind und wenn diese aus öffentlichen Haushalten finanziert werden.

8.4.2.1 *Erwerbseinkommen wird angerechnet*

Grundsätzliche Voraussetzung für eine Leistung der Versorgungsanstalt ist, dass eine gesetzliche Rente gewährt wird. Ist der Anspruch auf gesetzliche Rente nicht erfüllt oder entfallen, so besteht auch keine Leistungsverpflichtung der Versorgungsanstalt. Wird während eines Rentenbezuges Erwerbseinkommen erzielt, das bestimmte Beträge überschreitet, so führt dies in den meisten Fällen zum Wegfall der Rente.

Bei der **kleinen Witwen-/Witwerrente** ist der Anspruch auf eine gesetzliche Rente daran geknüpft, dass nur ein geringfügiges Einkommen neben dieser Rente erzielt wird. Auch im Recht der Zusatzversorgung wird Erwerbseinkommen angerechnet. Erwerbseinkommen – im öffentlichen Dienst wie auch in der Privatwirtschaft –, das monatlich 630 DM übersteigt, mindert die Versorgungsrente. Zusätzlich zur Versorgungsrente wegen kleiner Witwen-/Witwerrente verbleiben nur 630 DM monatlich.

Wird die **große Witwen-/Witwerrente** gewährt, so werden Arbeitsentgelte oder laufende Dienstbezüge aus einem Beschäftigungsverhältnis im öffentlichen Dienst angerechnet. Obergrenze ist, vereinfachend ausgedrückt, das Bruttoentgelt, aus dem die Gesamtversorgung ermittelt wird. In jedem Falle bekommt die Witwe/der Witwer 60 % der monatlichen Mindestrente.

Beispiel:

gesamtversorgungsfähiges Entgelt	4000,00 DM
Witwen-/Witwergesamtversorgung	1400,00 DM
Differenzbetrag	2600,00 DM
Arbeitsentgelt	3000,00 DM

Das Arbeitsentgelt ist um 400,00 DM höher als der Differenzbetrag zwischen Gesamtversorgung und gesamtversorgungsfähigem Entgelt. Der übersteigende Betrag mindert die Versorgungsrente.

Versorgungsrente	600,00 DM
Versorgungsrente (abzüglich 400 DM)	200,00 DM
Versicherungsrente (Mindestrente)	240,00 DM

Die Versorgungsrente ist nach Anwendung der Ruhensvorschrift geringer als die Mindestrente. Die Mindestrente wird zumindest gewährt.

> **Hinweis:**
> Erwerbseinkünfte außerhalb des öffentlichen Dienstes werden von dieser Ruhensregelung dann nicht mehr erfasst, sobald das 65. Lebensjahr vollendet ist. Eine Übergangsvorschrift – zeitlich begrenzt bis zum 31. 12. 2005 – sieht vor, dass eine Anrechnung vor dem 65. Lebensjahr nicht erfolgt, wenn diese Beschäftigung bereits am 1. März 2000 bestand.

8.4.2.2 Das eigene Ruhegehalt wird angerechnet

Die Witwe/der Witwer erhält zusätzlich zu seinem Ruhegehalt eine anteilige Hinterbliebenenversorgung von einer Versorgungsanstalt. Es werden zumindest 60 % der Versicherungsrente gezahlt (s. hierzu Kapitel 3.4).

Hatte der/die Verstorbene Anspruch auf eine dynamische Gesamtversorgung aus einer Tätigkeit im öffentlichen Dienst, so errechnet sich der Anspruch auf Hinterbliebenenversorgung wie folgt:

Gesamtversorgung des Versicherten, davon 60 % abzüglich der gesetzlichen Hinterbliebenenrente, und zwar in der Höhe, wie sie ohne Einkommensanrechnung gezahlt würde.

> **Beispiel:**
> Die Gesamtversorgung des Verstorbenen beträgt 3000 DM, die gesetzliche Rente des Verstorbenen 2300 DM, das eigene Ruhegehalt beträgt 5000 DM.
>
> a) Leistung der Versorgungsanstalt
>
> | | | |
> |---|---|---|
> | Gesamtversorgung | | 3000 DM |
> | davon 60 % | 1800 DM | |
> | abzüglich gesetzliche Rente | | 2400 DM |
> | davon 60 % | 1440 DM | |
> | Versorgung | 360 DM | |

b) Leistung der Rentenversicherung
Die Rentenversicherung zahlt 60 % der Rente des/der Verstorbenen. Eigenes Einkommen wird teilweise angerechnet.

Ruhegehalt	5000 DM
abzüglich 37,5 %	1875 DM
Nettoeinkommen	3125 DM

abzüglich Freibetrag (26,4fache des aktuellen Rentenwertes)	1282,51 DM
Summe	1842,49 DM
abzüglich 60 %	1105,49 DM
anrechenbares Einkommen	737,00 DM

Die ungekürzte Witwen-/Witwerrente betrug 1440 DM. Aufgrund der Anrechnung von eigenem Einkommen (737 DM) erhält der/die Hinterbliebene 703 DM.

c) Leistungen insgesamt
Der Witwer/die Witwe erhält von der Versorgungsanstalt 360 DM, von der gesetzlichen Rentenversicherung 703 DM und als eigenes Ruhegehalt 5000 DM. Dies sind insgesamt 6063 DM.

8.4.2.3 Die Gesamtversorgung aus dem öffentlichen Dienst (VBL/ZVK) wird angerechnet

Bei Eintritt des Versicherungsfalles besteht aufgrund der eigenen Pflichtversicherung Anspruch auf die persönliche Gesamtversorgung. Verstirbt der Ehepartner, so entsteht zusätzlich ein Anspruch auf Witwen-/Witwerversorgung.

Von den »beiden« Versorgungen wird nur die Versorgung gewährt, die zu einer höheren Versorgungsrente führt. Sind beide Versorgungsansprüche gleich hoch, so wird die eigene Versorgungsrente gewährt. Es werden die tatsächlich zu zahlenden Beträge verglichen. Der jeweils geringere Anspruch ruht; er würde dann wieder aufleben, wenn sich die tatsächlichen Verhältnisse ändern. Von dieser Ruhensbestimmung ist jedoch die Mindestrente nicht erfasst. Die eigene oder die anteilig gekürzte Mindestrente des/der Verstorbenen wird zumindest gewährt. Der Anspruch auf die eigene Versorgung oder die Witwen-/Witwerversorgung ist damit nicht völlig aufgehoben.

8.4.3 Das Sterbevierteljahr

Im so genannten Sterbevierteljahr wird von der gesetzlichen Rentenversicherung als Witwen-/Witwerrente die Rente gewährt, die der verstorbene Ehegatte erhielt. Diese »zusätzliche« Rentenleistung führt zum »Ruhen« der Witwen-/Witwerversorgung. Es verbleibt nur der Betrag, der als Witwen-/Witwergesamtversorgung zusteht. Als Versorgungsrente wird zumindest die Versicherungsrente gewährt.

Beispiel:

Witwen-/Witwergesamtversorgung	1400,00 DM
Rente des/der Verstorbenen	1800,00 DM
Witwen-/Witwerrente	1080,00 DM
Differenzbetrag	720,00 DM
Versorgungsrente ohne Ruhensbestimmung	320,00 DM
Versorgungsrente mit Ruhensbestimmung	0,00 DM
Versicherungsrente (Mindestrente)	240,00 DM

8.4.4 Das Sterbegeld

Sterbegeld wird beim Tode des/der Versorgungsrentenberechtigten und des Ehegatten gewährt. Als Sterbegeld wird die zuletzt zustehende Nettogesamtversorgung des/der Versorgungsrentenberechtigten gezahlt. Solange noch Ausgleichsbeträge zustehen, werden diese hinzugerechnet. Der Höchstbetrag ist auf **3000 DM** festgesetzt.

> **Wichtig:**
> Das Sterbegeld wird nur auf Antrag gewährt. Erstattet werden grundsätzlich nur die Kosten, die tatsächlich entstanden sind und nicht von einer Versicherung oder z. B. Krankenkasse bereits erstattet wurden. Bestand allerdings mit dem Verstorbenen eine häusliche Gemeinschaft, ist ein Nachweis von Bestattungskosten nicht erforderlich.

8.4.5 Wiederheirat und Abfindung

Bei Wiederheirat des überlebenden Ehegatten kann die Versorgungsrente auf Antrag abgefunden werden. Gezahlt wird der 24fache Betrag der Versorgungsrente, die im Monat der Wiederverheiratung zustand. Der Antrag auf Abfindung muss spätestens zwei Jahre nach Eingehen der neuen Ehe gestellt werden. Wird die neue Ehe aufgelöst (Tod, Scheidung usw.), lebt auf

Antrag die vor der Abfindung gezahlte Witwen-/Witwerversorgung wieder auf. Die Rente beginnt wieder mit dem Monat, der der Auflösung der Ehe folgt, wenn der Antrag innerhalb von 12 Monaten gestellt wird. Wird der Antrag später gestellt, beginnt die Rente mit dem Antragsmonat.

8.4.6 Die Versorgungsrente für Waisen

Anspruch auf Versorgungsrente haben die Kinder des Versicherten, wenn sie auf Unterhaltsleistung angewiesen sind. Auch diese Leistung hat Unterhaltsersatzfunktion. Für die Berechnung der Versorgungsrente gelten sinngemäß die Ausführungen für die Witwen-/Witwerversorgung.

Der Anspruch auf Waisenversorgung ist eng verknüpft mit dem Bezug einer Waisenrente. Wird eine Waisenrente nicht gewährt, so ist auch eine Waisenversorgung nicht möglich. Bis Ende 1991 konnte der Anspruch auf Waisenrente völlig entfallen, wenn bestimmte Einkommensgrenzen überschritten wurden. Ein völliger Wegfall der Waisenrente aufgrund eigenen Einkommens ist ab 1992 grundsätzlich ausgeschlossen. Eigenes Einkommen wird, sofern es einen Freibetrag überschreitet, angerechnet, d. h. die Waisenrente (bzw. die Waisenversorgung) entsprechend gekürzt (s. a. Kapitel 8.1.1.1).

Von der Gesamtversorgung des Versicherten erhält die Halbwaise 12 v. H., die Vollwaise 20 v. H. Die Summe der Versorgung für Hinterbliebene darf insgesamt nicht die Gesamtversorgung des Verstorbenen übersteigen. Bei mehreren Hinterbliebenen werden die Versorgungen anteilmäßig gekürzt.

Ein Anspruch besteht – wie auch im Rentenrecht – grundsätzlich nur bis zur Vollendung des 18. Lebensjahres. Die Anspruchsdauer kann längstens bis zum 27. Lebensjahr ausgedehnt werden.

8.4.6.1 Anrechnung von Einkommen

Eigenes Einkommen führt ab 1992 nicht mehr zum völligen Verlust der Waisenrente. Diese Regelung wurde durch eine Einkommensanrechnung – wie auch bei der Witwen-/Witwerrente – ersetzt. Das Bruttoeinkommen wird in einen Nettobetrag umgerechnet und dieses Nettoeinkommen um einen Freibetrag gemindert. Der Freibetrag beträgt das 17,6fache des aktuellen Rentenwertes (48,58 DM alte Länder). Von dem verbliebenen »Nettoeinkommen« werden 40 v. H. angerechnet. Der Freibetrag beträgt ab dem 1. Januar 2002 **450 Euro**.

Hinterbliebenenversorgung

Ermittlung der Waisenrente und Einkommensanrechnung

Waisenrente	300,00 DM
abzüglich anrechenbares Einkommen	56,54 DM
Waisenrente	243,46 DM

Ermittlung der Waisenversorgung: Von der VBL wird bei der Hinterbliebenenversorgung der Rentenbetrag berücksichtigt, der ohne eigenes Einkommen gewährt werden würde. Die Einkommensanrechnung wird von der VBL nicht ausgeglichen.

Versorgung des Verstorbenen	3000,00 DM
Waisenversorgung (12 %)	360,00 DM
abzüglich Waisenrente	300,00 DM
Versorgungsrente	60,00 DM

Der/die Waise erhält folgende Hinterbliebenenleistungen:

Waisenrente	243,46 DM
Versorgungsrente	60,00 DM
Summe	303,46 DM

Bei **Arbeitseinkünften** aus einer Beschäftigung oder **Ausbildung im öffentlichen Dienst** gelten Ruhensbestimmungen. Die Waisenrente ruht, wenn diese Einkünfte den Differenzbetrag zwischen 40 v. H. des gesamtversorgungsfähigen Entgelts und der Gesamtversorgung der Waise (12 bzw. 20 v. H.) übersteigen.

Beispiel:

Gesamtversorgungsfähiges Entgelt	4000,00 DM
davon 40 %	1600,00 DM
Gesamtversorgung der Waisen (12 %)	280,00 DM
Differenzbetrag	1320,00 DM

In Höhe dieses Differenzbetrages könnte Arbeitsentgelt oder Ausbildungsvergütung ohne Kürzung bezogen werden.

8.4.7 Versicherungstechnische Abschläge

Die mittels Abschlägen reduzierte Gesamtversorgung ist auch maßgebend für die Ermittlung der Hinterbliebenenversorgung (Witwen-, Witwer- und Waisenversorgung). Die entsprechenden Prozentsätze (60 v. H., 10 bzw. 12 v. H.) orientieren sich an der abgesenkten Gesamtversorgung (s. auch Kapitel 4.9).

8.5 Die Hinterbliebenenversorgung in der gesetzlichen Unfallversicherung

Der Anspruch der Hinterbliebenen resultiert aus eigenem Recht. Die Hinterbliebenenrente hat Unterhaltsersatzfunktion. Die Hinterbliebenen haben Anspruch auf Sterbegeld, Erstattung der Kosten der Überführung an den Ort der Bestattung, Hinterbliebenenrenten und Beihilfen.

8.5.1 Die Witwen-/Witwerrente

Die **Witwen-/Witwerrente** beträgt 30 v. H. der Bemessungsgrundlage für die Verletztenrente. Hat der Hinterbliebene das 45. Lebensjahr vollendet oder wird ein waisengeldberechtigtes Kind erzogen, so beträgt die Rente 40 v. H. Die Leistungshöhe in der Witwen-/Witwerrente kann sich mindern, da eigenes Einkommen angerechnet wird. Die Einkommensanrechnung wird entsprechend der Grundsätze in der gesetzlichen Rentenversicherung durchgeführt: Ausgangspunkt ist das monatliche Einkommen des überlebenden Ehegatten. Freibeträge für den Ehegatten selbst sowie für jedes waisengeldberechtigte Kind werden angerechnet. Von dem so ermittelten restlichen Einkommensbetrag werden 40 % errechnet. Um diesen Betrag wird die dem überlebenden Ehegatten zustehende Witwen-/Witwerrente gekürzt.

8.5.2 Die Waisenrente

Kinder, die der Versicherte hinterlässt, und dazu zählen auch Stief-, Pflege- und Enkelkinder, soweit sie in seinem Haushalt leben, erhalten eine Waisenrente. Halbwaisen erhalten 20 % des Jahresarbeitsverdienstes des Verstorbenen, Vollwaisen 30 %. Waisenrente wird grundsätzlich bis zur Voll-

endung des 18. Lebensjahres gewährt, bei Schul- oder Berufsausbildung bis zur Vollendung des 27. Lebensjahres. Wehr- und Zivildienstzeiten oder ein freiwilliges soziales Jahr führen zu einer entsprechenden Verlängerung.
Nach Vollendung des 18. Lebensjahres wird eigenes Einkommen berücksichtigt. Es gelten sinngemäß die Regelungen zur Anrechnung von Einkommen wie in der gesetzlichen Rentenversicherung. Anzurechnen ist das Einkommen, das das 17,6fache des aktuellen Rentenwertes in der gesetzlichen Rentenversicherung übersteigt; von dem übersteigenden Betrag werden 40 % auf die Waisenrente angerechnet. Ab dem 1. Januar 2002 gelten 450 Euro.

8.5.3 Das Sterbegeld

Bei Tod durch Arbeitsunfall wird Sterbegeld gewährt, und zwar in Höhe bis zu $^1/_{12}$ des Jahresarbeitsverdienstes; mindestens 400 DM. Erstattet werden nur die tatsächlichen Bestattungskosten. Das schließt Überführungskosten mit ein, auch die Überführung eines Versicherten ausländischer Herkunft in sein Heimatland.

8.6 Die Hinterbliebenenversorgung in der privaten Altersversorgung

Bei der **Risikolebensversicherung** werden Leistungen nur im Todesfall erbracht. Sie sind ausschließlich für die Absicherung der Hinterbliebenen vorgesehen. Die **Kapitallebensversicherung** kombiniert den Schutz der Hinterbliebenen mit einem zusätzlichen Sparvertrag. Sie bildet also nicht nur Vermögen, sondern ermöglicht der Familie ein sicheres Leben, wenn der Haupternährer ausfällt. Die **private Rentenversicherung** kann mit Zusatzversicherungen kombiniert und eine Witwen- oder Witwerrente in den Versicherungsschutz mit aufgenommen werden.

Bei allen sonstigen Sparformen werden die Hinterbliebenen im Rahmen des Erbes begünstigt.

9 Steuerpflicht und Beitragspflicht

Der Einkommensteuer unterliegen nicht nur Lohn- und Gehaltszahlungen, sondern auch Einkünfte aus Kapitalvermögen, Vermietung und Verpachtung sowie Renten und Pensionen. Grundsätzlich gilt auch für die Beitragspflicht zur Kranken- und Pflegeversicherung, dass alle Einkommen herangezogen werden.

9.1 Beiträge zur Kranken- und Pflegeversicherung

Die Höhe des Beitragssatzes für die Krankenversicherung der Rentnerinnen und Rentner ist abhängig von der Art der Mitgliedschaft. Es gelten auch Unterschiede bei den beitragspflichtigen Einnahmen. Ein eigener Beitrag zur Krankenversicherung wurde für Rentnerinnen und Rentner erst ab 1982 in Stufen eingeführt.

Nicht nur die gesetzliche Rente, sondern auch sonstige Einkünfte, wie z. B. Betriebsrenten, Arbeitseinkommen aus unselbständiger oder selbständiger Erwerbstätigkeit, sind beitragspflichtig. Seit 1993 sind für freiwillig in der gesetzlichen Krankenversicherung versicherte Rentner auch Einnahmen aus Vermietung und Verpachtung und Kapitaleinkünfte beitragspflichtig. Beitragspflichtig sind Rente und sonstige Einnahmen bis zur Beitragsbemessungsgrenze.

9.1.1 Beitragsbemessung und Beitragssatz bei einer Mitgliedschaft in der Krankenversicherung der Rentner (KVdR)

Die **Krankenversicherung der Rentner** (KVdR) ist eine Pflichtversicherung. Sie beginnt mit der Gewährung einer Rente. Von der KVdR werden nur Personen erfasst, die auch während ihres aktiven Berufslebens pflichtversichert waren. Der Gesetzgeber hat die Zugangsvoraussetzungen für die Krankenversicherung der Rentner mehrmals verschärft und selbst Personen ausgeschlossen, die sich während ihres Berufslebens mit der Versichertengemeinschaft der gesetzlichen Krankenversicherung solidarisch erklärt haben und freiwilliges Mitglied waren.

Eine Mitgliedschaft in der KVdR ist nur dann möglich, wenn in den Jahren vor Rentenbeginn fast ausschließlich eine Pflichtversicherung in der gesetzlichen Krankenversicherung vorgelegen hat. Eine Pflichtversicherung besteht dann, wenn die Beitragsbemessungsgrenze (6525 DM monatlich) nicht überschritten wird. Es müssen $^9/_{10}$ der zweiten Hälfte der Erwerbstätigkeit mit Pflichtbeiträgen belegt sein.

Die **Rahmenfrist** beginnt mit der erstmaligen Aufnahme einer Erwerbstätigkeit und endet mit der Rentenantragstellung. Nicht der tatsächliche Rentenbeginn ist maßgebend, sondern der Zeitpunkt der Rentenantragstellung.

Ausgenommen von der KVdR sind alle Personen, die z. B. kurz vor Rentenbeginn freiwilliges Mitglied einer Krankenversicherung geworden sind. Bei Rentenanträgen bis zum 31.12.1993 genügte eine Pflichtbeitragszeit von mindestens $^5/_{10}$ des gesamten Erwerbslebens.

Für die neuen Länder gilt: Die Zugehörigkeit zur ehemaligen Sozialpflichtversicherung oder zu einem Sonderversorgungssystem bis zum 31.12.1990 wird für die Krankenversicherung der Rentner einer Pflichtversicherung gleichgestellt.

Auch Zeiten einer Familienversicherung erfüllen die geforderte Voraussetzung, aber nur dann, wenn der Stammversicherte Pflichtmitglied war.

Zeiten einer freiwilligen Versicherung werden bei Rentenanträgen, die nach dem 31.12.1992 gestellt wurden, nicht mehr auf die Vorversicherungszeit angerechnet. Ob diese Regelung verfassungswidrig ist, wird derzeit noch vom Bundesverfassungsgericht überprüft. Für ehemalige Beamte und Selbständige hält das Bundessozialgericht diese Regelung allerdings für rechtens.

Bei **Hinterbliebenen** gilt die Vorversicherungszeit für die »Rente wegen Todes« dann als erfüllt, wenn der Verstorbene diese erfüllt hatte. Die Vorversicherungszeit kann aber auch in der Person des Hinterbliebenen erfüllt sein.

9.1.1.1 Die Beitragsbemessung

Beiträge werden aus folgenden Einkünften erhoben:
- dem Zahlbetrag der gesetzlichen Rente,
- den Versorgungsbezüge (Betriebsrenten und Pensionen),
- dem Arbeitseinkommen.

Diese Aufzählung ist eine Rangfolge. Die Beitragsbemessungsgrenze in Höhe 6525 DM monatlich ist zu beachten. Bei mehreren Einkommensarten bleiben die Einkünfte unberücksichtigt, mit der die Beitragsbemessungsgrenze überschritten wird.

Arbeitseinkommen und **Versorgungsbezüge** unterliegen erst ab einer bestimmten Höhe der Beitragspflicht (**Bagatellgrenze**). Beiträge zur Kranken- und Pflegeversicherung sind dann zu zahlen, wenn die monatlichen beitragspflichtigen Einnahmen aus Versorgungsbezügen und Arbeitseinkommen insgesamt $\frac{1}{20}$ der monatlichen Bezugsgröße (224 DM bzw. 189 DM neue Länder) übersteigen.

Beispiel:
Rente der LVA 1350 DM, Betriebsrente der Firma Hoch, 105 DM; Betriebsrente der Firma Tief, 55 DM; Arbeitseinkommen 50 DM. Der Beitragspflicht unterliegt nur die Rente aus der gesetzlichen Rentenversicherung. Versorgungsbezüge und Arbeitseinkommen betragen insgesamt 210 DM und übersteigen damit nicht die Beitragsuntergrenze. Diese Regelung gilt nicht für freiwillig versicherte Rentner.

9.1.1.2 Der Beitragssatz

Bei krankenversicherungspflichtigen Rentnern gilt für die Beitragsberechnung aus ihrer **gesetzlichen Rente** der **allgemeine Beitragssatz** (§ 247 SGB V) der Krankenkasse, der sie als Mitglied angehören.

Der Beitragszuschuss ist begrenzt auf die Hälfte der tatsächlichen Aufwendungen für die Krankenversicherung.

Die Beiträge tragen versicherungspflichtige Rentner und die Träger der Rentenversicherung jeweils zur Hälfte (§ 249a SGB V), d. h., der **Beitragszuschuss** des Rentenversicherungsträgers entspricht der Hälfte des allgemeinen Beitragssatzes.

Für die Bemessung der Beiträge aus **Versorgungsbezügen (Betriebsrenten)** und Arbeitseinkommen gilt die **Hälfte des allgemeinen Beitragssatzes** (§ 248 SGB V) ihrer Krankenkasse. Der zum 1. Juli eines Jahres festgestellte allgemeine Beitragssatz der jeweiligen Krankenkasse gilt vom 1. Januar bis 31. Dezember. Der jeweils zum 1. Juli festgestellte Beitragssatz gilt also für das folgende Kalenderjahr. Eine Änderung ist immer nur zum 1.1. eines Kalenderjahres möglich.

9.1.2 Beitragsbemessung und Beitragssatz für freiwillige Mitglieder in der gesetzlichen Krankenversicherung

Rentner, die nicht in der gesetzlichen Krankenversicherung pflichtversichert sind, also die Voraussetzungen für die Krankenversicherung der Rentner nicht erfüllen, können sich – im Rahmen der gesetzlich geregelten Möglichkeiten – freiwillig in der gesetzlichen Krankenversicherung weiterversichern bzw. die freiwillige Versicherung fortsetzen. Bei der Beitragsbemessung ist die gesamte wirtschaftliche Leistungsfähigkeit des Versicherten zu berücksichtigen.

9.1.2.1 Die Beitragsbemessung

Bei freiwillig versicherten Rentnern werden die Beiträge aus dem Zahlbetrag der gesetzlichen Rente, vergleichbarer Einnahmen (Versorgungsbezüge), dem Arbeitseinkommen und **sonstigen Einnahmen** berechnet.

Renten und sonstige Einnahmen unterliegen der Beitragspflicht nur bis zur jährlichen Beitragsbemessungsgrenze. Sie beträgt 78 300 DM für die Kranken- und Pflegeversicherung. Wird die Beitragsbemessungsgrenze überschritten, unterliegen die Einkünfte nicht der Beitragspflicht, die in der nachfolgenden Reihe zuletzt benannt sind.
- Gesetzliche Rente
- Betriebsrente (Versorgungsbezüge)
- Arbeitseinkommen
- Sonstige Einnahmen

Zu den **sonstigen Einnahmen** gehören z. B. Einnahmen aus Kapitalvermögen, Hilfe zum Unterhalt nach dem Bundessozialhilfegesetz, Renten der gesetzlichen Unfallversicherung und privaten Lebensversicherung.

Kalendertäglich sind Beiträge mindestens aus dem 90. Teil der monatlichen Bezugsgröße zu zahlen. Der Beitragsbemessung unterliegen somit monatlich mindestens **1493,33 DM** (1213,33 DM neue Länder).

Seit dem 1.1.2000 gilt dieser **Mindestbeitrag** nicht mehr für freiwillige Mitglieder, die vor Rentenbeginn fast ausschließlich – $^9/_{10}$ – in der gesetzlichen Krankenversicherung (freiwillig oder als Pflichtmitglied) versichert waren.

Dies bedeutet, dass nunmehr freiwillig krankenversicherte Rentner, die immer der gesetzlichen Krankenversicherung angehörten, bei gleich hohen

Renten nicht höhere Krankenversicherungsbeiträge zu leisten haben als pflichtversicherte Rentner.

Bei freiwilligen Mitgliedern wird die **gesamte Leistungsfähigkeit** berücksichtigt. Alle Einnahmen, die zum Lebensunterhalt verbraucht werden können – ohne Rücksicht auf ihre steuerrechtliche Behandlung – sind für die Beitragsbemessung heranzuziehen. Die Krankenkassen können bestimmen, welche Einkünfte der Beitragsberechnung zugrunde gelegt werden.

9.1.2.1.1 Die Beitragsbemessung bei Ehegatten

Für einen **freiwillig Versicherten**, dessen **Ehepartner nicht in der gesetzlichen Krankenversicherung** versichert ist, können die Beiträge nach der Hälfte des gesamten Ehepartnereinkommens, höchstens aus der Hälfte der monatlichen Beitragsbemessungsgrenze, erhoben werden. In der **Satzung** kann festgelegt werden, dass von einem rechnerischen Anteil des freiwillig Versicherten an den Einnahmen des Ehegatten auszugehen ist.

Dies gilt nur dann, wenn der Ehepartner nicht in der gesetzlichen Krankenversicherung versichert ist (z. B. privat krankenversichert) und das freiwillige Mitglied von diesem **überwiegend unterhalten** wird.

> **Beispiel:**
> Einkommen des Ehegatten (PKV-Mitglied) 8000 DM, monatliches Einkommen des freiwilligen Mitglieds 2000 DM. Das Gesamteinkommen beträgt 10 000 DM.
> Ermittlung des überwiegenden Unterhalts: Unterhaltsbedarf 5000 DM; ein überwiegender Unterhalt ist dann gegeben, wenn die Hälfte davon nicht durch eigene Einkünfte erbracht wird; dies sind folglich 2500 DM. Das freiwillige Mitglied hat nur Einkünfte in Höhe von 2000 DM und wird somit von seinem Ehegatten überwiegend unterhalten.
> Die Beitragsberechnung für das freiwillige Mitglied erfolgt aus der Hälfte des Gesamteinkommens beider Ehegatten, begrenzt auf die Hälfte der monatlichen Beitragsbemessungsgrenze, also aus 3150 DM.

9.1.2.2 Der Beitragssatz

Bei freiwillig krankenversicherten Rentnern gilt für die Beitragsberechnung aus ihrer gesetzlichen Rente, Versorgungsbezügen (Betriebsrenten) und sonstigen Einkünften der **ermäßigte Beitragssatz** (§ 243 SGB V) der Krankenkasse, der sie als Mitglied angehören.

Das freiwillige Mitglied erhält zu den Aufwendungen für seinen Krankenversicherungsbeitrag einen **Beitragszuschuss** vom Rentenversicherungsträger. Der monatliche Zuschuss wird in Höhe des halben durch-

schnittlichen Beitragssatzes der Krankenkassen geleistet und bezieht sich nur auf den Zahlbetrag der gesetzlichen Rente.
Der allgemeine durchschnittliche Beitragssatz wird jeweils zum 1.1. eines Jahres einheitlich für das Bundesgebiet festgestellt. Er gilt vom 1.7. des jeweiligen Kalenderjahres bis 30.6. des folgenden Kalenderjahres. Der durchschnittliche allgemeine Beitragssatz aller Krankenkassen beträgt vom 1. Juli 1999 bis zum 30. Juni 2000 13,5 %; in den neuen Ländern 13,9 %. Ab dem 1. Juli 2000 bis 30. Juni 2001 beträgt der Beitragssatz 13,3 %.

Beachte:
Ein **Antrag** auf Beitragszuschuss ist erforderlich. Ein verspäteter Antrag kann zur Folge haben, dass der Anspruch auf Beitragszuschuss erst später beginnt.

9.1.3 Standardtarif der privaten Versicherung für 65-Jährige und Ältere

Die private Krankenversicherung muss für 65-Jährige und ältere Versicherte einen **Standardtarif** anbieten, dessen Vertragsleistungen mit den Leistungen der gesetzlichen Krankenversicherung vergleichbar ist und dessen Beitrag den durchschnittlichen Höchstbeitrag (870,75 DM monatlich; neue Länder 739,90 DM) der gesetzlichen Krankenversicherung nicht übersteigt. Allerdings kann die private Krankenversicherung für mitversicherte Familienangehörige aber Zusatzbeiträge erheben. Damit kann der Höchstbetrag erheblich überschritten werden.

9.1.4 Die soziale Pflegeversicherung

Die Pflegeversicherung orientiert sich an dem Grundsatz »Pflegeversicherung folgt Krankenversicherung«. In die soziale Pflegeversicherung werden grundsätzlich alle Personen einbezogen, die der gesetzlichen Krankenversicherung angehören.

In der sozialen Pflegeversicherung sind auch die freiwillig krankenversicherten Rentner versicherungspflichtig.

Die Pflegeversicherungsbeiträge aus den Versorgungsbezügen und dem Arbeitseinkommen werden von den Versicherten alleine getragen.

Der Beitragszuschuss des Rentenversicherungsträgers ist sinngemäß so wie für die gesetzliche Rente geregelt; er beträgt einheitlich 0,85 %. Auch hier ist ein fristgerechter Antrag erforderlich.

Eine Begrenzung des Zuschusses auf die Hälfte der tatsächlichen Aufwendungen für die Pflegeversicherung ist – im Gegensatz zur Krankenversicherung – aus verwaltungsökonomischen Gründen vom Gesetzgeber nicht vorgesehen.

9.1.5 Beispiel einer Beitragsberechnung

Für die Bemessung der Beiträge für Pflichtversicherte gilt für gesetzliche Rente und Betriebsrente der **allgemeine Beitragssatz** der Krankenkasse, bei der der Rentner versichert ist. Diese Regelung gilt seit dem 1. Juli 1997 nicht nur für Betriebsrenten, sondern auch für die gesetzliche Rente. Zuvor galt für die gesetzliche Rente der durchschnittliche Beitragssatz aller gesetzlichen Krankenkassen. Die Beiträge aus der Rente werden jeweils zur Hälfte vom krankenversicherungspflichtigen Rentner und vom Rentenversicherungsträger getragen. Für die Betriebsrente wird nur der halbe allgemeine Beitragssatz erhoben.

Freiwillig krankenversicherte Rentner müssen sowohl den Arbeitgeberanteil als auch den Arbeitnehmeranteil abführen. Als Beitragssatz gilt der Prozentsatz der jeweiligen Krankenkasse, und zwar ohne Krankengeldanspruch, dies ist der **ermäßigte Beitragssatz**.

Auf Antrag zahlt der Rentenversicherungsträger einen **Zuschuss** in Höhe des halben, durchschnittlichen Beitrages aller gesetzlichen Krankenkassen. Grundlage für diesen Zuschuss ist nur die gesetzliche Rente. Der Beitragszuschuss wird auch Privatversicherten gewährt. Der ermäßigte Beitragssatz in voller Höhe gilt für Betriebsrenten und sonstige Einkünfte und ist vom Versicherten alleine zu tragen.

Seit dem 1.1.1995 sind aus den Alterseinkommen auch Beiträge zur **Pflegeversicherung** zu zahlen. Der Beitrag beträgt 1,7 % und wird vom Rentner und vom Rentenversicherungsträger jeweils zur Hälfte getragen. Dies gilt nur für die gesetzliche Rente. **Beamte** mit Anspruch auf Beihilfe haben nur den halben Beitragssatz zu zahlen.

Freiwillig versicherte Rentner tragen die Beiträge zur Pflegeversicherung in voller Höhe selbst. Auf Antrag gewährt der Rentenversicherungsträger aber auch hier einen Zuschuss in Höhe von 0,85 % der monatlichen Rente.

Steuer- und Beitragspflicht

Beispiel Pflichtmitglied:

	Beitrag in %		Zuschuss in %	
	Kranken-versicherung	Pflege-versicherung	Kranken-versicherung	Pflege-versicherung
Gesetzliche Rente	13,7*	1,7	6,85	0,85
Betriebliche Rente	6,85*	1,7	–	–

Beispiel freiwilliges Mitglied:

	Beitrag in %		Zuschuss in %	
	Kranken-versicherung	Pflege-versicherung	Kranken-versicherung	Pflege-versicherung
Gesetzliche Rente	12,5*	1,7	6,7	0,85
Betriebliche Rente	12,5*	1,7	–	–

* AOK Bayern

Wird anstelle einer möglichen monatlichen Zahlung eine Abfindung gewählt, so besteht für die Abfindungssumme Beitragspflicht. Über einen Zeitraum von 10 Jahren sind aus dem 120. Teil der Abfindungssumme Beiträge zur Krankenversicherung zu entrichten.

Beispiel:

Monatliche Mindestrente	300,00 DM
Abfindungssumme (x 132)	39 600,00 DM
39 600,00 DM : 120	330,00 DM

Der monatlichen Beitragspflicht zur Krankenversicherung der Rentner unterliegen über einen Zeitraum von 10 Jahren 330,00 DM. Würde die monatliche Mindestrente weniger als 224 DM bzw. 189 DM neue Bundesländer (Werte für 2001 – $^{1}/_{20}$ der monatlichen Bezugsgröße) betragen, so bestünde für diese Summe keine Beitragspflicht. Abfindungen, die auf einer monatlichen Versorgungsleistung von weniger als 224 DM bzw. 189 DM beruhen, unterliegen nicht der Beitragspflicht zur Krankenversicherung der Rentner.

9.2 Gesetzliche Rentenversicherung und Steuern

Der Ertragsanteil der Rente aus der gesetzlichen Rentenversicherung unterliegt als sonstige Einkünfte der Einkommensteuer. Renten aus der gesetzlichen Rentenversicherung werden als »Leibrenten« behandelt und nicht in voller Höhe der Steuerpflicht unterzogen, sondern nur mit einem so genannten Ertragsanteil. Die Rente lässt sich rechnerisch in einen Kapital- und einen Ertragsanteil zerlegen. Der **Ertragsanteil** ist vergleichbar mit den Zinsen aus Sparguthaben, der Kapitalanteil entspricht der Kapitalrückzahlung.

Der Ertragsanteil ergibt sich aus einer Tabelle, die der Gesetzgeber u. a. aufgrund der mittleren Lebenserwartung entwickelt hat (s. Tabelle 23). Die Höhe des Ertragsanteils beruht u. a. auf der Annahme einer bestimmten Lebenszeit und damit Rentenbezugszeit. Je später der Rentenbeginn, umso geringer ist deshalb der Ertragsanteil. Die prozentuale Höhe des Ertragsanteils ist abhängig vom Lebensalter bei Beginn der Rente.

Da Renten nur mit dem Ertragsanteil zu versteuern sind, erfolgt regelmäßig eine konkrete Steuerzahlung nicht. Der Grundfreibetrag (s. nachfolgende Tabelle) wird in der Regel nicht überschritten.

Grundfreibetrag 1999 bis 2002

	Alleinstehende	Verheiratete
1999	13 067 DM	26 135 DM
2000	13 499 DM	26 999 DM
2001	13 499 DM	26 999 DM
2002	14 093 DM	28 187 DM

Werden neben der gesetzlichen Rente Betriebsrenten usw. bezogen, so kann der Grundfreibetrag überschritten werden, mit der Folge, dass Einkommensteuer zu entrichten ist. Zur Ermittlung des zu versteuernden Einkommens werden bestimmte »**Freibeträge**« abgezogen:

Steuer- und Beitragspflicht

- Werbungskosten (Pauschbetrag 200 DM),
- Altersentlastungsbetrag (nur auf Erwerbseinkommen; max. 3720 DM pro Jahr),
- Sonderausgaben (u. a. eigener Anteil zur Krankenversicherung),
- außergewöhnliche Belastungen (z. B. Haushaltshilfe, Pflegeheimkosten).

Beispiel:
Ein Verheirateter erhält eine gesetzliche Rente ab dem 63. Lebensjahr in Höhe von monatlich 3000 DM. Der Ertragsanteil der Rente beträgt 29 %.

Jahresrente (12 × 3000 DM)	36 000 DM
Ertragsanteil, 29 %	10 440 DM
abzüglich Werbungskosten (Pauschbetrag)	200 DM
zu versteuerndes Einkommen	10 240 DM

Der Zuschuss des Rentenversicherungsträgers zur Krankenversicherung der Rentner (**KVdR**) ist nicht steuerpflichtig. Steuerfrei ist auch die **Kindererziehungsleistung** für Mütter der Geburtsjahrgänge vor 1921.

9.2.1 Ertragsanteil bei Erwerbsminderungs- und Hinterbliebenenrenten

Sehr viel niedriger ist der Ertragsanteil bei Renten wegen Berufs- bzw. Erwerbsunfähigkeit und Waisenrenten. Diese Renten werden als abgekürzte Leibrenten bezeichnet. Hier ist die Laufzeit von vornherein begrenzt. Die Rente wegen Berufs- bzw. Erwerbsunfähigkeit wird beispielsweise mit Vollendung des 65. Lebensjahres durch eine Altersrente ersetzt. Die Waisenrente endet mit einem bestimmten Lebensalter. Der Ertragsanteil richtet sich daher nach der voraussichtlichen Laufzeit des Rentenbezuges (s. Tabelle 24). Wird im Anschluss eine Altersrente gewährt, dann wird der Ertragsanteil neu berechnet.

Ab dem 65. Lebensjahr (Umwandlung in die Regelaltersrente) gilt für alle Rentenbezieher der Ertragsanteil entsprechend der Tabelle 22 (§ 22 Nr. 1 Satz 3 Buchstabe a EStG). Ein früherer Zeitpunkt als das 65. Lebensjahr gilt für Bezieher einer Rente wegen Berufsunfähigkeit (nicht Erwerbsunfähigkeitsrente) dann, wenn schlüssig dargelegt werden kann, dass eine Umwandlung in die vorgezogene Altersrente bereits vor dem 65. Lebensjahr erfolgt. Dies hat zur Folge, dass zum einen die Bemessung des Ertragsanteils

(§ 55 Abs. 2 EStDV) auf den jeweiligen früheren Umwandlungszeitpunkt abgestellt wird und zum anderen, dass ab dem Zeitpunkt der Umwandlung Einschränkungen bei der Hinzuverdienstmöglichkeit bestehen.

Auch die **kleine Witwen-/Witwerrente** wird als abgekürzte Leibrente behandelt, da sie spätestens mit dem 45. Lebensjahr des Berechtigten als »Große Witwen-/Witwerrente« gewährt wird. Die **große Witwen-/Witwerrente** wird grundsätzlich als lebenslängliche Leibrente behandelt, wenn zu erwarten ist, dass die zu Rentenbeginn bestehenden Voraussetzungen (s. a. Kapitel 8.1.1) nicht vor dem 45. Lebensjahr entfallen. Ist dies nicht zu erwarten, so wird sie als abgekürzte Leibrente behandelt.

9.3 Betriebsrenten und Steuern

Die Regelung bezüglich des Ertragsanteils gilt auch dann für Betriebsrenten, wenn der Arbeitnehmer den Arbeitgeberbeitrag als Arbeitslohn zu versteuern hatte oder Beiträge teilweise selbst geleistet hat. In allen anderen Fällen gelten diese Leistungen in voller Höhe als Einnahmen aus nichtselbständiger Arbeit.

9.3.1 Die Direktzusage

Die später ausgezahlte Betriebsrente unterliegt voll der Einkommensteuer. Es wird jedoch ein Freibetrag von 40 v. H. gewährt, höchstens 6000 DM im Kalenderjahr. Es wird eine Vorsorgepauschale in Höhe von 20 % der Versorgungsbezüge, maximal 2000 DM bei Alleinstehenden und 4000 DM bei Verheirateten bei der Berechnung des zu versteuernden Einkommens berücksichtigt.

Entscheidet sich der Arbeitnehmer statt der laufenden Rente auf eigenen Wunsch für eine **Kapitalabfindung**, muss er den Betrag in voller Höhe versteuern. Um die Steuerprogression zu mindern, ist eine Verteilung der Summe auf 3 Jahre möglich. Da in der Regel bei Rentenbeziehern der Grundfreibetrag nicht ausgeschöpft wird, kann meistens eine Steuerzahlung vermieden werden.

Wünscht der Arbeitgeber eine Kapitalabfindung, muss der Arbeitnehmer diese nur mit dem halben Durchschnittssatz versteuern.

9.3.2 Die Unterstützungskasse

Steuerlich werden die Leistungen einer Unterstützungskasse so behandelt wie eine Direktzusage (s. Kapitel 9.3.1).

9.3.3 Die Pensionskasse

Rentenleistungen, die der Betriebsrentner oder seine Hinterbliebenen aus einer Pensionskasse beziehen, sind nur in Höhe des Ertragsanteils zu versteuern (s. hierzu Kapitel 9.2).

Die Versteuerung einer **Kapitalabfindung** ist unabhängig davon, ob diese vom Arbeitgeber oder Arbeitnehmer gewünscht wurde, steuerfrei, wenn der Vertrag mindestens 12 Jahre besteht und das Endalter des Arbeitnehmers bei 60 Jahren liegt.

9.3.4 Die Direktversicherung

Die vom Arbeitgeber aufgewendeten Direktversicherungsbeiträge sind zugeflossener Arbeitslohn und damit lohnsteuerpflichtig. Sie werden in der Regel vom Arbeitgeber pauschal versteuert. Werden die Beiträge vom Arbeitnehmer individuell besteuert, können sie als Vorsorgeaufwendungen im Rahmen der Höchstbeträge geltend gemacht werden. Dafür muss die Direktversicherung die Voraussetzungen für sonderausgabenbegünstigte Lebensversicherungsverträge erfüllen, also insbesondere eine laufende Beitragszahlung und eine Vertragsdauer von mindestens 12 Jahren vorsehen.

Die Auszahlung der **Versicherungssumme** aus einer Direktversicherung ist nur eine Vermögensumschichtung und unterliegt nicht der Einkommensteuer, höchstens bei größeren Summen der Vermögensteuer. Die **Gewinnbeteiligung** (Überschussbeteiligung) ist jedoch als Einkünfte aus Kapitalvermögen zu versteuern. Das Versicherungsunternehmen muss im Zeitpunkt der Auszahlung 25 % als Kapitalertragsteuer einbehalten und an das Finanzamt abführen. Dies gilt dann, wenn es sich um eine Versicherung gegen **Einmalbetrag** handelt oder eine Versicherung gegen laufende Beitragsleistung, wenn der Vertrag für die Dauer von **weniger als 12 Jahren** abgeschlossen worden ist. Beim Abschluss eines Versicherungsvertrages sollte diese Zeitspanne beachtet werden. Zu versteuern sind jedoch die Zinsen, die anfallen, wenn das Kapital angelegt wird.

Erhalten der frühere Arbeitnehmer oder seine Hinterbliebenen aus der Direktversicherung eine Rente, so ist nur der Ertragsanteil zu versteuern (s. Kapitel 9.2).

9.3.5 Der Pensionfonds

Da der Aufwand für den Pensionsfonds steuerfrei geleistet werden kann, werden die daraus fließenden Leistungen nachgelagert besteuert.

9.4 Zusatzversorgung des öffentlichen Dienstes und Steuern

Auch die Leistungen der Zusatzversorgung des öffentlichen Dienstes werden wie »Leibrenten« behandelt. Der Steuerpflicht unterliegt folglich nicht die gesamte Leistung, sondern nur ein nach Rentenart und Lebensalter gestaffelter Anteil (s. Tabellen 23 und 24).

Die in den Zusatzversorgungskassen versicherten Arbeitnehmer hatten bis 1973 (bei der VBL ab 1999) eigene Beiträge zu entrichten. Die Umlage wird zwar von den Arbeitgebern versteuert, aber nur bis zu einem monatlichen Betrag der Umlage von 175 DM. Der monatlich 175 DM übersteigenden Teil der Arbeitgeberumlage ist von den Arbeitnehmern selbst zu versteuern. Zusätzlich ist ein bis zu 2,5 % (vermindert um einen Freibetrag von 26 DM) höheres Entgelt beitragspflichtig zu allen Zweigen der Sozialversicherung. Der Anteil von 2,5 % bezieht sich auf den Teil des Entgelts, für das die Umlage pauschal versteuert wird. Aufgrund dieser konkreten Belastung gelten diese Leistungen als Leibrenten.

Beispiel:
Zusatzversorgungspflichtiges Gehalt 3500,00 DM; Umlagesatz 6,45 v. H.; monatliche Umlage 225,75 DM. Dem sozialversicherungspflichtigen Entgelt sind hinzuzurechnen:

Nach der ArEV 2,5 % aus 2713,18 DM	=	67,83 DM
vermindert um 26,00 DM	=	41,83 DM
zusätzliches sozialversicherungspflichtiges Entgelt	=	41,83 DM
individuell zu versteuernder Betrag	=	50,75 DM
Sozialversicherungspflichtiges Entgelt		3592,58 DM
(3500 DM plus 41,83 DM plus 50,75 DM)		
Steuerpflichtiges Entgelt		3550,75 DM

Der Beitragsberechnung zur Sozialversicherung wird ein versicherungspflichtiges Entgelt in Höhe von 3592,58 DM zugrunde gelegt. Dies gilt sowohl für den Arbeitnehmer- als auch den Arbeitgeberbeitrag.

9.5 Beamtenversorgung und Steuern

Beamtenpensionen sind voll steuerpflichtig. Es wird lediglich ein Freibetrag von 40 v. H. gewährt, höchstens 6 000 DM im Kalenderjahr. Wenn neben dem Ruhegehalt eine gesetzliche Rente bezogen wird, so gilt für diesen Teil des Alterseinkommen nur der Ertragsanteil.

9.6 Private Vorsorge und Steuern

Der Staat fördert die private Altersversorgung im Rahmen von Lebensversicherungen durch Berücksichtigung der Beiträge als Sonderausgaben, steuerliche Befreiung der Zinseinkünfte und eine Besteuerung der Rentenleistungen mit dem Ertragsanteil.

9.6.1 Die Direktversicherung

Bei Rentenleistungen ist nicht der volle Rentenbetrag zu versteuern, sondern nur der Ertragsanteil (s. Tabellen 23 und 24).

9.6.2 Die Lebensversicherung

Ein Vorteil der Kapitallebensversicherung ist die Steuerfreiheit der Erträge. Das so genannte Steuerprivileg der Lebensversicherung bedeutet vor allem, dass die Zinserträge nach einer Laufzeit von mindestens 12 Jahren steuerfrei sind. Bei einer Laufzeit von weniger als 12 Jahren unterliegen 25 % der Steuerpflicht.

9.6.3 Die private Rentenversicherung

Sie wird steuerlich ähnlich behandelt wie die Kapitallebensversicherung. Einmalabfindungen sind nach einer Laufzeit von 12 Jahren steuerfrei. Bei Rentenzahlungen gelten die Regelungen wie in der gesetzlichen Rentenversicherung.

9.6.4 Die staatlich geförderte private Altersrente

Die Sparleistung während des Erwerbslebens wird staatlich gefördert bzw. ist steuerfrei. Auch die Zinsen und Erträge sind in der Ansparphase steuerfrei. Steuern werden erst in der Auszahlungsphase erhoben. Steuerpflichtig ist die monatliche Leistung.

Die private, staatlich geförderte Altersrente unterliegt der nachgelagerten Besteuerung.

9.6.5 Einkünfte aus Kapitalvermögen

Alle Einkünfte aus Kapitalanlagen, wie z. B. Sparbriefe, Festgelder, festverzinsliche Wertpapiere, Wertpapier- oder Immobilienfonds, sind steuerpflichtig. Derzeit gelten folgende Freibeträge: für Ledige bis zu 6 100 DM, für Verheiratete bis 12 200 DM. Übersteigen Kapitaleinkünfte diese Grenzen, so ist für den übersteigenden Anteil eine Zinsabschlagsteuer zu entrichten. Diese wird direkt von den Banken ans Finanzamt überwiesen. Der Steuerabzug beträgt 30 %. Es sollte die Möglichkeit eines Freistellungsauftrages genutzt werden. Bis zur Höhe des jeweils für das Bankinstitut erteilten Freistellungsauftrages wird dann der volle Betrag der Zinsen ausgezahlt. Freistellungsaufträge sind beschränkt auf den Freibetrag insgesamt.

Kein Abzug für Zinsen aus Guthaben auf Girokonten und Bausparverträgen, wenn der Zinssatz nicht mehr als 1 % beträgt. Keine Versteuerung erfolgt bei **Bausparverträgen**, wenn der Bausparer für das gleiche Jahr oder das Jahr zuvor Anspruch auf Arbeitnehmersparzulage hatte.

Tabelle 1

Jahr	Arbeitnehmeranteil in % 1982–2001	
	Rentenversicherung	Bundesanstalt für Arbeit
1982	9,0	2,0
1983	9,25	2,3
1984	9,25	2,3
1985	9,35	2,2
1985 (ab Juni)	9,6	2,05
1986	9,6	2,0
1987	9,35	2,15
1988	9,35	2,15
1989	9,35	2,15
1990	9,35	2,15
1991	9,35	2,15
1991 (ab April)	8,85	3,4
1992	8,85	3,15
1993	8,75	3,25
1994	9,6	3,25
1995	9,3	3,25
1996	9,6	3,25
1997	10,15	3,25
1998	10,15	3,25
1999	10,15	3,25
ab 1. 4. 1999	9,75	
2000	9,65	3,25
2001	9,55	3,25

Tabelle 2

Zeitpunkt	Arbeitnehmeranteil in % Krankenversicherung (für fiktives Netto) 1986–2001
	alte Bundesländer
1.7.1986 – 30.6.1987	5,91
1.7.1987 – 30.6.1988	6,095
1.7.1988 – 30.6.1989	6,3
1.7.1989 – 30.6.1990	6,45
1.7.1990 – 30.6.1991	6,4
1.7.1991 – 30.6.1992	6,10
1.7.1992 – 30.6.1993	6,25
1.7.1993 – 30.6.1994	6,7
1.7.1994 – 30.6.1995	6,7
1.7.1995 – 30.6.1996	6,6
1.7.1996 – 30.6.1997	6,7
1.7.1997 – 30.6.1998	6,65
1.7.1998 – 30.6.1999	6,8
1.7.1999 – 30.6.2000	6,75
1.7.2000 – 30.6.2001	6,75

Tabelle 3

	Krankenversicherung der Rentner 1986–1999 (Eigenanteil)	
Zeitpunkt	alte Bundesländer	neue Bundesländer
1.7.1986 – 30.6.1987	5,2	
1.7.1987 – 30.6.1988	5,9	
1.7.1988 – 30.6.1989	5,9	
1.7.1989 – 30.6.1990	6,45	
1.7.1990 – 30.6.1991	6,4	
1.7.1991 – 30.6.1992	6,10	
1.1.1992 – 30.6.1992		6,4
1.7.1992 – 30.6.1993	6,25	6,35
1.7.1993 – 30.6.1994	6,7	6,25
1.7.1994 – 30.6.1995	6,7	6,5
1.7.1995 – 30.6.1996	6,6	6,4
1.7.1996 – 30.6.1997	6,7	6,66

Ab dem 1.7.1997 gilt der Beitragssatz der zuständigen Krankenkasse; der Anteil des Rentenversicherungsträgers orientiert sich weiterhin am durchschnittlichen Beitragssatz aller Krankenkassen; davon als Zuschuss die Hälfte.

Tabelle 4

Zeitpunkt	Monatliche Beitragsbemessungsgrenzen Kranken- und Pflegeversicherung 1982–2001	
	alte Bundesländer	neue Bundesländer
1982	3525 DM	
1983	3750 DM	
1984	3900 DM	
1985	4050 DM	
1986	4200 DM	
1987	4275 DM	
1988	4500 DM	
1989	4575 DM	
1990	4725 DM	
1990 (ab 1.7.)		2025 DM
1991	4875 DM	2250 DM
1991 (ab 1.7.)		2550 DM
1992	5100 DM	3600 DM
1993	5400 DM	3975 DM
1994	5700 DM	4425 DM
1995	5850 DM	4800 DM
1996	6000 DM	5100 DM
1997	6150 DM	5325 DM
1998	6300 DM	5250 DM
1999	6375 DM	5400 DM
2000	6450 DM	5325 DM
2001	6525 DM	6525 DM

Tabelle 5

	Monatliche Beitragsbemessungsgrenzen Rentenversicherung und Bundesanstalt für Arbeit 1982–2001	
Jahr	alte Bundesländer	neue Bundesländer
1982	4700 DM	
1983	5000 DM	
1984	5200 DM	
1985	5400 DM	
1986	5600 DM	
1987	5700 DM	
1988	6000 DM	
1989	6100 DM	
1990	6300 DM	
1990 (ab 1.7.)		2700 DM
1991	6500 DM	3000 DM
1991 (ab 1.7.)		3400 DM
1992	6800 DM	4800 DM
1993	7200 DM	5300 DM
1994	7600 DM	5900 DM
1995	7800 DM	6400 DM
1996	8000 DM	6800 DM
1997	8200 DM	7100 DM
1998	8400 DM	7000 DM
1999	8500 DM	7200 DM
2000	8600 DM	7100 DM
2001	8700 DM	7300 DM

Tabelle 6

Jährliche Bemessungsgrenzen zur Ermittlung von Entgeltpunkten 1949–2001	
Jahr	alte Bundesländer
1949	7 200 DM
1950	7 200 DM
1951–1958	9 000 DM
1959	9 600 DM
1960	10 200 DM
1961	10 800 DM
1962	11 400 DM
1963	12 000 DM
1964	13 200 DM
1965	14 400 DM
1966	15 600 DM
1967	16 800 DM
1968	19 200 DM
1969	20 400 DM
1970	21 600 DM
1971	22 800 DM
1972	25 200 DM
1973	27 600 DM
1974	30 000 DM
1975	33 600 DM
1976	37 200 DM
1977	40 800 DM
1978	44 400 DM
1979	48 000 DM
1980	50 400 DM
1981	52 800 DM
1982	56 400 DM
1983	60 000 DM
1984	62 400 DM
1985	64 800 DM
1986	67 200 DM
1987	68 400 DM
1988	72 000 DM
1989	73 200 DM
1990	75 600 DM
1991	78 000 DM
1992	81 600 DM

Tabellen

Jährliche Bemessungsgrenzen zur Ermittlung von Entgeltpunkten 1949–2001	
Jahr	alte Bundesländer
1993	86 400 DM
1994	91 200 DM
1995	93 600 DM
1996	96 000 DM
1997	98 400 DM
1998	100 800 DM
1999	102 000 DM
2000	103 200 DM
2001	104 400 DM

Tabelle 7

	Monatliche Bezugsgröße 1982–2001	
Jahr	alte Bundesländer	neue Bundesländer
1982	2 460 DM	
1983	2 580 DM	
1984	2 730 DM	
1985	2 800 DM	
1986	2 870 DM	
1987	3 010 DM	
1988	3 080 DM	
1989	3 150 DM	
1990	3 290 DM	
1990 (ab 1.7.)		1 400 DM
1991	3 360 DM	1 540 DM
1991 (ab 1.7.)		1 750 DM
1992	3 500 DM	2 100 DM
1993	3 710 DM	2 730 DM
1994	3 920 DM	3 080 DM
1995	4 060 DM	3 290 DM
1996	4 130 DM	3 500 DM
1997	4 270 DM	3 640 DM
1998	4 340 DM	3 640 DM
1999	4 410 DM	3 710 DM
2000	4 480 DM	3 640 DM
2001	4 480 DM	3 780 DM

Tabelle 8

Jahr	Jährliche Bezugsgröße 1982 – 2001	
	alte Bundesländer	neue Bundesländer
1982	29 520 DM	
1983	30 960 DM	
1984	32 760 DM	
1985	33 600 DM	
1986	34 440 DM	
1987	36 120 DM	
1988	36 960 DM	
1989	37 800 DM	
1990	39 480 DM	
1990 (ab 1.7.)		16 800 DM
1991	40 230 DM	18 480 DM
1991 (ab 1.7.)		21 000 DM
1992	42 000 DM	25 200 DM
1993	44 520 DM	32 760 DM
1994	47 040 DM	36 960 DM
1995	48 720 DM	39 480 DM
1996	49 560 DM	42 000 DM
1997	51 240 DM	43 680 DM
1998	52 080 DM	43 680 DM
1999	52 920 DM	44 520 DM
2000	53 760 DM	43 680 DM
2001	53 760 DM	45 360 DM

Tabelle 9

Jahr	½ der monatlichen Bezugsgröße 1982–2001	
	alte Bundesländer	neue Bundesländer
1982	425 DM	
1983	425 DM	
1984	425 DM	
1985	425 DM	
1986	425 DM	
1987	430 DM	
1988	440 DM	
1989	450 DM	
1990	470 DM	
1990 (ab 1.7.)		200 DM
1991	480 DM	220 DM
1991 (ab 1.7.)		250 DM
1992	500 DM	300 DM
1993	530 DM	390 DM
1994	560 DM	440 DM
1995	580 DM	470 DM
1996	590 DM	500 DM
1997	610 DM	520 DM
1998	620 DM	520 DM
1999	630 DM	530 DM
2000	640 DM	520 DM
2001	640 DM	540 DM

Tabelle 10

Zeitpunkt	Dynamisierung der Rente 1982 – 2001	
	alte Bundesländer	neue Bundesländer
1.1.1982	5,76	
1.7.1983	5,59	
1.7.1984	3,4	
1.7.1985	3,0	
1.7.1986	2,9	
1.7.1987	3,8	
1.7.1988	3,0	
1.7.1989	3,0	
1.7.1990	3,1	
1.1.1991		15,0
1.7.1991	4,7	15,0
1.1.1992		11,65
1.7.1992	2,869	12,79
1.1.1993		6,10
1.7.1993	4,36	14,24
1.1.1994		3,64
1.7.1994	3,39	3,45
1.1.1995		2,78
1.7.1995	0,5	2,48
1.1.1996		4,38
1.7.1996	0,95	1,21
1.7.1997	1,65	5,55
1.7.1998	0,44	0,89
1.7.1999	1,34	2,79
1.7.2000	0,60	0,60
1.7.2001	1,91	2,11

Tabellen

Tabelle 11

Zeitpunkt	Aktueller Rentenwert 1990 – 2002	
	alte Bundesländer	neue Bundesländer
1.7. 1990	39,58 DM	
1.7. 1991	41,44 DM	
1.1. 1992		23,57 DM
1.7. 1992	42,62 DM	26,57 DM
1.1. 1993		28,19 DM
1.7. 1993	44,49 DM	32,17 DM
1.1. 1994		33,34 DM
1.7. 1994	46,00 DM	34,49 DM
1.1. 1995		35,45 DM
1.7. 1995	46,23 DM	36,33 DM
1.1. 1996		37,92 DM
1.7. 1996	46,67 DM	38,38 DM
1.7. 1997	47,44 DM	40,51 DM
1.7. 1998	47,65 DM	40,87 DM
1.7. 1999	48,29 DM	42,01 DM
1.7. 2000	48,58 DM	42,26 DM
1.7. 2001	49,51 DM	43,15 DM
1.1. 2002	25,31406 Euro	22,06224 Euro

Tabelle 12

Zeitpunkt	Freibetrag (Einkommensanrechnung für Witwen/Witwer) 1990 – 2002	
	alte Bundesländer	neue Bundesländer
1.7. 1990	1044,89 DM	
1.7. 1991	1093,92 DM	
1.1. 1992		622,25 DM
1.7. 1992	1125,43 DM	657,10 DM
1.1. 1993		744,22 DM
1.7. 1993	1174,54 DM	849,29 DM
1.1. 1994		880,00 DM
1.7. 1994	1214,40 DM	910,54 DM
1.1. 1995		935,88 DM
1.7. 1995	1220,47 DM	959,11 DM

Tabellen

Freibetrag (Einkommensanrechnung für Witwen/Witwer) 1990 – 2002		
Zeitpunkt	alte Bundesländer	neue Bundesländer
1.1.1996		1 001,09 DM
1.7.1996	1 232,08 DM	1 013,23 DM
1.7.1997	1 252,42 DM	1 069,46 DM
1.7.1998	1 257,96 DM	1 078,97 DM
1.7.1999	1 274,86 DM	1 109,06 DM
1.7.2000	1 282,51 DM	1 115,66 DM
1.7.2001	1 307,06 DM	1 139,16 DM
1.1.2002	668,29 Euro	582,44 Euro

Tabelle 13

Freibetrag (Einkommensanrechnung für Witwen/Witwer) zusätzlicher Freibetrag je waisenrentenberechtigtem Kind 1990–2002		
Zeitpunkt	alte Bundesländer	neue Bundesländer
1.7.1990	221,65 DM	
1.7.1991	232,06 DM	
1.1.1992		131,99 DM
1.7.1992	238,67 DM	148,79 DM
1.1.1993		157,86 DM
1.7.1993	249,17 DM	180,00 DM
1.1.1994		186,70 DM
1.7.1994	257,60 DM	193,14 DM
1.1.1995		198,52 DM
1.7.1995	258,89 DM	203,45 DM
1.1.1996		212,35 DM
1.7.1996	261,35 DM	214,93 DM
1.7.1997	265,66 DM	226,86 DM
1.7.1998	266,84 DM	228,87 DM
1.7.1999	270,42 DM	235,26 DM
1.7.2000	272,05 DM	236,66 DM
1.7.2001	277,26 DM	241,64 DM
1.1.2002	141,76 Euro	123,55 Euro

Tabelle 14

Jahre	Die lineare Versorgungsstaffel	
	Bruttostaffel	Nettostaffel
10	35	45
11	35	45
12	35	45
13	35	45
14	35	45
15	35	45
16	35	45
17	35	45
18	35	45
19	35,62	45
20	37,50	45,88
21	39,37	48,17
22	41,25	50,47
23	43,12	52,76
24	45,00	55,06
25	46,87	57,35
26	48,75	59,64
27	50,62	61,94
28	52,50	64,23
29	54,37	66,53
30	56,25	68,82
31	58,12	71,11
32	60,00	73,41
33	61,87	75,70
34	63,75	78,00
35	65,62	80,29
36	67,50	82,58
37	69,37	84,88
38	71,25	87,17
39	73,12	89,47
40	75,00	91,75

Tabelle 15

Jahre	Die degressive Versorgungsstaffel	
	Bruttostaffel	Nettostaffel
10	35	45,00
11	37	47,35
12	39	49,70
13	41	52,05
14	43	54,40
15	45	56,75
16	47	59,10
17	49	61,45
18	51	63,80
19	53	66,15
20	55	68,50
21	57	70,85
22	59	73,20
23	61	75,55
24	63	77,90
25	65	80,25
26	66	81,40
27	67	82,55
28	68	83,70
29	69	84,85
30	70	86,00
31	71	87,15
32	72	88,30
33	73	89,45
34	74	90,60
35	75	91,75

Tabelle 16

Dynamisierung der Gesamtversorgung 1968–2001			
Zeitpunkt	Prozentsatz	Zeitpunkt	Prozentsatz
1.7.1968	4,0	1.7.1983	1,9
1.4.1969	3,0	1.1.1985	3,1
1.1.1970	8,0	1.1.1986	3,4
1.7.1970	5,0	1.1.1987	3,3
1.1.1971	10,0	1.1.1988	2,3
1.1.1972	8,0	1.1.1989	1,3
1.1.1973	8,0	1.1.1990	1,6
1.7.1973	11,35	1.3.1991	5,8
1.1.1974	11,0	1.5.1992	5,3
1.1.1975	5,8	1.5.1993	2,9
1.2.1976	5,0	1.1.1995	1,9
1.2.1977	5,1	1.5.1995	3,2
1.3.1978	4,5	1.3.1997	1,3
1.3.1979	3,7	1.1.1998	1,5
1.7.1980	6,1	1.6.1999	2,9
1.3.1981	4,2	1.1.2001	1,67
1.7.1982	3,5		

Tabelle 17

	Finanzierung der VBL-Leistung			
Zeitpunkt	Beiträge		Umlage	Summe
	Arbeitnehmer	Arbeitgeber		
bis 1966	2,3 v. H.	4,6 v. H.		6,9 v. H.
ab 1967	1,5 v. H.	1,0 v. H.	3,0 v. H.	5,5 v. H.
1.1.1972	1,5 v. H.	1,0 v. H.	2,5 v. H.	5,0 v. H.
1.7.1972	0,75 v. H.	1,75 v. H.	2,0 v. H.	4,5 v. H.
1.7.1973		2,5 v. H.	2,0 v. H.	4,5 v. H.
1.7.1974		2,5 v. H.	1,5 v. H.	4,0 v. H.
1.1.1978			4,0 v. H.	4,0 v. H.
1.1.1990			4,5 v. H.	4,5 v. H.
1.1.1995			4,8 v. H.	4,8 v. H.
1.7.1998			5,2 v. H.	5,2 v. H.
1.1.1999	1,25 v. H.		6,45 v. H.	7,7 v. H.

In den neuen Ländern gilt seit dem 1.1.1997 ein Umlagesatz von 1 v. H.

Tabelle 18

Tabelle »Barwert-VO«:
einer nicht volldynamischen Anwartschaft
auf eine lebenslange Versorgung
wegen Alters und Berufs- oder Erwerbsunfähigkeit

Lebensalter zum Ende der Ehezeit	Vervielfacher	Lebensalter zum Ende der Ehezeit	Vervielfacher
bis 25	1,0	46	3,2
26	1,1	47	3,3
27	1,1	48	3,5
28	1,2	49	3,7
29	1,2	50	3,9
30	1,3	51	4,2
31	1,4	52	4,4
32	1,5	53	4,6
33	1,6	54	4,9
34	1,7	55	5,1
35	1,8	56	5,4
36	1,9	57	5,7
37	2,0	58	6,0
38	2,1	59	6,3
39	2,2	60	6,6
40	2,3	61	7,0
41	2,4	62	7,4
42	2,5	63	7,8
43	2,7	64	8,4
44	2,8	ab 65	9,0
45	3,0		

Tabelle 19

Lebensalter zum Ende der Ehezeit	Vervielfacher	Lebensalter zum Ende der Ehezeit	Vervielfacher
\multicolumn{4}{c}{Tabelle »Barwert-VO«: Barwert einer bereits laufenden, lebenslangen, nicht volldynamischen Leistung}			
bis 25	6,7	62	9,5
26	7,0	63	9,3
27	7,3	64	9,2
28	7,6	65	9,0
29	7,9	66	8,7
30	8,1	67	8,5
31	8,4	68	8,2
32	8,6	69	7,9
33	8,8	70	7,7
34	9,0	71	7,4
35	9,2	72	7,1
36	9,5	73	6,9
37	9,7	74	6,6
38	9,9	75	6,4
39	10,1	76	6,1
40	10,2	77	5,9
41	10,3	78	5,6
42 bis 53	10,4	79	5,4
54 bis 55	10,3	80	5,1
56	10,2	81	4,9
57	10,1	82	4,7
58	10,0	83	4,5
59	9,9	84	4,3
60	9,8	ab 85	4,0
61	9,6		

Tabelle 20

	Durchschnittliches Bruttoarbeitsentgelt 1930–2001		
1930	2 074	1970	13 343
1931	1 924	1971	14 931
1932	1 651	1972	16 335
1933	1 583	1973	18 295
1934	1 605	1974	20 381
1935	1 692	1975	21 808
1936	1 783	1976	23 335
1937	1 856	1977	24 945
1938	1 947	1978	26 242
1939	2 092	1979	27 685
1940	2 156	1980	29 485
1941	2 297	1981	30 900
1942	2 310	1982	32 198
1943	2 324	1983	33 293
1944	2 292	1984	34 292
1945	1 833	1985	35 286
1946	1 778	1986	36 626
1947	1 778	1987	37 726
1948	2 219	1988	38 858
1949	2 838	1989	40 063
1950	3 161	1990	41 946
1951	3 579	1991	44 505
1952	3 852	1992	46 820
1953	4 061	1993	48 178
1954	4 234	1994	49 142
1955	4 548	1995	50 665
1956	4 844	1996	51 678
1957	5 043	1997	53 806
1958	5 330	1998	52 925
1959	5 602	1999	53 082
1960	6 101	2000	54 513
1961	6 723	2001	54 684
1962	7 328		
1963	7 775		
1964	8 467		
1965	9 229		
1966	9 893		
1967	10 219		
1968	10 842		
1969	11 839		

Tabelle 21

Werte zur Umrechnung der Beitragsbemessungsgrundlage neue Länder 1945–2001			
1945	1,0000	1975	2,6272
1946	1,0000	1976	2,7344
1947	1,0000	1977	2,8343
1948	1,0000	1978	2,8923
1949	1,0000	1979	2,9734
1950	0,9931	1980	3,1208
1951	1,0502	1981	3,1634
1952	1,0617	1982	3,2147
1953	1,0458	1983	3,2627
1954	1,0185	1984	3,2885
1955	1,0565	1985	3,3129
1956	1,1029	1986	3,2986
1957	1,1081	1987	3,2548
1958	1,0992	1988	3,2381
1959	1,0838	1989	3,2330
1960	1,1451	1990 1. Hj.	3,0707
1961	1,2374	1990 2. Hj.	2,3473
1962	1,3156	1991	1,7235
1963	1,3667	1992	1,4393
1964	1,4568	1993	1,3197
1965	1,5462	1994	1,2687
1966	1,6018	1995	1,2317
1967	1,5927	1996	1,2209
1968	1,6405	1997	1,1638
1969	1,7321	1998	1,2113
1970	1,8875	1999	1,1857
1971	2,0490	2000	1,2160
1972	2,1705	2001	1,1937
1973	2,3637		
1974	2,5451		

Tabelle 22

Zeitpunkt	Vertrauensschutzregelung: Anhebung der Altersgrenzen auf das 65. Lebensjahr – wie mit dem RRG 1992 vorgesehen	
	bei bisheriger Altersgrenze 60. Lebensjahr	bei bisheriger Altersgrenze 63. Lebensjahr
Ende 2001	60 Jahre 3 Monate	63 Jahre 3 Monate
Ende 2002	60 Jahre 6 Monate	63 Jahre 6 Monate
Ende 2003	60 Jahre 9 Monate	63 Jahre 9 Monate
Ende 2004	61 Jahre 0 Monate	64 Jahre 0 Monate
Ende 2005	61 Jahre 6 Monate	64 Jahre 6 Monate
Ende 2006	62 Jahre 0 Monate	65 Jahre 0 Monate
Ende 2007	62 Jahre 6 Monate	
Ende 2008	63 Jahre 0 Monate	
Ende 2009	63 Jahre 6 Monate	
Ende 2010	64 Jahre 0 Monate	
Ende 2011	64 Jahre 6 Monate	
Ende 2012	65 Jahre 0 Monate	

Tabelle 23

vollendetes Lebensjahr bei Beginn der Rente	Die normale Leibrente Ertragsanteil
0 bis 59	
60	32
61	31
62	30
63	29
64	28
65	27
66	26
67	25
68	23
69	22
70	21
71	20
72	19
73	18
74	17
75	16
76	15
77	14
78	13
79	12
80	11
usw.	

Tabelle 24

Abgekürzte Leibrenten (Laufzeit endet mit der Umwandlung in Altersruhegeld)			
Laufzeit der Rente	Prozentsatz	Laufzeit der Rente	Prozentsatz
1 Jahr	0	21 Jahre	33
2 Jahre	2	22 Jahre	34
3 Jahre	5	23 Jahre	35
4 Jahre	7	24 Jahre	36
5 Jahre	9	25 Jahre	37
6 Jahre	10	26 Jahre	38
7 Jahre	12	27 Jahre	39
8 Jahre	14	28 Jahre	40
9 Jahre	16	29 Jahre	41
10 Jahre	17	30 Jahre	42
11 Jahre	19	31 Jahre	43
12 Jahre	21	32 Jahre	44
13 Jahre	22	33 Jahre	45
14 Jahre	24	34 Jahre	46
15 Jahre	25	35 Jahre	47
16 Jahre	26	36 Jahre	48
17 Jahre	28	37 Jahre	49
18 Jahre	29	38 Jahre	49
19 Jahre	30	39 Jahre	50
20 Jahre	31	40 Jahre	51

Stichwortverzeichnis

3-Jahres-Zeitraum 97

Abfindung 71, 184
Abgabenbelastung 23
Abschlag 50
Aktie 132
Aktienfonds 133
Aktualisierung 97
Aktueller Rentenwert 20
Altersgrenzen 41
Altersrente
– für Frauen 45
– für langjährig Versicherte 42
– schwerbehinderte Menschen 43
– wegen Altersteilzeit 44
– wegen Arbeitslosigkeit 43
Altersteilzeit 37, 44
Anpassung 72, 105
– Dynamisierung 85
Anrechnung
– von Einkommen 167
– von Einkünften 152
Anrechnungszeiten 31
Arbeitnehmeranteil 193
– in Prozent 192
Arbeitnehmersparzulage 129
Arbeitsentgelt 25
Arbeitslosenhilfe 36
Arbeitslosigkeit 36
Arbeitsunfall 111

Ausbildung, berufliche 32
Ausgleich der Abschläge 50
Auszehrung, Verbot der 73
AVA 24

Bausparprämie 129
Bausparvertrag 129
Beamtenversorgung 75
Beitragsbemessung bei Ehegatten 181
Beitragsbemessungsgrenzen 19
Beitragslose Zeiten 31
Berücksichtigungszeiten 40
Berufskrankheit 114
Berufsunfähigkeitsrente 48, 107
Berufsunfähigkeitsversicherung 125
Besteuerung 185
Betriebsrentengesetz 59
Betriebsvereinbarung 59
– umstrukturierende 64
– verschlechternde 64
Beurlaubung 81, 104
Bezugsgröße
– jährlich 198
– monatlich 197
Berwertverordnung 139
Bruttoerhöhung 23
Bruttoverdienste 23
Bundesanleihen 128

213

Stichwortverzeichnis

Bundesanstalt für Arbeit 192
Bundesobligationen 127
Bundesschatzanweisungen 127
Bundesschatzbriefe 128

Degressive Staffel 103
Degressive Versorgungsstaffel 80
Dienstunfähigkeit 116
Dienstunfall 115
Direktversicherung 62, 188, 190
Direktzusage 60, 187
Dividende 132
Dotierungsrahmen 66

Ehescheidung 134
Eigenheimzulage 130
Einkommensanrechnung 152
Entgeltpunkte 20, 25
– zusätzlichen 33
Entgeltumwandlung 63
Erhöhungsfaktor 27
Ersatzzeiten 31
Erste drei Berufsjahre 32
Ertragsanteil 185
Erwerbsminderungsrente 46, 48
Erwerbsunfähigkeitsrente 46, 108
Erziehungsrente 156
Erziehungszeiten 34

Faktoren der Rentenberechnung 20
Festbetrag 66
Festgeld 127
Fiktives Nettoarbeitsentgelt 99
Finanzierung der VBL-Leistung 205
Freibetrag 159
Freiwillig krankenversichert 178
Früherer Ehegatte 156

Gehaltsumwandlung 126
Geringverdiener 32
Gesamtbeschäftigungsquotient 100
Gesamtleistungsbewertung 39
Gesamtversorgung 95
Gesamtversorgungsfähiges Entgelt 96
Gesamtversorgungsfähige Zeit 100
Gesamtversorgungszusage 67
Geschäftsgrundlage, Wegfall der 64
Geschiedenenrente 156
Geschlossene Fonds 133

Hinterbliebene 150
Hinzuverdienst 51, 158

Immobilie 128
Insolvenzschutz 73

Jahreseinkommen 97

Kapitaleinkünfte 191
Kapitallebensversicherung 119
Kapitalvermögen 191
Kindererziehung 34, 83
Krankengeld 36
Krankenversicherung 194
– Beiträge 193
– Rentner 193
Krankheit 36

Lebensversicherung 126
Lehrzeit 32
Leibrenten, abgekürzte 187
– lineare Versorgungsprozentsatz 102

Stichwortverzeichnis

Linearer Versorgungsprozentsatz 101

Militärischer Dienst 37
Mindestgesamtversorgung 92
Mindestrente 92
Mindestversorgung 84
Mutterschutz 34

Nettoarbeitsentgelt 99
Nettobegrenzung 95
Nettogesamtversorgung 67
Nettoquote 23
Niedrige Einkommen 32
Notlage, wirtschaftliche 65

Offene Fonds 133

Pensions-Sicherungs-Verein 73
Pensionsfonds 62
Pensionskasse 61, 188
Pfandbriefe 128
Pflegeversicherung, Beiträge 194
Pflegezeiten 35
Private Rente 121, 190

Quasi-Splitting 148

Ratierliche Kürzung 70
Regelaltersrente 42
Rente auf Zeit 46
Renten-Nettoquote 23
Rentenanpassung 23
Rentenartfaktor 21
Rentenauskunft 41
Rentenbeginn 11
Rentenformel 20
Rentenhöhe 20
Rentenversicherung 192

Rentenwert, aktueller 201
Rentenzugangsfaktor 21
Risikolebensversicherung 118
Ruhegehalt 76
Ruhegehaltfähige Dienst-
 bezüge 83
Ruhegehaltfähige Dienstzeit 77
Ruhegeldverpflichtung 59
Ruhensvorschritte 87

Scheidung 134
Schulische Ausbildung 31
Schutzbedürftigkeit 65
Schwerbehinderte Menschen 51
Sonderzahlung 97
Sparbriefe 127
Sparbuch 127
Sparerfreibetrag 127
Sterbegeld 91, 165, 176
Sterbevierteljahr 172
Steuerbelastung 185
Steuerfreibetrag 185
Studenten 32

Tag der Antragstellung 41
Teilrente 56
Teilzeit 26, 81, 92, 100, 104
Tod, Rente wegen 150

Überversorgung 95
Umlage 189
Unbezahlter Urlaub 104
Unfallruhegehalt 115
Unfallversicherung 111
Unständige Entgelte 98
Unterhaltspflichten 150
Unterstützungskasse 61
Unverfallbarkeit 70
Urlaubsgeld 26

215

Stichwortverzeichnis

Verbot der Auszehrung 73
Verletztenrente 114
Vermögenseinkommen 153
Versicherungsmathematische Abschläge 71
Versicherungsrente 92
Versicherungstechnische Abschläge 49, 86, 106
Versorgungsabschlag 76
Versorgungsähnliche Bezüge 110
Versorgungsausgleich 137, 141
Versorgungsehe 168
Versorgungslücke 19
Versorgungsprozentsatz 101
Versorgungsrente 91
Vertrauensschutzregelung 55
Vollwaisen 157
Vorsorgeaufwendungen 190
Vorzeitiger Rentenbezug 106

Waisenrente 156, 165, 175
Wartezeit 42, 91
Wegeunfall 112
Wehr- und Zivildienst 37
Weihnachtsgeld 26
Wertpapiere 128
Wirtschaftliche Notlage 65
Witwen-/Witwerrente 151
– große 151, 187
– kleine 151, 167, 187
Witwengeld 161
Witwerversorgung 161

Zeitrenten 47
Zinsabschlagsteuer 191
Zugangsfaktor 20
Zugewinn 135
Zurechnungszeiten 31, 37
Zusätzliche Zeiten 100